贵州师范大学 社会科学文库

Constructionalization on Chinese Directional Serial Verb Constructions:
An Investigation Based on
Diachronic Construction Grammar

汉语趋向连动式构式化研究
——基于历时构式语法框架的考察

杨 旭／著

社会科学文献出版社
SOCIAL SCIENCES ACADEMIC PRESS (CHINA)

目 录
CONTENTS

空间是人类经验中较为普遍、核心的话题。虽然空间的心智表征在所有的动物物种中普遍存在，但是人类是唯一能阐释清楚语言空间感知问题的物种。人类时时刻刻都在与空间发生交互作用，对空间的心智表征贯穿于生活的各个层面。无论空间是自然的还是社会的，无论空间是物质的还是生活的，无论空间是开放的还是封闭的，无论空间是宽广的还是狭窄的，它都是人类生活中普遍存在的范畴。而人类对空间范畴的表征在语言认知中有各种不同的表现形式。

空间在人类的思维和推理中起着重要的作用。空间范畴对人们概念化大量的语义维度尤其是抽象的空间语义起到显著的作用。空间语义概念的复杂性在于它们能表征多种空间意义和不同的语法范畴，其也因此成为学界一直热烈探讨的话题。Merleau-Ponty（2002：205）关于身体与空间的论断强调，身体的感知是人类存在的根本，而人类感知的主要来源是身体在空间和时间里的体验。从梅洛-庞蒂的观点可知，身体对空间的感知始终与特定的语言和文化息息相关，空间感知具有民族性和文化差异性，是身体将语言、文化和民族多样性等因素融合于一体的产物。因此，依据身体对空间的感知方式能知晓语言空间结构的建构过程和表征手段。总体而言，语言空间遵循人类一般域的认知过程（domain-general cognitive process），是基于使用和人类认知的（Bybee，2010）。从语言的使用与认知的关系可以看出，影响语言空间结构变化的因素是人们的体验方式和认知方式。语言空间结构是一种复杂的适应性系统，它产生、发展和演化的路径是多种多样的。不过我们可以归纳出，语言空间结构源于人们对空间结构的认知行为，它演化的过程可以从基于使用的动态观、发展观和连续体模式方面进行考察。

既然空间感知的变化是由人的认知因素引起的，那么空间自身不会变化，空间认知关系的形成就会留下人们认知上的某种印记。空间问题的出现和演化是一个交互过程。人们对语言空间进行描述和表征时通常会指向特定的对象，而此对象会随着人们对时间和空间感知的差异发生变化。除了人们对时间和空间位置的感知发生变化之外，语言空间表征的方式和路径的形成也是语言学界一直追问的话题。语言空间路径的形成，主要涉及一个物体与它所处空间中的其他物体之间的各种空间关系的概念化。人类目前在空间认知方面还存在诸多困惑，比如与蜜蜂、鸽子和蝙蝠等相比较，人类就不擅长找到空间方向。而且，人类的空间认知具有明显的差异性，比如出租车司机、猎人和水手与其他市民表现出了巨大差异。空间认知的诸多方面都是由人们的文化认知因素决定的，而文化认知因素又反过来限制人们认知上的普遍性。

语言空间认知问题之所以成为语言表征研究的焦点，主要原因可以概括为以下几个方面。首先，空间认知有助于揭示人类空间思维最基本的概念结构。我们难以从其他物种身上提取语言的空间认知结构，因此就不能实现对其他物种语言空间认知结构的深入了解。当然，空间认知的普遍性就落在语言空间结构的概念化上。其次，从变异的角度来看，语言的可变性为空间思维可能存在的文化差异性提供了有趣的研究思路。最后，语言的空间认知主要凸显空间语言和空间思维的紧密关系，本质上涉及概念结构与认知语义关系的同构。当谈论语言认知的普遍性时，我们通常会部分倾向于空间认知结构驱动的说法。人类的空间认知是多样的，甚至有时在我们的概念认知系统中存在不对称结构的情况。语言可以把这种多样性表征出来，是由于语义上的差异与概念结构能够紧密地匹配在一起。

趋向连动式是人类趋向空间最基本的认知域，空间范畴不仅包含客观层面的物理空间，还可以延伸至主观层面的心理空间，甚至还可以拓展至时间空间、时相空间等复合空间的多个认知层面。对趋向连动式空间关系的构式化研究有助于了解人类认识世界的思维机制和心理认知过程，以揭示汉语空间语言现象的演变动因和认知规律。

1.1　核心术语界定

对相关术语进行精准界定是科学研究的重要环节。科学、有效地界定好相关术语有助于我们洞察该领域研究的来龙去脉，更有助于我们助推此研究领域的学科发展，进而形成创新性成果。针对当前语言学界研究术语使用混乱的问题，王馥芳（2015）指出，认知语言学核心术语理论内涵的泛化以及它们之间缺乏清晰的区分度，导致认知语言学在理论上面临两个方面的挑战：一方面，认知语言学描写上的充分和解释上的充分等说法似乎过于笼统；另一方面，认知语言学在解释语言现象时有一定的主观性和模糊性。由于研究对象、研究目的、研究手段和研究思路的不同，同一个术语在不同类别的文献中可能呈现不同的内涵和外延，即使在相同类别的文献中，对同一个术语的界定也有可能因学者认识和理解的差异而存在巨大的差别。因此，本书对"汉语""趋向连动式""构式化""历时构式语法"这几个贯穿全书的核心术语进行界定与阐释。

第一，关于汉语的界定。汉语，人们也称为汉文、中文，还有诸如华语、华文、中国话等多种不同的说法。汉语是由口语和书面语两个部分组成的，其中书面语可以分为古代书面语和现代书面语。前者指我们平时所说的文言文，而后者则通常指现代的标准汉语。与包括各种方言的现代汉语口语相比较，汉语书面语相对来说比较规范和统一。由于受到朝代和语言变化的制约，汉语被分成周朝至汉朝时期的上古汉语、魏晋六朝至宋朝时期的中古汉语、元朝至清朝时期的近代汉语以及现代汉语。本书主要以历时研究的思路展开，所使用的"汉语"包括上古时期的汉语至现代汉语，仅限于书面语料，不涉及方言或口语的语料。

第二，关于趋向连动式的界定。首先，要进一步认识趋向连动式，需要知晓连动式（Serial Verb Constructions，简称"SVC"）的具体内涵。在国外，对印欧语中连动式的定义普遍认可的说法是：在同一个句法结构中，一系列动词充当单个谓语，没有明显表达并列的、从属的或者其他句法依附关系的标记，这些动词共享时、体、态、极性等功能的范畴，被概念化为单个事件，事件的整体性较为明显（Aikhenvald & Dixon，2006：1）。在国内，真正把汉语连动式作为一种独立句法结构提出来并进行深入描写的学者是赵元任。他把连动式称为"动词结构连用式"，动词之间有先后、目的、方式等关系，现代汉语中连动式的两个或两个以上的动词之间没有语音停顿和关联词语（赵元任，1952）。赵元任的阐释基本上奠定了汉语连动式研究的基础，至今汉语连动式的各个范畴和分类都是在此基础上产生的。在赵元任汉语连动式研究的基础上，本研究遵循人们认知上的整体性特点，依据汉语连动式的个性化特征，全面描述汉语连动式中多个动词表征事件的过程。从语料的观察中可知，汉语连动式的表征与印欧语的连动式存在较大的区别，既有单个事件概念化的表征方式，也有多重事件共同表征的手段。

其次，关于"趋向动词"的争论问题。学界普遍认为，趋向动词是一个较为封闭的词类，其成员较为固定，也相对较少。赵元任（1979）把主要的趋向动词概括为"来""去""上""下""进""出""起""开""回""过""拢"等。朱德熙（1982）则指出，趋向动词主要包括"来""去""上""下""进""出""起""开""回""过"等。赵元任和朱德熙对趋向动词分类存在差别的原因在于趋向动词和位移动词的争议。趋向动词和位移动词的语义特征和语法功能存在一定的差异，应该把二者进行界定（杨旭，2016）。前者一般要以特定的参照物为参照对象进行表征，而且说话人发出的动作也具有明确的方向性，而后者在多数情况下说话人不需要依靠特定的参照物进行话语表征，只凸显动作的移动性即可。例如，"如、适、之"在古代汉语中的语义与"往"的意义相当接近，不过，"往"的语义更多地倾向于动作发生的方向或者表征此动作的正发生，说话人发出动作的方向性在话语表征中较为明显。基于"往"表征的语义，学界已把其看成趋向动词中的一个成员。就"如、适、之"的语义特征而言，它们不一定有明确的参照物，而且它们移动的方向也不一定具体，但是我们可知晓它们语义上的移动性，这类词我们称为位移动词。魏兆惠（2004）依据上古汉语的语料，对趋向动词的语义系统和位移动词的表征系统进行了深入的描述。她把趋向动词归纳为"来""往""出""入""上""下""进""退""归""还""起""过"等，而认为位移动词主要包含"逃"、"奔"、"逆"、"行"、"走"、"去"（离开义）、"如"、"飞"、"移"、"追"、"升"等。

　　最后，关于趋向连动式（Directional Serial Verb Construction，简称"DSVC"）的界定问题。虽然趋向连动式只是连动式的一个次范畴（Muansuwan，2000），但是它在汉语口语和书面语中使用较为普遍和广泛。学界普遍认为趋向连动式是贯穿整个汉语语法发展史的一个重要的句法现象，并已形成大量的研究成果。趋向连动式是指几个趋向动词一起连用或者趋向动词与表达趋向的一部分行为动词一起连用。梁银峰（2007）依据句法中的语序和动词的语义范畴，把涉及趋向补语的连动式划分为三大类：空间趋向连动式、主观趋向连动式以及既表达客观趋向又表达主观趋向的复合型连动式。趋向动词在趋向连动式中处于显赫的地位。Ross（2002）依据趋向连动式的语义特点和事件表征，把趋向连动式中的动词分为空间趋向动词、主观趋向动词和运动行为动词三类。本研究依据需要把趋向连动式中的动词分为客观趋向动词、主观趋向动词和运动行为动词。

　　一是客观趋向动词。这类动词主要从物理空间的角度进行表征，包括"上、下、进、出、入、过、回、开、起"等，凸显说话人把特定的物体作为参照点，进而表征物理空间的位移与变化。说话人主要运用这类动词表征人们对物理空间的感知，尤其是物理水平方向的变化。这类动词表达的物理空间性较强，同时事件方位上的表征较为具体，客观性也较为明显。因此，我们把这类动词称作客观趋向动词。相比较而言，这类动词较封闭。从古代汉语中的文献来看，这类动词在句法上可带使动宾语，及物性较强，也可以带处所短语，但及物性较弱（梁银峰，2007：4）。如例（1）和例（2）[①]：

(1)（公）拜不能起。（《左传·哀公十四年》）

(2) 起之日："寡君使元以病告，曰：'敝邑易子而食，析骸以爨。……'"（《左传·宣公十五年》）

二是主观趋向动词。这类动词表达的主观趋向性较强，主要以说话人的主观意愿或想法为参照点。这类动词的典型用法为使用"来"和"去"进行主观表征。如果趋向的动作以说话人为中心，接近说话人的主观视角，通常使用"来"；如果趋向的动作远离说话人，不以说话人为中心，常使用"去"进行表征。这类动词的用法相对灵活，可以是及物性的，也可以是不及物性的。如例（3）和例（4）：

(3) a. 冬十有二月，祭伯来。公子益师卒。（《春秋·隐公元年》）

b. 纪侯大去其国。（《春秋·庄公四年》）

(4) a. 子为正卿而来外盗，使纥去之，将何以能？（《左传·襄公二十一年》）

b. 二子已死，叔孙有病，竖牛因独养之而去左右。（《韩非子·内储说上》）

三是运动行为动词。这类动词表达的方向性不够明确，意在表达空间位置发生移动或变化。也就是说，运动行为动词在实现一个事件的表征之后，能引起施事主体或受事客体的位置发生移动或改变。在已有的研究成果中，运动行为动词数量庞大，语义多样，开放性较强。梁银峰（2007）把这类动词称为运动行为动词的原因是这类动词与趋向连动式关系密切。这些动词有"走、飞、逃、飘、退、坠、沉、跃、攻、放、送、扶、持、采"等。鉴于研究的深度和广度，本研究在 Ross（2002）和梁银峰（2007）的基础上，从主观趋向连动式、客观趋向连动式和复合趋向连动式三个方面对汉语趋向连动式进行阐释与分析。

第三，关于构式化的界定。"构式化"是学界普遍对 constructionalization 的汉译。"构式化"研究在国内外尚处于初步探索阶段，研究成

---

① 例（1）、例（2）、例（3）和例（4）均引自梁银峰（2007：4）。

果相对较少，在国内只有几篇介绍性的文章。constructionalization 一词来源于构式语法中"构式"（construction）的使动用法，含义为使"构式"无论在形式上还是在意义上都发生变化。把 constructionalization 译为"构式化"既符合构式语法的理论宗旨，也彰显了构式中形式和意义变化的历时特点。

最早提出"构式化"这一说法的是 Rostila（2004）。从语法化的角度观察不同语言形式的扩展和缩减模式，必定会使语法化的研究方向和演化路径陷入不断争论之中，因此 Rostila 尝试把扩展和缩减这两种演化模式统一起来。他进一步阐释了"构式化"这一概念，并指出邻近的语言模式会影响图式性构式和实体性构式，进而产生新的形式或新的意义（Rostila，2006）。这就是关于"构式化"的早期论述。Traugott 和 Trousdale（2013）阐释的"构式化"真正地深化了构式语法的核心思想，为构式语法的历时研究开创了新平台。他们从构式的基本义入手，把构式看作语言的基本单位，指出"构式化"就是构式历时维度上的形式和意义的演化。他们进一步指出，"构式化"主要是"新形式-新意义"配对形成新的类型节点，在构式网络体系中呈现出新的句法形态以及编码新的构式意义。从构式的图式性（schematicity）、能产性（productivity）和组构性（compositionality）等维度可观察构式化的特征。文旭、杨坤（2015）阐释的"构式化"主要是构式的"形式-意义"演化产生新规约化的意义，而且构式的"形式-意义"受语境影响产生新的形式和意义。因此，综合梳理构式的理论起源和语言演化的特点，结合"词汇化"和"语法化"在语言演化领域中争论的焦点，本研究把 constructionalization 译为"构式化"是恰当的。

第四，关于历时构式语法的界定。鉴定历时构式语法中的节点性质和网络性是未来认知语言学研究中一个新的突破点。也就是说，在历时构式语法框架下我们要深入探索构式化节点的性质和连接类型，也要全面知晓构式网络是如何发生历时性变化的，例如节点的创建、丢失以及节点外部的重构等。以使用为基础的认知语言学研究方法很适合为语言演化建模，因为认知语言学的研究思路将语言演化理解为渐进的递增式的自下而上的过程，并强调频率、固化（entrenchment）和一般认知能力（如类比推理、图式化和范畴）的重要性。从基于使用的角度来看，语言是一个复杂的认知适应系统，语法结构是一种涌现现象，语言只有通过使用才能发生变化。由于历时构式语法的研究目前尚处于起步阶段，许多理论问题和实例分析只是被简单介绍和探讨（Hilpert，2018）。历时构式语法的演化模型最吸引人但也最具挑战性的特点，就是采用网络设计来表征语言知识的结构。语言知识是以结构的形式储存的，即索绪尔所说的形式与意义的配对。所有的语言结构都是通过构式家族的分类网络进行组织的。低层级结构继承了高层级结构的特征，这些关系被建构为网络中垂直维度上的连接。此外，构式之间存在水平联系。然而，历时构式语法只是对垂直关系进行了一些详细的讨论，在水平连接或多维网络方面还有更多工作要做。同时，不同的学者以不同的方式命名和解释概念，例如构式家族、继承、横向连接等，这些往往导致误解和混淆。历时构式语法模型的另一个挑战就是建构语言不断演化的历时框架。如何把"演化"的这个框架进行整合以及如何在概述网络时将其可视化是历时构式语法研究的重点课题。语言演化被重新概念化为网络变化，而这种网络变化可以通过节点的创建和丢失、节点内部的演化以及节点外部的演化来实现（Sommerer & Smirnova，2020：3）。

1.2　汉语趋向连动式与趋向空间事件的概念化

趋向空间事件也称为"位移事件"，即人们对事物的表征在概念上相关位置发生了变化。然而并非所有的趋向空间事件都与位移主体本身息息相关，因为空间事件的发生有时以半行为的方式呈现出来，有时也会涉及时间事件和空间事件的融合。在对趋向空间事件进行表征时，我们还得参照空间的其他成分才能得出完整的事件语义结构。比如我们很多时候都得借用被位移的实体、起点、终点、路径、方位、方式等语义成分才能实现对趋向空间事件准确、完整的表征。在多数情况下，说话人在表征一个趋向空间事件时，不是把这些语义成分同时表达出来，而是对部分语义成分组成的某个事件结构进行单独表征。

趋向连动式除了对实际的趋向空间事件进行概念化之外，也可以用两个趋向动词的自适应性的组合表示虚拟的趋向空间事件，也就是对虚拟的趋向空间事件进行概念化。虚拟的趋向空间事件常常带有说话人的某种主观认识或判断。说话人通常在静态的趋向空间事件和动态的趋向空间事件中进行转化，主观化倾向较为明显。此外，说话人也会在空间事件和时间事件上进行概念化操作，最为明显的是把时间事件映射到空间事件上，实现不同物体在不同运动路径上的概念化操作。

汉语的复合趋向动词或连动式表达对 Talmy（1985）的二分法形成了挑战。在汉语和少数民族语言中，一个句子中出现多个动词连用表达一个趋向空间事件时，可以表现为不同的空间语义表达式。从句法上看，这些动词的句法地位相同，从表达的空间趋向意义来看，它们的语义均等重要，这是 Slobin（2004）把这类动词命名为均等框架语（Equipollent-ly-Framed Language）的原因。人们对同一个趋向空间事件进行概念化时，通常倾向于把空间事件的表达视为一个连续体，而动词框架语（Verb-Framed Language）和卫星框架语（Satellite-Framed Language）的说法不能精准地阐释空间趋向连动式的表达式。

1.3　汉语趋向连动式研究的新视角

历时构式语法打破传统的方言学和社会语言学研究的壁垒，从跨学科视角吸收了诸如语言接触研究、语言地域类型学研究、理论语言学研究、认知科学研究、地理学研究以及人类学研究的成果，形成了语言历时研究的整体方法和思路。传统的方言学和社会语言学研究方法与语言空间结构的演化紧密地联系在一起，解释不同类型的语言空间结构之间的差异。在传统的方言学和社会语言学研究的基础上，历时构式语法采用构式主义的研究方法探讨语言空间结构的形成以及语言空间知识的本质与习得。

　　本书的选题思路主要源于以下几个方面的思考：汉语趋向连动式在整个语言演化体系中的地位与存在争议的问题，历时构式语法框架下汉语趋向连动式演化的节点和网络性，以及历时构式语法与汉语趋向连动式的演化具有较高的预判性和融合性。上述的选题思路，一方面，遵循了 Langacker（2008）在认知语法研究中倡导的语言研究揭示性（linguistic revealing），也就是说，我们在进行认知语言学研究时要做到三个角度的充分，即语言描写上的充分、心理真实性上的充分和解释性上的充分，更要关注语言演化研究的揭示性；另一方面，体现了语言研究所追求的目标和宗旨（石毓智、李讷，2001），即我们对语言结构或语言现象进行描写与阐释时，不仅要探寻语言表征背后语言产生与发展的动因，而且要揭示语言发展与演化的规律。

1.3.1　汉语趋向连动式在整个语言演化体系中的地位与存在争议的问题

　　汉语趋向连动式作为一种独立的句法结构，在整个汉语的语言演化体系中的地位与作用是显而易见的。与主谓、动宾、偏正、并列等基本句法结构相比较，趋向连动式被看作一个固化的句法结构。趋向连动式在句法、语义以及韵律等方面有独特性，尤其是它的句法特征及演化类型是其作为独立的句法结构存在于语言体系中的重要原因。总体来说，趋向连动式在所有的语言类型中是一种特异的、普遍使用的句法结构。我们在大多数的非洲语言、大洋洲语言、东南亚语言，部分克里奥语言以及一些少数民族语言中都可见到它的使用和演化轨迹（Givón，1995）。汉语趋向连动式在汉语语言体系中具有显赫的句法地位主要是因为多种语言结构是从它扩展而来的。刘丹青（2015）指出，从汉语史的角度来看，这种句法结构的扩展方向主要为从并列结构的句法类型向主从结构的句法类型演化。在上古汉语和中古汉语的许多语言实例中，趋向连动式的诸多语义特征主要表现为并列结构或主从结构。汉语趋向连动式已具有独立的句法地位是不争的事实。同时，它的句法结构容易演化成不同类型的句法结构，如动补式、状中式以及动趋式等，也是既定的句法现象。

动词连用是汉语语言表达的一大特色。汉语中多个动词连用是汉民族思维习惯使然，也是汉语语法体系和汉民族文化认知方式共同作用的结果。可以说趋向连动式是汉民族思维表征的重要体现。高增霞（2013）指出，连动式的表达式之所以在汉语的语法体系中占据重要的地位，主要是因为它在很大程度上弥补了汉语词汇表达的不足。虽然尚未有人进行过精准的统计，但是从英语词典和汉语词典收录的情况可见，英语的词量远远多于汉语。《现代汉语词典》总共收录了 56000 条词语，而英语词语至少有 60 万条。英汉语词典词语收录悬殊的原因主要是英汉两种民族在概念表达上存在差异。汉语主要以词或词组的形式来表达事物或概念，而英语通常以单个的词表达特定的事件或概念。汉语缺乏形态变化，而动词连用在很大程度上弥补了汉语表达形式中功能成分不足的问题。

两个（或者三个）动词之间是否存在中心的问题成为汉语趋向连动式研究的焦点之一。汉语趋向连动式的形式看起来较为单一，但从语法表征的意义层面进行观察，则其表征的内容较复杂，而且演化路径多样。我们首先把汉语的趋向连动式与印欧语的趋向连动式加以区别，进而明确它的语法地位及复杂性。现代汉语中一个句子里经常同时出现两个或者两个以上的动词，而这些动词从形式上看几乎没有任何差异，如复合趋向结构中"他们经常在夜晚外出打猎"中的"外出"和"打猎"。汉语趋向连动式为什么要使用两个或两个以上的动词构式来表征一个事件，以及这些复合动词之间究竟存在什么样的构式化节点和语义网络关系，这些问题需要借助历时构式语法的研究思路进行探究。在微观上，这些动词会涉及单句、复句以及谓语表征的语义关系和事件结构；在宏观上，这些动词的语义可能会扩展到整个构式的形式、意义以及形式和意义之间配对的网络关系。而印欧语中多个动词连用时，句子中往往使用一个主要的动词作谓语，其他动词通常只起到非限定动词的作用，如 These old women come to the square every night, singing and dancing（这些老太太每晚来到广场，唱着歌，跳着舞）。现代英语从古英语中演化出三种较为固定、特殊的连动式。在此以下面的例子进行说明。

(5) The child opened the door screaming down the road.（那个小孩打开了门，尖叫着沿着马路走去。）

(6) You shouldn't go reading the newspaper all day. You should go out and relax yourself.（你不该一整天都去看报纸。你应该出去，让自己放松一下。）

(7) Can you run get me a pencil? I urgently need it.（你可以跑去给我拿一只铅笔吗？我急需它。）

例（5）为"VVing + PP"构式。正如 Jackendoff（2002）指出的，"VVing+PP"构式包含一个趋向动词，后面跟着一个表达伴随动作的现在分词动词和一个趋向补足语。但这种构式有其自身的独特限制，它的趋向短语不是第二个动词的论元，而是主要动词的论元。例（6）为"Go+VPing"构式，其中 go 不是一个趋向动词，后面不跟趋向补足语，此处 go 的意义完全演化，表征某种事件让说话人不满或责备。构式中的直接宾语不是 go 的补足语，而是 read 的补足语。例（7）为"Go+VP$_{bare}$"构式，这种构式中的动词具有位移意义，这类动词被识解为有助于完成 VP 所表示的动作，主要断言事件是由 VP 来编码的，第一个动词没有时态标记，可以出现"come""run""go"等趋向动词。

从上述事例的表征可以看出，英语趋向连动式的表征相对单一，句法结构也相对单一，语义并不复杂。当然，此处不是进行跨语言的比较，目的是引出趋向连动式中动词中心地位存在争议的问题。例如：

(8) 而巴、汉舟师，沿江东下。陆公以偏师三万，北据东坑，深沟高垒，案甲养威。（陆机《辩亡论》）

(9) 娥年十四，乃沿江号哭，昼夜不绝声，旬有七日，遂投江而死。（《后汉书·列女传》）

例（8）和例（9）都是连动式，但就词类来说，二者存在较大差别。例（8）就是我们所定义的趋向连动式，V_2 包含了"向下游"的趋向空间意义。而例（9）中的"哭"是行为动词，不是趋向动词。然而，在现代汉语中，人们常常把它解读为"一边向江的下游走一边哭泣"。在这两个动词 V_1、V_2 中，第一动词 V_1 的运动义已发生淡化，V_2 的次类变换在很大程度上对 V_1 起到了限制性的作用，它的功能就相当于介词的路径表达式，学界把例（9）也看成状中式的结构。

两个动词成分是否有中心的问题成为趋向连动式研究争议的焦点。马贝加（2014：73）指出，在语义上，趋向连动式两个动词有明显的主次之分，次要动词能为其他类型的动词提供演化路径。"沿"在《说文解字》中解释为"缘水而下"。"沿"的含义是顺水下行，它能引起趋向动作和空间方位这两个概念。马贝加从重新分析的角度阐释了"沿"的演化过程，他认为"沿"从动词向介词的演化是说话人一系列重新分析的结果。

从英汉趋向连动式的比较中可知，汉语趋向连动式的语义关系更为复杂，具有多样性。趋向连动式中几个动词之间具有表示目的、方式、时间等语义关系。有学者把其称为"大杂烩"，也有学者把其看成"富矿"（高增霞，2006）。汉语趋向连动式的能产性较强，结构较复杂，容易发生构式演化。从历时语料来看，大多数由动词演化而来的连词、介词、副词和助词都与趋向连动式的发展和演化有关，趋向连动式在汉语语言体系中占有重要的地位，是学界历来关注的焦点。汉语趋向连动式研究存在争议与分歧的一个根本原因是没有深入探讨人们使用两个或两个以上句法地位平等的动词表征同一个事件的认知手段和认知理据。最重要的是，如果趋向连动式中两个或两个以上动词的句法地位发生变化，语义重心偏移，并演化为多种构式类型，如状中式、动趋式以及动补式等，那么产生汉语趋向连动式构式化的机制和动因又是什么？这是笔者尝试探讨的核心问题。

马贝加的阐释清楚勾勒出了动词的次类变换引起的句法结构的多维度演化，但他忽略了这种句法结构的构式化表征和认知机制。高增霞（2006）以现代汉语连动式的语法化现象为视角，考察了连动式动词、动补式动词以及状中式动词之间存在的紧密关系，并指出其演化的路径存在多种条件。她进一步指出，前提-动作意义的连动式才有可能发展为连动式动词，动作-结果意义的连动式可为动补式动词的发展提供条件，方式-动作意义的连动式有可能发展为状中式动词。高增霞的研究已注意到人类能运用不同的认知手段表征一个完整的事件，但她尚未全面论述何种认知手段对空间事件的表征有建构作用。同时，高增霞的研究发现，趋向连动式中各个动词之间边界的消失可为新构式的产生创造条件。然而不足之处是，她也未提及连动式中各个趋向动词之间的边界是如何消失的。

研究发现，连动式中两个或两个以上动词的句法地位是平等的，而状中式中两个或两个以上动词之间的语义关系发生了变化，主次关系较为明显。刘楚群（2012：4）以趋向动词为例，将其放在动词之后加以考察，发现其表示两个动作的前后相连，且动词直接与趋向动词相结合形成趋向连动式。例如：

(10) 他听说后，挣扎着起来。不能走路，拄着棍子去看了一天炉，使工厂没有受到损失。

(11) 另两个大汉见势不妙，扔下手中的木棒转身奔去，被拉拉很快就追上了，面罩被拉掉了。

在例（10）中，"挣扎着起来"被看成趋向连动式，因为两个动词共享同一个主语，类似的论述有吕叔湘（1980）、邢福义（1991）、齐沪扬（2000）等。如果把"着"去掉，则演变为"挣扎起来"，成为我们所说的动补式。如果把"起来"看作核心动词，"V 着"则起修饰的作用，整个构式意义呈现出状中关系的部分特征。在例（11）中，"转身"和"奔去"表示的意义是有时间先后的，即先转身，然后再奔去。如果动词 V_1 之后加上趋向动词，它们中间带上了表示动态的助词"着"，那么就有可能是趋向连动式。

趋向连动式向其他构式类型演化是人们对空间进行多重认知的结果，可以具体空间表征向抽象空间表征转变的过程进行阐释。在趋向连动式演化为动补式或状中式的过程中，两个或两个以上动词间有明显的主次关系，且这些动词之间的语义关系存在较大的差异。同时，趋向连动式中两个或两个以上动词使用的条件为：这些动词具有平等的句法功能且它们之中单个的成分不足以单独表征整个趋向事件结构。为什么这些动词会具有平等的句法功能？两个或两个以上动词组构的认知机制是什么？它们之间构式的形式和意义是如何产生的？它们表征整个趋向空间事件又遵循什么样的认知规律？这些问题需要在下面的研究中做出深入的分析与探讨。

1.3.2 历时构式语法框架下汉语趋向连动式演化的节点和网络性

汉语趋向连动式在整个汉语语法体系中并不是孤立的，它在形式和意义上的形成与演化处于整个汉语网络系统之中。也就是说，汉语趋向连动式的形成是汉语网络系统多个图式层面的构式化，也是汉语网络系统为适合人们认知的需要进行自我调节与自我适应的结果。趋向连动式是人类对空间进行认知加工和表征的结果，是人类空间认知的一个重要组成部分。人类对空间活动的认知是一个交互的过程，而这一过程与人类一般域的认知过程共同建构出趋向空间构式的概念。构式中多重主体要素互相作用的关键在于构式演化中存在诸多节点，而这些节点在构式演化中则会表现出较强的适应性和调节性。趋向空间的构式演化是基于说话人相互关联的空间体验模式和社会交互模式的认知过程。它的构式演化节点和网络性可以从以下三个方面进行概括。

第一，把趋向空间的构式化看成一个整体的认知网络系统，而这一系统是由空间认知、语言文化和语言使用三者交互而形成的网络模式。趋向空间的构式演化是一个不断变化的过程，而这一过程中存在诸多构式化节点。虽然构式化节点是多样的，但是在构式系统里不存在最好或最理想的构式化节点，语言的社会认知研究总体上揭示了构式化节点的有序性和异质性。这两种特性不仅表现在语言使用者的语言运用中，而且在语言使用的内部网络和语言表征的社会网络中可以相互交织并得以体现。探究构式化节点及网络性则有助于为自上而下的原则和参数存在的瓶颈找到新的研究思路。构式化节点尤其是整体论的研究思路有助于我们观察语言固化、语言提取以及语用化的认知语用理据（冯智文、杨旭，2013）。因此，历时构式语法转向多重层面交互的共性研究，尤其是构式化节点和网络性的研究，可以在基于使用的构式语法的描写以及一般认知能力中的社会交互性、联合注意、模式提取和结构模仿等方面为汉语趋向连动式的历时研究找到新的研究方向。

第二，构式化节点和网络性还表现为说话人对语言结构感知的渐变性和动态性。语言结构会因说话人认知能力的变化而发生不同维度的变化。社区语言、个人方言和区域方言也是如此。它们都会在不同说话人话语表征的基础上不断地在微观层面对原有的结构进行重组和建构。语言结构的重组与建构主要是由于语言结构本身存在特定的构式化节点和网络性。可以这样进行断言，构式化在我们的语言生活中处处可见、常常发生。构式化节点会引发语言使用中的多个实例发生不同维度的改变。构式演化的动态性主要有两层含义：一是原有构式并不总是处于固化、静态之中，而是构式化节点会不断地对所适配的准构式进行调节，实现构式间语义的动态建构；二是构式建构是一个动态系统，由于有其他构式化节点的允准，新构式要与新的构式语境相适应，才会产生新的构式化节点，构式化最终才得以形成。

第三，构式化节点和网络性具有非线性特征。在历时构式语法体系中，语言结构中某些参数数量存在的差异较大，就会导致某些相量有巨大变化，即我们所说的质的偏差。这种偏差主要是由人的一般认知能力引起的。Elman（2005）指出，人类与其他灵长类动物之间存在根本性区别的一个重要原因就是人具有一般认知能力，如社交能力、记忆能力以及快速排序能力等。这些因素对人类语言的形成和进化起到了不可估量的作用。这也是人类优于其他灵长类动物的一个原因。在构式演化系统中，我们虽然肉眼看不到构式相量的变化，但可以通过构式化节点的扩展路径观察某个构式相量变化发生的情况。构式演化的 S 形曲线足以说明相量变化是可以观察到的，这已被语言起源的计算模型证明。

从历时构式语法的研究思路来看，汉语趋向连动式经历了递增式的演化过程。汉语趋向连动式内部质的差异较大，其构式演化类型多样，构式的形式和意义也呈现多维演化特征。例如，主观趋向动词"来"

和"去"作为助词时的功能，主要是表达说话人的某种推测或某种可能性。说话人的表征方式和主观推断逐渐扩展开来，"来"和"去"的意义变得更抽象，呈现多维发展的态势（Bybee，2003b）。构式语法的历时研究思路统一了语法化、词汇化和构式化中关于扩展和缩减的模式。语言历时研究的思路可为我们进一步认识人类认知的奥秘，揭示自然语言日渐精密的原因，从而深入地探究语言发生与演化的内在规律找到新的方向（文旭，2001a）。

1.3.3 历时构式语法与汉语趋向连动式的演化具有较高的预判性和融合性

任何语言理论都应结合特定的语言结构或语言现象做出相应的预判，历时构式语法也不例外。迄今为止，没有一个语言演化理论可以精准预判某个特定的语言结构发生演化的时间、地点及方式。这说明语言演化是一项复杂的系统工程。对这样一项复杂的系统工程做出完全的、精准的预判是完全不可能的。与其他自然科学相比，语言学的历时研究只能做到部分的、不完全的弱预判。与共时研究相比，历时研究的预测能力似乎更强一些。一方面，这主要是由语言演化的或然性决定的。任何特定的演化都并非必然要发生，即使它已具备发生的必要条件（Croft，2000；Hopper & Traugott，2003）。另一方面，引起语言演化的因素是多个层面的，语言演化的多样性在很大程度上会影响我们的预判能力。因此，对语言演化做出的某些预判会局限于特定的语言结构和有限的语言范围（吴福祥，2005）。总之，历时构式语法虽然无法完全做到预测特定构式产生的时间和方式，但是可以依据其演化共性推测它演化的范围、路径和方向。因此，在历时构式语法框架下，我们可以对语言演化进行较好的预判。

在汉语史研究中，汉语趋向连动式的演化历程及演化路径备受学界关注（王力，1989，2004；朱德熙，1985；赵元任，1979；吕叔湘，1979，1982，1987；魏兆惠，2004，2005，2008；梁银峰，2006，2007；等等）。历时构式语法研究中的构式化主要同等关注构式的形式和意义演化模式，汉语趋向连动式的形式和意义的演化与历时构式语法研究的理论主张有诸多契合点，其融合度较高。一方面，汉语趋向连动式的形式或意义的演化，即汉语趋向连动式某个方面的变化，与历时构式语法中的构式演化相吻合。另一方面，汉语趋向连动式中构式的形式演化与意义演化的匹配度较高，出现了多种趋向连动式的构式演化类型，引起整个趋向连动式出现新的形式和意义，产生新的类型，即我们所说的构式化。

近些年来，认知语言学研究与历时语言学研究出现了诸多一致的研究点，认知语言学在理论建构方面为历时语言学提供了新的研究思路，丰硕的研究成果由此得以产生。这些研究成果主要有 Bybee（2001，2003b，2010）、Croft（2000，2001）、Labov（1994，2007）、Traugott（2003，2007，2008a，2008b，2008c，2010）、Trousdale（2008a，2008b，2010，2012）、Sommerer 和 Smirnova（2020）、Winters 等（2010）、Winters（2020）等。这些研究成果表明，认知语言学理论能为历时语言学研究提供更好的方法论指导，同时历时语言学研究中丰富的历时语料数据可为认知语言学研究提供理论上的佐证，从而促进历时构式语法研究。

韵律对汉语趋向连动式的构式化也起到了一定的作用。韵律构词法和韵律句法为语言历时演化创造了可能性。一系列具有代表性的成果专门探讨了韵律语法对汉语结构的影响，如王灿龙（2002）、张国宪（2005）、周韧（2011）、吴为善（2003，2011）、冯胜利（2007，2009，2011，2013）、董秀芳（2011）等。韵律在构式演化过程中起到了触发作用。构式化可以看作构式形式演化与意义演化的结合体。构式的形式不仅包括形态与句法特征，还包括音系与韵律特征。因此，韵律是构式的形式产生的一个重要因素。韵律对汉语趋向连动式的构式化具有一定的制约作用。

除了韵律因素之外，还需要探讨汉语趋向连动式的形式和意义的融合问题。Bybee（1985）以 50 种语言为研究对象，指出语义关联性在构式的形式和意义的融合中扮演着重要的角色。从某种程度上说，语义的关联性对构式的形成与演化产生了重要的影响。Hopper 和 Traugott

（1993：141—142）把构式演化中形式和意义的融合总结为三个方面：第一，动词意义的融合取决于与其有直接关联的意义成分，其关联性越大，其融合度就越高；第二，意义成分的排列顺序在很大程度上与动词直接关联，意义成分越邻近动词，其融合度就越高；第三，通过动词表达出的具有一定语义关联的结构，它的一般意义很可能以简单的形式表达出来。总之，运用历时构式语法框架下的构式化理论来探讨汉语趋向连动式的演化规律，着力点在于做好构式化与汉语趋向连动式的融合度的预判。

历时构式语法是认知语言学理论与演化语言学研究共同发展的产物，是认知语言学研究的一种全新思路。历时构式语法研究的问世，既是构式语法理论与认知语言学本身发展的需要，也是历时认知语言学发展的必然趋势（文旭，2011，2014）。历时构式语法成为国际上语言研究的新热点，取得了丰富的研究成果，如 Barðdal（2012）、Barðdal 和 Chelliah（2009）、Bergs 和 Diewald（2008，2009）、Bisang（2010）、Fried（2008，2009，2010，2012）、Gisborne（2011）、Hilpert（2008，2013）、Noël（2007，2009）、Sommerer 和 Smirnova（2020）、Traugott（2003，2007，2008a，2008b，2008c，2012）、Trousdale（2008a，2008b，2010）等。国内关于历时构式语法的研究刚刚起步，研究成果有文旭、杨坤（2015），文旭、杨旭（2016），刘瑾、杨旭（2017），杨旭、刘瑾（2018）等。鉴于国内外历时构式语法的研究现状，本研究尝试在历时构式语法框架下，从构式化角度对汉语趋向连动式的演化过程进行深入探讨，致力于全面探讨并澄清汉语趋向连动式的构式化机制和动因。本书把历时构式语法框架下的关键概念，诸如类比化（analogization）、新分析（neo-analysis）、梯度性（gradience）、渐变性（gradualness）、瞬时性（instantaneity）和适应性（adaptation）等融合到汉语趋向连动式的演化研究中，以期为汉语趋向连动式的演化历程做出合理的解释和预判。

综上所述，基于汉语趋向连动式在整个语言演化体系中的地位与存在争议的问题，历时构式语法框架下汉语趋向连动式演化的节点和网络性，以及历时构式语法与汉语趋向连动式的演化具有较高的预判性和融合性等选题思路，本研究运用历时构式语法中的构式化理论，对汉语趋向连动式演化的过程、动因与机制进行深入探讨，以期为汉语趋向连动式研究中存在的争议问题提供理论上的参考，在一定程度上推进汉语趋向连动式研究。

1.4　研究方法与语料的选取

研究方法与研究标准紧密相关。研究方法因研究标准的不同而具有多样性。研究方法主要依据研究内容的范围和研究对象的维度进行确定。传统的社会科学研究对科学事业的发展起到巨大的推动作用，它主要运用定性研究的方法，深化内省研究的思路，深入揭示抽象事物背后的规律与特征。随着社会科学和自然科学的融合发展，社会科学的研究方法呈现复杂化和多样化的特征。定量的研究方法在社会科学领域引起足够重视，如拓扑学、博弈论、统计学等方法直接广泛地运用于社会科学领域，弥补了定性研究方法的缺陷与不足。

因此，定量与定性相结合的"混合研究方法"成为社会科学研究的新趋势。这种方法主要用于问题类型、数据收集和分析过程或推论的研究设计（Tashakkori & Teddlie，2003：711）。马奇、麦克伊沃（2011："代丛书序"5）把混合研究方法归纳为以下几个方面：①"三角互证"，即把定量数据与定性数据进行对比，为下一步的论证做好准备；②"互补"，即将一种方法的结果与其他方法的结果进行对比，旨在进一步寻找描写、解释以及论证相关研究的理据，并澄清问题；③"发展"，即运用某个方法的结果来阐释或完善另外一种方法的结论；④"引发"，即解释研究问题重构过程中似是而非的观点和矛盾，描写数据中出现的新观点；⑤"扩展"，通过多种方法的运用来扩展研究的广度、深度以及研究范围。

本研究遵循的研究思路是，首先在国内外已有研究的基础上发现研究中存在的问题与不足，提出新的研究问题，然后在历时构式语法的理论体系下结合汉语趋向连动式的演化探讨其演化类型，最后进一步揭示汉语趋向连动式演化的机制和动因。可见，本研究需要大量的、丰富的历时语料作为研究基础，因此，语料库的量化研究方法更有助于探寻构式历时演化的特点与规律；同时，本研究还以定性的研究方法为主，对汉语趋向连动式的演化历程进行深入解释和描写，这有助于历时构式语法理论的发展与提升。总之，本研究综合运用以下几种研究方法。

第一，本研究采用混合研究方法。在研究方法上进行重大突破是历时构式语法在理论研究上的一个贡献。历时构式语法的总体研究思路是运用构式主义方法来探讨语言系统是如何发生与演化的，把构式搭配分析的原则作为了解语言演化的一个切入点。历时构式语法的研究方法通过比较构式空槽中词素与该构式的关联度，观察构式发生变化的规律与特征。构式搭配分析除了继承内省研究方法的优势之外，还运用语言统计学的研究方法获取丰富的自然语料，确保研究数据的可靠性，深入探究构式发生演化的机制和动因。定性方法和定量方法对语言的历时研究来说有较好的互补性，已有研究为语言历时演化研究搭建了新平台（Hilpert，2013；Traugott & Trousdale，2013）。

第二，本研究采用个案的研究方法。鉴于研究对象的多样性与复杂性，目前的研究尚未对每个研究对象进行逐一考察。个案研究方法的优势在于可以选取最具有典型性的研究对象进行全面、深入的考察。构式化研究最普遍的做法就是采用个案分析方法，这种历时的个案分析方法可以在纵横交错的构式体系中对宏观的构式演化和微观的构式演化加以观察和分析，透过动态的、易变的、复杂的语言现象深入地把握构式演化的规律（Hilpert，2013；Traugott & Trousdale，2013）。由于汉语趋向连动式的构式演化历程较长、类型多样、路径复杂，本研究在探讨趋向连动式的构式化历程时，主要采用了个案分析的研究方法，重点关注典型的、使用频率最高的"来/去"主观类动词、"上/下"客观类动词以及"上来、上去、下来、下去"复合类动词的构式化。在不能面面俱到地考察所有趋向动词的演化情况时，历时构式语法的个案分析法可以更有效地揭示汉语趋向连动式的演化特征与规律。

第三，本研究采用历时构式语法中共时和历时相结合的方法。语言形成与演化和人类的交流与沟通紧密相关，我们可以通过语言的共时状态查实或印证语言历时演化的轨迹。因此，要深入地了解一个语言结构的使用和认知的关系，仅有共时层面的研究显然是不足的，我们得先了解它的历时发展特征（Bybee，2007a）。正如 Givón（1979：12）所言："如果我们不去全面考察语言发展的历时状态，那么我们就很难把握语言共时结构上的总体面貌与特征。"也就是说，语言的共时研究和历时研究是互相促进的，且二者共同促进语言学事业的长足发展。要全面知晓历时构式语法中的构式化研究路径，就不可能抛开语言共时层面的描写。只有把共时研究和历时研究有效地、紧密地结合起来，才能全面、整体地了解汉语趋向连动式的构式化路径。

语料选取是语言科学研究最重要的一个步骤，科学地选择可信度高的语料有助于提升研究的可行性和有效性。本研究所用语料主要来自国家语委的现代汉语语料库和古代汉语语料库。通过对这两个语料库中所有趋向动词进行穷尽式检索，筛选出符合趋向连动式的语例，从而建立起汉语趋向连动式的封闭语料库，将其作为本书关于历时构式语法框架下汉语趋向连动式构式化研究的可靠、可行的语料数据。本研究选取国家语委语料库作为语料来源的主要理据有以下两个。

其一，国家语委语料库是由国家语言文字工作委员会主办的大规模的国家级语料库，其开发技术在国内乃至国际上都处于领先地位，语料出处可靠，标注规范、准确，在国内语料库系统中具有实用性和权威性。

其二，国家语委语料库的范围、规模较大，语料抽样全面、合理，语篇分布均匀、科学，可以全面地反映出汉语趋向连动式演化的全貌。古代汉语语料库主要是古籍语料库，约 7000 万字。它包含自周至清各朝代的文本语料，含《四库全书》中的大部分古籍资料。部分书目如下：《诗经》《尚书》《周易》《老子》《论语》《孟子》《左传》《楚辞》《礼记》《大学》《中庸》《吕氏春秋》《尔雅》《淮南子》《史记》《战国策》《三国志》《世说新语》《文心雕龙》《全唐诗》《朱子语类》

《封神演义》《金瓶梅》《三国演义》《水浒传》《西游记》《红楼梦》《儒林外史》等。语料库未经标注，支持全文检索、模糊检索，支持语料出处、关键词居中（KWIC）排列显示。现代汉语语料库是一个大规模的平衡语料库，语料选材类别广泛，时间跨度大。在线提供检索的语料经过分词和词性标注，可以进行按词检索和分词类的检索。

另外，在某些特殊语例的分析与研究中，由于国家语委语料库中的个别语例遗漏或不全，还参考了北大中文语料库（CLL）的语例。参考或借用他人前期研究的语料实例，均使用脚注的形式列出。在引用现代汉语语料作为实例进行阐释时，均不标明出处。在引用古汉语语料作为实例进行论证时，均标明出处。

1.5　本书主要内容

本书共分为八章。

第一章为导论部分。主要对本研究的选题价值、选题缘由、研究问题、研究方法以及语料选取做简要介绍，同时对本研究涉及的重要概念或关键术语进行界定。

第二章为文献综述部分。首先，从认知范畴的角度对趋向空间已有的研究进行文献回顾，并厘清趋向空间的关系；其次，从认知语义的角度回顾趋向连动式在语义研究方面的主要贡献与不足；再次，从共时层面和历时层面梳理汉语趋向连动式在词汇化和语法化方面的优势与缺陷；最后，提出本研究要在历时构式语法框架下解决汉语趋向连动式的构式化问题。

第三章为本研究的理论基础部分。首先，全面梳理构式语法研究的主要观点及理论主张；其次，在构式语法研究的基础上论述历时构式语法框架下构式化研究的新路径；最后，依据历时构式语法框架下的构式化与汉语趋向连动式的演化类型建立起新的研究框架。

第四章为汉语主观趋向连动式的构式化研究，主要从历时构式语法的角度探讨汉语主观趋向连动式的构式化过程。该章以"V来/去"构式为个案进行历时演化研究，对汉语主观趋向连动式的构式形式和意义的来源进行历时梳理，主要对汉语主观趋向连动式的构式化表征、构式演化类型以及构式化机制与动因做出深入的探讨。

第五章为汉语客观趋向连动式的构式化研究，主要从构式网络性和节点的角度探讨汉语客观趋向连动式扩展的过程。该章首先以"V上/下"构式为个案，对客观趋向连动式"V上/下"构式的起源进行历时追踪，然后对空间标记构式是如何进行表征的展开探讨，最后探讨汉语客观趋向连动式"V上/下"的构式化路径和构式化机制。

第六章为汉语复合趋向连动式的构式化研究，主要以"V上来/上去"和"V下来/下去"构式为个案进行研究，分别论述汉语复合趋向连动式的起源、构式化表征的手段、构式形式与意义空缺的理据及构式化机制。

第七章主要探讨趋向空间构式的产生与习得的问题，指出趋向空间构式的产生具有适应性与扩展适应性的特性，并进一步论述趋向空间构式的适应性和扩展适应性之间的关系。此外，基于本研究的发现，该章从构式化与构式习得共有的理论基础方面探讨了构式化与构式习得之间的焦点问题以及构式化对构式习得的主要启示。

第八章为结论部分，主要总结并回答本书的研究问题，概括本书的主要发现，并对后续的相关研究进行展望。

趋向连动式是贯穿古今汉语的一个独特的句法构式，在汉语语法体系中占据重要的地位。趋向动词的语义一直是学界关注的焦点，其具有何种语义特征，不同范畴的趋向动词有什么样的语义表征，众多学者从词汇化和语法化这两个角度进行了大量讨论。虽然学界在这一领域的研究成果十分丰富，但是趋向连动式的词汇化路径和语法化路径是不是一个连续的统一体，它们之间是否存在相同的认知基础，这些问题仍需要进一步进行探究。此外，学界对趋向动词在连动式中的演化路径也是众说纷纭，比如在趋向连动式的认知理论基础和语言实例相结合方面就难以达成共识。

基于已有研究，本书将趋向连动式的研究概括为三个主要方面：趋向连动式中趋向动词的语义研究、趋向动词的词汇化研究以及趋向动词的语法化研究。这些研究皆体现了语言趋向空间范畴的认知研究路径。因此，本章首先对语言趋向空间范畴的认知研究进行概述，然后以趋向连动式的语义、词汇和语法为研究对象，对趋向空间表达式这一语言现象的既有研究路径和研究框架进行梳理，归纳其不足，并在此基础上提出本研究新的研究视角。

2.1 语言趋向空间范畴的认知研究概述

语言的空间表达是一种表征人与客观世界的空间关系的表达形式，在一定程度上体现了人们对现实世界的认知，是人类认知活动的一个重要组成部分。不同语言中空间关系的表达形式大相径庭，如对于空间关系的词语表征，英语倾向于用介词，日语和韩语通常使用格助词，俄语则倾向于选择介词和格语法。汉语在表达空间关系时通常使用方位词和趋向动词，如"前、后、左、右、东、南、西、北、上、下、来、去"以及它们的部分组合表达式等。身体与空间紧密关联，空间结构的形成离不开人的知觉和身体，可以说，空间关系的语言表征源于人们身体与空间的认知关系。人们对空间结构的认知实质上就是对自我涉身空间的调适、组配和重构，正如梅洛-庞蒂所强调的"身体即空间"的关系。我们的身体在与世界和他人进行互动时形成一种延伸空间，即身体的图式空间。人们对空间的认知经历了由"里"向"外"、由"近"及"远"、由"具体"到"抽象"、由"水平"的二维空间到"立体"的多维空间的发展过程。这些空间关系的认知发展与变化都与人们的身体体验相关。

关于空间关系表达的研究既是语言研究的一个重要领域，也是目前语言认知研究中的一个热点问题。这一语言现象的研究路径经历了从单个具体词的词性和词类维度到概念结构维度，再到空间的认知维度的扩展。其主要研究流派发展路径为从 De Saussure 的结构主义语言学发展到 Chomsky 的转化生成语法、Jackendoff 的语义概念结构再到 Lakoff、Langacker、Talmy 等认知学派的空间研究。

随着认知科学与体验哲学的迅速发展，空间范畴与空间语义的认知关系研究引起了心理学和语言学领域的普遍关注。梅洛-庞蒂（2001，2003，2007，2010）提出的身体观强调身体与空间融为一体，身体就是空间，没有身体感知的空间是不存在的。Piaget（1956）从儿童的认知心理发展过程出发，说明了儿童认知能力的发展主要来自身体与空间位置的关系。儿童对空间的认知经历了从拓扑空间发展到映射空间然后不断提升到多维空间的渐进过程。基于语言是人类的一种基本认知能力，空间构式可以看作反映人们现实生活经验的语言空间结构。这些现实生活经验包括人与物体的关系、物体改变的状态或位置与人的关系、人经历的心理状态、物体或人处于特定的状态或空间位置等。空间构式已成为认知语言学家关注的焦点，他们主要探讨空间构式本身所具有的特征以及人们是如何建构空间构式的。其中最有代表性的成果为 Lakoff 的 *Metaphors We Live by*（1980），*Women，Fire and Dangerous Things：What Categories Reveal About the Mind*（1987）；Langacker 的 "An introduction to cognitive grammar"（1986）和 *Foundations of Cognitive Grammar*（1987）以及 Talmy 的 "How language structures space"（1983）和 "Force dynamics in language and cognition"（1988）。这些成果标志着语言的空间认知研究进入了全新的时代，呈现出多维度、多层面的研究模式。对语言的空间认知模式、空间认知结构、空间隐喻及其形成的理论基础、空间范畴化、空间力图式以及语言如何建构空间关系等语言现象的描写与解释标志着语言空间结构的研究已进入认知语言学的核心领域。

2.1.1　Lakoff 的语言空间认知观

身体与空间的认知关系是人类思维形成的基石，也是人们的抽象概念形成的基础。Lakoff（1980，1987）指出身体结构对人类进行空间的感知与体验具有重要作用。人类感知到的首先是物体所在的位置、运动的方向、呈现的状态等空间方位或关系，并在此基础上获取空间概念的表达，进而把空间概念表征到与之相关的概念，并习得其他概念。Lakoff 的语言空间认知观主要体现在他对隐喻的研究中。隐喻被看作一种普遍的思维方式，同时也是抽象概念形成的主要基础（Lakoff & Johnson，1980）。Lakoff 将隐喻划分为本体隐喻（ontological metaphor）、结构隐喻（structural metaphor）和空间隐喻（orientational metaphor）三种类型。其中，空间隐喻在人类概念建构与形成的过程中扮演着最为基础的角色，大多数抽象概念的建构需要运用空间隐喻的表达才能实现。Lakoff 和 Johnson（1980）指出，隐喻是两个概念域或认知域之间的结构映射，即从始源域（source domain）向目标域（target domain）的映射关系或过程。这种映射关系不仅体现了语言结构的外在表征，还隐含了人类认知的深层机制与规律。因此，空间隐喻的认知机制能重构我们的思想，促进我们形成判断，最终赋予我们日常语言的认知能力，丰富我们的语言表达。Lakoff 和 Johnson（1980）还认为，基于说话人的生活经验，人类思维呈现为一个隐喻网络或隐喻认知图式，建构了说话人与现实世界的互动关系，具有认知拓扑（cognitive topology）的性质。

隐喻是人类认知、思维、感知的来源与基础，是人类生存的基本方式。隐喻倡导语言结构的形成基于"经验主义认知观"。经验主义认知观认为，独立于人的认知能力之外的构式意义是不存在的，人们的日常生活经验与认知能力对语言空间结构具有建构作用。在具体概念的形成和推理的过程中，人类的生理构造、身体经验以及各种类型的想象力都具有至关重要的作用（文旭，2014：10）。这种经验主义认知观集中体现在以下几个方面。首先，思维是体验的。用来连接空间概念系统的结构源自人类的身体经验，并依据身体经验赋予结构意义。也就是说，空间概念系统的形成与人类的感知、身体运动和经验紧密关联。其次，思维是完形的。概念是受多个经验规则约束的结构，但并非所有概念都直接来源于经验，许多概念是通过隐喻、转喻和心理意象建构的。然而隐喻、转喻和心理意象通常是以身体经验为基础的，这就是人类的想象不能脱离形体的原因。最后，思维是整体的。认知加工的结果是空间概念系统的总和以及概念的整体意义。思维不只是单个抽象符号的简单运作，而是在认知模型描写基础上的范畴化的概念结构（Casad，1996；文旭，2014）。赵艳芳（2001）认为，认知模型中的隐喻结构是语言、文化形成的基础，语言的形式与意义直接映射、相互关联，语言与思维具有内在的一致性。语言的空间认知遵循认知语言学的以下假设：语言能力是人的一般认知能力的一部分，语言的描写必须参照认知的过程；语言结构与人类的概念知识、身体经验以及话语功能密切相关；句法不是一个自足独立的模块，词汇、形态和句法形成语言符号单位的连续体；语言结构中的语义不只是客观的真值条件，还与人的主观认识紧密相连。在这一系列假设框架下，Lakoff（1987：283）提出的"形式空间化假说"（Spatialization of Form Hypothesis）指出，空间概念是人类认知的基础，抽象概念的形成是通过意象图式和隐喻映射完成的，同样地，语言结构从物理空间到概念空间的转化也是通过隐喻实现的。空间结构的意象图式映射到抽象的概念域，就构成了概念结构，也就形成了句法结构的基础。这一假说包括以下具体内容。

第一，句法结构是一种层级性结构（hierarchical structure），它可以通过"部分–整体"的关系和"上–下"图式得以识解。

第二，句法结构是一种辐射结构（radial structure），它内部的中心语–修饰语结构可以通过"中心–边缘"的图式加以概括。

第三，关系结构（relational structure）与共指（co-reference）关系可以通过"连接"图式进行表征。

第四，显化与背景化（foreground & background）结构可以通过"前–后"图式进行表征。

第五，线性数量（linear quantity）维度结构可以通过"线性顺序"图式来表达。

第六，句法范畴与其他范畴一样，其结构可以通过"容器"图式加以概括。

然而，Lakoff只是从宏观上建构了形式空间化假说，而缺乏相应的语言实例分析与阐释（郭熙煌，2012：76）。蓝纯（2005）根据这一假说的内容分析了汉语和英语可分为四个"上下"空间关系的容器图式，如数量域方面，数量较多为上，数量较少为下；地位域方面，地位较重要为上，地位较次要为下；时间域方面，时间较早为上，时间较晚为下；状态域方面，状态较理想为上，状态不理想为下。现代汉语中同样存在较多的空间表达式，如基于"前是上，后是下""北为上，南为下""靠近观察者是上，远离观察者是下"等隐喻认知，汉语中存在诸如"上前、退下""上北京、下广州"等固定的空间表达式。

当然，空间的表达式也存在不对称的现象，而这种不对称的现象也可以通过以上假说进行诠释，它与我们的身体构造有紧密的联系。在人们与世界的互动体验过程中，垂直性在身体的空间层面较为普遍，正如Evans和Green（2006：178）指出的：人是直立行走的动物，因为我们是头朝上脚朝下进行活动的；由于引力的作用，人类身体的垂直轴在功能上具有不对称性。这就意味着垂直轴的特征存在"上–下"或"顶部-底部"的不对称性，因此我们身体的"上-下"部器官是不同的。人的身体结构有"上-下""前-后"之分，因此语言中这些不对称的表达也存在一定的方向性。由于人是以向上直立的方式向前行走的，人类的语言总是倾向于"上"和"前"的表达式，不偏爱"下"和"后"的表达式（朱晓军，2008）。

沈家煊（1999）强调，人类凭借自己的身体来认识世界，但是由于人体构造具有不对称性，人们对空间事物的感知也就存在差异性和不对称性，即语言结构受到人们对现实世界的认识的制约。本书认为，可以从两方面探究语言空间表达式发生构式化的原因：一方面，语言的空间系统是认知能力与认知对象相互作用的产物；另一方面，语言的空间结构映射出人们的思维结构，而人类的思维与经验影响语言结构的表达，进而引起该结构产生构式化。

Lakoff 的语言空间认知观把抽象的概念范畴化和具体化，他强调文化具有较强的民族特性，语言的空间结构是在特定的条件下产生的，进而会在不同的结构中体现出特定的文化因素，而特定的文化因素对人们的空间隐喻思维具有重要影响。Fauconnier（1994，1997）的心理空间认知观进一步完善了 Lakoff 的语言空间认知观。Fauconnier 的空间合成理论不仅关注人类特定文化间的差异性，而且重视人类空间隐喻思维存在的共性，指出语言空间结构的建构是心理空间和文化空间相互作用的结果。心理空间和文化空间的相互作用可以让说话人建立起一系列抽象结构。由于文化的多样性，人们在与世界交互时为了实现部分的理解或完整的感知而建构出心理概念包（conceptual packet）（Fauconnier & Turner，1998）。在文化经验基础之上形成的心理空间具有类比性、凸显性、感知性和类属性，人们在此基础之上对心理空间加以合成，最终促成特定语言结构涌现。

2.1.2　Langacker 的语言空间认知观

空间范畴研究的另一杰出代表是 Langacker。他认为，语言中语法和语义的关系可以凭借一套空间视觉结构进行认知加工，人们可以把感知到的或体验到的空间物体映射到语言结构上来，因此 Langacker 一开始把语言的空间范畴研究命名为"空间语法"（Space Grammar），后来才改称为"认知语法"（Cognitive Grammar）。人们对事物的感知依靠经验和行为的整体性，即格式塔感知效应。人们认识事物时趋于完形感知，可以将具有不同分离特性的部分有机地建构成一个整体。因此，格式塔心理学可以看作空间语法的心理学基础，而空间语法研究视觉现象的感知机制与格式塔心理学研究视觉想象的心理机制是相同的。空间语法很显然以视觉经验的感知为中心，强调人的体验和一般认知能力，它的整体感知具有认知性，这是"空间语法"后来改名为"认知语法"的主要原因。

认知语法强调语言不是一个自足的系统，对语言的描写与分析须参照人的一般认知规律。Langacker（1987，2008）把语法看作"一个有组织的约定俗成的语言单位的集合"（a structured inventory of conventional linguistics units）。语言是"单位"的，意味着它可以是具体的语言结构，也可以是图式化的语言结构。这种语言"单位"还包括百科知识的语义观，其图式可以允准较多的范畴，也可以对新的语言结构进行范畴化。语言的空间范畴同样具有多重图式结构或子图式，可以分为实体图式、位置图式和位移图式三个子范畴。这些子范畴丰富了语言空间范畴的内涵，反映出人类对空间的认知呈现多义性、隐喻性、主观性等多样化特征（Langacker，2008，2013）。

在语言的空间研究中，语言空间结构的形式与意义应该被予以同样的重视，一个构式的意义不只是单个词、单个句子在人脑中嵌入的一种"情境"（situation），还是这种情境植入构式中的具体实现形式，即某一种结构的认知入景（邢晓宇，2015）。Langacker（1987）创建了一套表示空间关系的术语对空间关系与空间意义进行阐释。在认知语法中，构式中的语义可以看作一种意象，意象代表着人识解世界的情境化，因此整个空间构式呈现为一种可感知的意象。意象不仅能够对构式的形式和意义关系进行识解，还可以描述一个构式事件所具有的功能与特性，同时还能阐述一个构式的起源、发展与消亡。

空间关系就像一座桥梁，它建构出构式中的语义结构与语义关系，Langacker 的语言空间认知观关注同一事件的不同识解，对于同一个情境可形成两种不同的视觉意象进而产生两种不同的视觉表达方式。不同的视觉意象表征不同的句法结构，而不同的句法结构又表征不同的语义结构（郭熙煌，2012：78）。

空间构式义是基体（base）和侧面（profile）通过相互结合、相互作用的方式建构的，它们之间是凸显关系。构式中所标示的成分具有凸显性，我们借用基体和侧面对其进行说明。基体与侧面不能脱离另一方单独发生作用，基体必须与侧面相结合才能产生构式表达式的语义值。一个构式表达式的语义值可由一个特定实体的标示推导出来，这个实体是通过其在更大构型中的位置得以识别和描述的（Langacker，2013：188）。同样，射体（trajector）与坐标（landmark）之间也是凸显关系。射体是语义结构表达式中最突出的实施者或参与者，处于最突出的位置，而坐标是语义结构表达式中处于非突出地位的实体，可为射体的定位提供参照框架（Langacker，1987：217）。基体与侧面、射体与坐标有效地对空间的位移、方向和距离进行描写与表征，而这种描写直接指向认知事件，其关注的焦点集中在形成实体概念的认知事件而不是概念化的实体本身。

空间的位移、方向和距离的感知被标示为认知域中的一个区域（region），而这个区域可以看作一组相互联系的实体（set of interconnected entities）。实体的相互联系与事件间的联系相互作用。Langacker（2013：203）指出，当形成实体概念的认知事件成为一个高阶事件的组成部分时，这些实体会形成一个相互联系的框架网络。事件的连接，可以通过扫描、焦点调整等认知操作的方式进行，也可以通过整合完备的概念进行。一组相互联系的实体可被看作一个区域，虽然其本身通常不被看作该区域的组成要素。相互联系的实体凸显集体性，整个区域即为标示内容，构成范畴的一个实例。整个空间的实体需进一步做出说明。

其一，空间实体，如事物、关系、位置、感知、相互联系性、价值等，是我们所能感知到的、所能想到的或我们所指的具有空间关系事物的统称。空间实体是可以单独识别的个体，是一个可感知到的连续的状态模式，具有认知上的凸显性。

其二，每个涉及参数连续延伸的概念都必须包含一个转变链，而转变链的出现使这一延伸性概念得以形成。例如，一个线条概念包含一个加工层面上的连续一维延伸的事件序列。用于表征物质空间延伸的转变链是为有形的实体概念而建立的。

总体来说，Langacker 的语言空间认知观是对语言空间系统心理表征的认知过程的描写，具有明显的格式塔心理学的心理视觉迹象。在他看来，句法范畴和句法关系是概念的内部组构成分，句法和语义相互依存，以词序为其内在表现形式。句法范畴通过射体-坐标、基体-侧面等概念实现，句法结构与语义结构交互，并由语义结构实现。空间参照具有一定程度的主观性和模糊性（郭熙煌，2012：85）。

2.1.3　Talmy 的语言空间认知观

Talmy 既是美国语言学界最早关注空间问题的学者之一，也是空间认知研究的践行者。1975 年，Talmy 在 *Berkeley Linguistics Society* 刊物上刊发了 "Figure and Ground in Complex Sentences"（《图形和背景视角下的复合句研究》）一文，开启了空间认知研究的先河。

Talmy 的图形-背景理论与 Langacker 的认知语法理论都源于格式塔心理学。图形-背景理论有助于建构语言的空间概念，是空间组织的一个基本原则。运动的或者概念上可以移动的实体都可被看作图形，其移动的场所、路径或方位则被视为变量。而背景是参照实体，是相对静止的实体，如相对于背景，图形的场所、路径、方位是静止的（Talmy，1983，2000a：184；郭熙煌，2012：85）。图形通常是我们关注的焦点，属于语言结构中的凸显部分；而背景属于在语言结构中不够凸显的部分，则作为认知上的参照点。当 Talmy 提出的图形-背景概念运用到语言空间情景中时，便涉及方位（Locative）、源点（Source）、路径（Path）和目标（Goal）等概念。图形与背景所涉及的空间投射关系可用几何关系来表达，投射的路径也是多种多样的，有点状的、线状的、位移的、横向的以及纵向的等。图形和背景在语言空间中表现为趋向动词、介词如"来、去、上、下、前、后、左、右、里、外"等表达的位移关系和方位关系。在语言结构中，图形通常先于背景出现，且常与主语的位置相联系，而背景往往出现在非主语的位置上。图形和背景的位置有自身的功能，通常是不能调换的，由于二者观察的角度不同，参照物和凸显物存在差异，其认知方式也存在较大的差异。Talmy（2005）提出的空间图式系统包含三个方面的内容：成分系统（the componential system）、组构系统（the compositional system）和增益系统（the augmentive system）。

成分系统由部分范畴成员组成，为语言空间的表征与建构提供了主要的范畴。范畴既包括它的组成成分，也涵盖它的关系成分。部分成分本身就是一个范畴，语言空间的图式可以从部分成分中得以观察，范畴和成分可以是部分与整体的关系，呈现出继承性特征。

组构系统主要说明空间成分是怎样建构空间图式的。通常情况下，空间成分以空间图式的形式在说话人的大脑中固化并储存下来。因文化的差异，空间图式意义在认知表征上存在差异，但空间意义的约定是具有共性的。说话人在描述特定的空间场景时，从预先储存的空间图式中选择特定的空间表达式来对空间意义进行表达。

增益系统主要关注图式的能产性情况。一个基本图式可以产出多种子图式。基本图式的某个特征可以扩展到一组子图式，导致这一组子图式具有不同程度的能产性，但它们属于同一个基本图式的能产过程。另外，在能产性的作用下，一个基本图式可以通过扩展、异化的方式产出不同种类的图式。于是，数量较小的空间图式可以表征较大的空间场景。

Talmy建构的空间图式特征和过程说明了语言在空间体系的深层语义上存在较多共性。空间图式的生成性、扩展性和能产性为空间语言的形式和意义构建了无限可能的空间（Talmy，2005；任龙波，2014）。

首先，图式的生成过程表现出拓扑的等价性，具有量值等价、形状等价和体积大小等价的特征。空间图式的产生受到特定空间维度的制约，同时，又能超越特定空间的限制表现出多样的空间维度变化。因此，空间图式可以表征一系列空间关系。

其次，从基本图式扩展到非基本图式的过程来看，基本图式维度可以扩展到线、平面、立体等维度，因此这一过程具有跨维度的特点。同样地，这一过程具有跨运动状态的特征，通常表现为基本图式的一种运动状态向另外一种或多种运动状态扩展。除此之外，这一过程还具有原型扩展性，即一种基本图式的原型可以向非原型的状态扩展。

此外，部分基本图式可通过变异的方式演变出非基本图式。这种演变可引起基本图式的变化，变化后与源图式的基本特征不相符。通过延伸，基本图式往往可以突破某些限制条件而异化为新的图式。同时，基本图式还可以取消图式中的某个元素组构成分，从而引起新图式的产生。

最后，空间封闭语类都有基本概念成分构成的成员，隶属一些基本范畴，基本成分和基本范畴可以同时构成相对封闭的范畴成员，它们固化在大脑中并作为说话人空间语言的表达被提取。同时，组构部分的范畴可以从其成员中获取某些基本的空间概念，并通过特定的方式投射到单个封闭语类形式的空间概念组构模式中。

作为一种基本认知域，空间表现出来的各种特性以及交互关系可以投射到抽象思维等其他认知域中。源于空间概念的表达和运动事件路径的形成，Talmy 在时空运动事件的基础上提出了五类宏事件，并把世界语言划分为动词框架语和卫星框架语两种类型。这些研究成果都是空间概念在语言研究中的具体体现。

语言空间系统具有拓扑学上的特征，即语言拓扑学。不过，语言空间系统所表征的拓扑学处于百科知识和拓扑结构之间，被视为一种较为原始的拓扑学。这种原始的语言拓扑学与数学拓扑学的一些基本概念如包含、连续、连通、有界等是相关联的。拓扑中的部分成员既包含了成分范畴又体现了关系范畴，每一范畴下都有一些成分。从这一角度来看，空间语言实际上体现为一种语言形式的拓扑学（linguistic form of topology）（Talmy，2000a：29）。

综上所述，语言空间认知观源于身体经验，其空间系统的建构是人们的认知能力和认知对象相互作用的结果。语言的空间结构总体上呈现为一种图式结构。Lakoff 侧重于结构的层级性和辐射性，Langacker 关注结构的继承性和主观性，而 Talmy 的焦点则在于结构的组构性和能产性。他们的认知观都着重于空间结构概念的获取和表征，无论是主观的空间还是客观的空间，都是语言空间实例的抽象概括。

2.2　语言趋向空间关系的研究概述

作为人类赖以生存的要素之一，空间关系一直都是哲学家和语言学家讨论的话题。人们在认识世界、改造世界的过程中不断建构空间结构。在这一过程中，人们会有意识或无意识地创造特定的语言符号和结构来表征空间系统中诸多要素产生的现象，抽象并概括出既定的空间结构关系。最终人们会建构一套适合本民族思维的语言空间结构系统。本书从空间的拓扑关系和空间的位移关系两个层面对语言的趋向空间关系进行概述。

2.2.1　空间的拓扑关系

空间关系是指空间实体之间的一种关系，包括拓扑关系、顺序关系和度量关系。空间的拓扑关系是指物体之间的方位关系，涉及物体之间的邻接、关联、包含和连通关系（郭熙煌，2012：90）。语言空间结构具有认知拓扑性，具体来说，语言空间结构是一种认知活动，而这种活动具有拓扑性。可以说认知拓扑是语言空间拓扑的基础，语言空间拓扑是认知拓扑的具体表现形式。

语言在空间上的拓扑关系是人类思维的重要特征，而空间思维在人类认知中处于中心地位（Levinson，2008）。人类感知世界和认识世界通常始于对空间的认知，甚至可以说，人类的空间思维先于抽象思维形成，后来随着认知能力的发展逐渐扩展到一般认知域。空间认知是人类获取知识、感知事物的最基本的认知方式，人类诸多抽象思维的推理形式都依赖空间认知（Levinson & Wilkins，2006）。虽然我们无法直接观测到空间认知这一认知过程的心理变化，但是我们可以利用空间结构的语言表达式来认识空间。研究语言符号的空间系统可以揭示语言与认知之间的关系以及人类认知的奥秘（文旭、匡芳涛，2004）。语言的空间结构与人们的认知存在必然的关系，人们认知上的主观性又导致了空间语言表达的复杂性，因此空间结构反映在不同的语言里会有不同的表现形式。

拓扑空间是语言空间实现的心理通道，它丰富了语言空间的表达。文旭、匡芳涛（2004）认为，语言空间包括拓扑空间和投射空间，语言空间或许会以理想的形式出现，但并不存在理想的语言空间。投射空间会因视觉的不同而发生变化，但拓扑空间不以观察者的视觉为转移。Herskovits（1997）指出，语言系统与空间表征的几何图式化层面接近，并与视觉系统相连通，形成简化的拓扑空间。语言可以通过拓扑空间对现实空间进行图式化，为我们的空间认知提供心理通道。Langacker（1982）、Levinson 和 Wilkins（2006）的空间语法为空间认知提供了合理的阐释框架。但二者的理论构架略有差别。前文已述及 Langacker 关于空间语法的观点，此不赘述。Levinson 在探讨人类对空间的认知及其与语言表征的关系时将拓扑关系归为空间语言的一个组成部分，确立了语言拓扑空间在认知语言学研究中的地位。图 2-1 阐释了空间语言关系的主要分支。

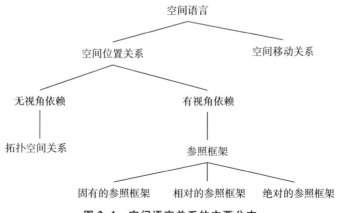

图 2-1 空间语言关系的主要分支

资料来源：Levinson & Wilkins（2006）。

从图 2-1 中可知，Levinson 将空间语言划分为空间位置关系和空间移动关系两个分支。空间位置关系又进一步分为无视角依赖和有视角依赖两部分。无视角依赖表示空间位置关系不随着人们视角变化发生转移，如拓扑空间关系，它是一种附着的和包含的关系。相反，有视角依赖意味着空间位置关系会随着视角的改变而改变，需要借助参照框架才能进行各种空间关系的表征。参照框架是语言表征空间关系的基础，我们对一个物体位置的描述总是以另一个物体为参照，如前后、左右、东西、南北等空间关系。实际上，参照框架体现了图形-背景的关系，表现出语言的空间关系（肖燕、邓仕伦，2012）。图 2-2 则显示了空间关系的语义类别。

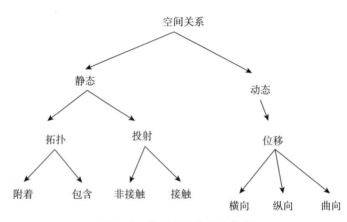

图 2-2   空间关系的语义类别

资料来源：郭熙煌（2012：122）。

通过图 2-2 可以清楚认识空间关系的语义类别，语言的拓扑关系属于空间关系的一个下级分类。语言的拓扑性是抽象、灵活的，连续性是拓扑空间的重要属性。由于人们识解的多样性，空间关系的语义类别也呈现多元性特征。把空间关系分析为拓扑关系和位移关系是十分有必要的，一方面为本研究提供了便利，另一方面也符合语言观察的实际需要。

2.2.2   空间的位移关系

"位移"本是物理学上的术语，指物体在外来因素作用下发生的质点位置的改变。在语言学中，位移则常指句法语义的表达导致主体视角的变化和客体空间位置的改变。本研究所指的位移（motion）源于Talmy提出的空间关系的核心概念，主要指图形或射体位置的运动和变化。一个基本的位移事件包括一个移动或静止的物体与另一个物体之间的空间关系，它由图形、背景、位移和路径四个要素组成（Tamly，2000b：25）。图形是位移的主体，即相对于背景的运动中的人或物；背景是位移主体运动时的参照物；位移是运动本身，即移动，具有时间和空间的变化；路径是指位移主体以背景为参照点的位移或运动轨迹（方经民，2002；郭熙煌，2012）。

表示位移事件的动词又有动态移动和静态移动两种方式的区分。动态位移方式型的事件可以分为三类：施事位移、非施事位移以及自施事位移。动态位移原因型的事件包括施事位移和非施事位移两类。Talmy强调，判断一个副事件为原因事件还是方式事件主要看动词是相对于图形的还是相对于施事的，即主要看动词在移动事件中所扮演的角色。Talmy的分类只是针对英语位移动词的使用情况提出的，对其他语言的位移事件不具有解释力。曾传禄（2014）依据汉语位移动词的特点把位移事件分为自移型和致移型两类。实际上，他说的自移相当于自施事，指位移体是动作的施事者，其位移的动力来自本身；而致移包含施事致移和非施事致移，主要指位移体是受动者，位移动力来源于施动者或致使者。如从窗户边射进了暖和的阳光（非施事致移）、他立刻跳进河中救人（自移）、他从书柜里拿出两本书（施事致移）。

以上分类和阐释为空间的位移关系提供了一定的解释力，不过这种分析很难提供完全令人信服的答案，空间位移的语义特征也多是从共时层面进行观察的。历时的研究方法认为，位移动词的语义经历了多重演化，其表达形式多样。

无论是共时研究还是历时研究，空间的位移关系在语义上只要表现出位移的趋向就是可以理解的，即便句中不直接出现起点和目标结构。如 Tom is coming，它没有起点和目标，但 Tom 有位移的迹象，所以这一语言表达式是可以理解的。该事件位移的迹象隐含了位移体移动的方向，于是这一事件中图形与背景、射体与坐标之间的相互关系可以被判别。虽然有些位移构式的表达没有起点和目标的关系，但构式中的位移动词具有语用指示的功能，包含了以说话人为参照点对位移方向做出的判断，预设了以说话人为参照点的位移方向完全符合空间的位移关系的表达，也是可以接受的（文旭，2007b；秦洪武、王克非，2010）。

在位移事件表达的过程中，位移动词对空间的位移关系起着主导作用。从类型学角度来看，虽然英语和汉语都用位移性动词表示空间的位移关系，但两种语言在位移路径的表达上存在显著差异。英语主要运用空间介词表达，而汉语主要使用趋向补语表达。这种附属于位移动词并表达位移路径的词语被学界称为非核心成分，这也是 Talmy 把语言类型分为卫星框架语和动词框架语的主要原因。

把汉语划入卫星框架语的观点在语言学界仍然存在较大争议。如汉语动补结构的核心是动词还是补语，这很难达成共识。如果把动补结构中的第一个动词看成核心动词，把补语位置上的动词当作附着成分，起修饰作用，那么汉语就属于卫星框架语。反之，它就属于动词框架语。面对这一争议，学界有人提出汉语是均等框架语，这一说法可以从充当趋向动词或趋向补语的复合动词中找到证据，如"进去、出来、出去、回来"等，两个动词都是主要动词，我们不能简单把它们归为核心成分或附加成分。

齐沪扬（1998）和朱晓军（2008）把趋向动词划分为单一趋向动词和复合趋向动词两种，前者如"来、去、上、下、进、出"等，后者如"上来、上去、下来、下去、进来、出去"等。然而，我们很难将现代汉语中的单一趋向动词或复合趋向动词划入卫星框架语、动词框架语以及均等框架语中的任何一类。其实我们可以通过空间位移的形式感知语言空间位置关系的变化，这种位移的形式投射到语言的空间语义结构上，建立起空间概念与意义的关联，实现了空间关系表达形式与意义的对应。而 Talmy 在语言类型上的划分只注意到语言空间形式或意义的一个方面，没有同等关注二者在空间关系上的表征。

总之，空间的拓扑关系不涉及观察者的视角，主观性较强，某些特征是人们强加的。由于文化上的差异，人们在拓扑关系的表征上也存在许多不同之处。这说明语言的空间结构与人们的空间认知相关联。空间的位移关系不仅体现了物理空间的位移，而且是多种抽象空间位移的概括和表征。空间位移事件通常是从空间概念向非空间概念的转移。这种转移的过程说明了空间概念是其他概念形成的基础。

2.3　汉语趋向连动式的语义研究

汉语趋向连动式是汉民族对趋向空间表达的一种认知方式，它既是汉民族在心理上、思维方式上独有的空间表达式，也是汉民族在文化上的一种空间结构的表达式。作为人们对现实世界认知的产物，趋向连动式内部的语义关系及语义特征受到学界的广泛关注。趋向连动式的语义研究纷繁复杂，两个以上动词之间的语义组构关系种类较多，多个 VP之间是否存在语义中心以及语义中心如何界定仍是学界存在较大争议的问题。为了更加清晰地对已有研究进行梳理和分析，本书把趋向连动式中动词结构语义争论的焦点概括为"有中心论"和"无中心论"两个方面。

2.3.1　有中心论

"有中心论"的支持者提倡从语义特征出发，对趋向连动式的动词成分进行不同视角的归类，因为趋向连动式中的动词成分大多是按照时序原则和逻辑顺序原则对事件信息进行编码的（李临定，1986；洪淼，2004）。"有中心论"的观点赞同趋向动词在语义上具有［+位移］［+方向］［±立足点］这三个语义特征。这类结构的语义中心就是要表达人或物体在空间位置保持一定的方向移动，而且有观察者或者物体移动的位置，即要有立足点（王国栓，2005）。例如"来"表示人或物体向着说话人所处的位置移动，它的语义特征可以表示为：［+位移］［+方向］［+立足点］。"上"表示垂直的位置移动，其立足点可以为上方，也可以为下方，它的语义特征可表示为：［+位移］［+方向］［±立足点］。

　　趋向连动式中的趋向动词的语义中心必须有起点或终点的意义，或者既有起点又有终点的意义，但这些标准并非绝对的。刘海燕（2008）认为，趋向连动式中 VP$_1$ 具有两种语义中心的特征：有明确的位移变化和没有明确的位移变化。前者的趋向动词后可以带宾语论元，也可不带宾语论元，这类动词后可以加上"这儿""那儿"之类的处所宾语。例如：

　　（1）咱先去讨点儿菌种养养试试看，养不好再去学也不晚。

例（1）中的 VP$_1$"去"表明了行为主体发生趋向位移的变化，根据语境，可以在 VP$_1$ 后加上"那儿"。这样表示趋向变化的 VP$_1$ 是表征事件结构的 VP$_2$ 的过程或起点。趋向动词后面不能加上"那儿"之类的处所论元时不表示动作的位移变化，而是表达做某件事的心理趋向。例如：

　　（2）爱护和保卫公共财产，既然成为每一个公民的义务，那么，每一个公民应当怎样来爱护和保卫公共财产，即怎样更好地履行这项义务呢？

例（2）中的 VP$_1$"来"没有位移的变化意义，其趋向义发生虚化，只发挥助词的功能。即使把句中的 VP$_1$ 省略，也不会影响整个构式表达的完整性，即"怎样爱护和保卫公共财产"整个构式表达的意义仍是完整的。

　　当趋向动词位于 VP$_2$ 的位置上时，根据动词结构的选择，也会出现没有位移变化的意义；或发生了位移变化的意义，但表达说话人的一种主观趋向仍然是表达的语义中心。例如：

　　（3）赵江桥无意再去改变五六年来一贯制的夫妻生活，他和妻子仍旧机械地履行着相互的义务。

　　（4）来回挑了三担之后，他才下田去做工。

例（3）中的 VP$_2$ 没有位移变化的意义，省略之后，整个句子的意义也不改变。例（4）中的 VP$_2$"去"表示他向田里的方向发生位移变化，表示的位移比较具体，是 VP$_1$ 动作发生后的终点行为，位移的终点是田里。

趋向连动式的各个 VP 表现出明显的"有界"和"无界"的语义特征。"有界"和"无界"是人们在一定的认知域中对事件和动作的认知方式，并在语言结构上有相应的句法表征。以时间为轴心，有界的动作能看出起点和终点，而无界的动作只有起点没有终点，或者说起点和终点之间界限较为模糊。汉语无界的动作后面通常不带时体助词"了"。后面的名词性结构不能带数量修饰。郭锐（1993）认为，趋向动词的语义特征有表示起点的，也有表示终点的，或者两者兼有。例如：

（5）我盼着妈妈来领我，又怕她打我。

例（5）中 VP$_1$ 呈现出有起点没终点的"无界性"的语义特征，但 VP$_1$ 运动变化的终点位置可以根据 VP$_2$ 发生的语境推断，即"说话人所在位置"，而且 VP$_2$ 后面可以加处所宾语"这里"。因此，例（5）中的趋向动词"来"表达了有终点的意义，VP$_1$ 同样具有了"有界性"的语义特征。

"有中心论"支持者认为，句子结构本身是具有主次地位的，例如"他出去捕鱼"这类典型的结构是可以区分主次的，"捕鱼"是出去的"目的"，所以"捕鱼"这一事件是语义中心。但是这种语义中心论在学界中也颇受争议。高增霞（2006：67）将这类存在争议的 VP 看成从典型到不典型的连续体，并对这类 VP 的语义特征做出三个方面的概括：客观层面的先后顺序、逻辑层面的先后顺序和认知层面的先后顺序。Li 和 Thompson（1981）认为，汉语连动式中的第一个 VP 强调句中的动词表征两个或两个以上独立的事件，因此是整个句子的中心。张伯江（2000）依据及物性的高低对连动式的语义中心做出判断，他指出 VP 的及物性越高，它的语义中心性就越强，因为高及物性成分通常描述事件的主线，而低及物性成分语义地位不高，通常描述伴随的动作。

由于趋向连动式中各个 VP 的语义结构和语法结构不对等，学界普遍接受现代汉语中的趋向连动式主要表达事件中的时间意义这一说法。沈家煊（1995）指出，不体现时间的事件十分少见，因为一个语言结构主要的动作特征就是占据时间。徐丹（2004）也认为，时间是物质世界的客观存在形式，名词可用来指示空间概念，动词同样也可以表达时间意义。语言结构与现实物质世界的特定事件相联系，其中不可避免地蕴含了一定的时间要素。汉语的时间系统通过不同的动词结构体现出来，趋向连动式的语义中心既可以体现相对的时间意义，也可以体现绝对的时间意义。例如：

（6）昨天我放学了去你家，可你还没回来。

（7）明天我放学了去你家。

例（6）中，通过"昨天"可以判断出说话人表达的是已然事件。例（7）表达的是未然事件，句中的"了"只是个语气词，表示"去你家"的时间发生在"放学"之后，不表征该句子的时态。例（6）和例（7）体现了相对的时间意义和绝对的时间意义的表达。趋向连动式表达时间的方式多种多样，一个句子即使没有出现时间状语，也可以体现时间的语义特征，即表达相对的时间意义，如"我放了学去你家"。

戴浩一（1988）在阐释汉语的语序时提出了"时序原则"。趋向连动式的语义在概念上是紧密联系的，动词在语义上具有一定的时序原则，具有先后发生的关系或者同时发生的关系。例如：

（8）她说完放下篮子就跑了出去。

例（8）中的动词表达的语义之间具有时间的"先－后"关系，VP_1"说"先于VP_2"放"，二者在VP_3"跑"和VP_4"出去"之前发生。此外，VP_3"跑"和VP_4"出去"几乎是同时发生的。例（8）整个句子表达一个已然事件，表示已过去的时间意义。趋向连动式中的趋向动词组成的语义结构还可以表示将来的时间意义。例如：

（9）演奏之前他要出去活动手指。

例（9）中的整个事件呈现出未然的状态，表示将来的时间意义。"要"表示说话人的主观打算或愿望，两个VP的动作是相继发生的。由此可见，现代汉语趋向连动式的语义结构遵循时序原则，时序意义是它的基本意义，趋向连动式的时间系统由说话人的时间、参照点的时间和事件表征的时间共同构成。

总之，"有中心论"派主张趋向连动式表达事件上的语义中心和时间上的意义中心。从共时层面角度来看，语义中心和意义中心都是由趋向动词赋予的。如果从历时角度来观察，趋向连动式的中心问题就会复杂得多，甚至很难判断出趋向连动式是否全部具有中心。

2.3.2　无中心论

"无中心论"的支持者认为，趋向连动式中的 VP 之间的语义融合度较高，共同表征一个完整的事件，很难分清哪个 VP 处于中心地位。宋玉柱（1978）也指出，趋向连动式中连续发生的动作很难分清主次，不存在哪一个动词是核心动词的说法。

我们生活的物质世界处于一定的空间范围之内，人们发出的动作自然也与特定的空间有关。趋向连动式构成的 VP 事件涉及空间位移的变化，可以把它看成多维的空间方位系统。事物的变化可以从空间方位的移动中观察出来，这时需要借助参照点来描述一系列事件，这就是 Talmy（2000a）所说的视点模式和参照点模式。趋向连动式中各个 VP 产生的空间位移变化通常用来描述连续出现的几个动作的空间画面，进而表达几个事件或者一个事件的多个空间层面的含义。例如：

（10）当我跑到姑娘身边时，她已爬上栏杆，纵身朝下一跃。

语言描述的空间方位系统是多维的、辐射性的。例（10）中的三个 VP 描述三个连续发生的事件，三个事件刻画了三个不同的方位，体现了不同动作的空间位移变化。整个事件的全景是通过这种趋向动词所表示的空间位移变化来具体描述的。因事件结构中的认知因素占据了主导地位，在趋向连动式的事件表征过程中，为了事件描写的连贯性和一致性，事件往往在句法上以融合度较高的结构表达出来（Foley，2010）。

"无中心论"派的观点强调趋向动词在整个事件中的融合作用，主要根据事件中说话人的视点和参照点对事件进行表征。趋向连动式通常描述的是一个事件全景，多个动词的使用与事件中的语境紧密相连，因此，并没有哪个动词表征出核心意义。

综上所述，趋向连动式"有中心论"和"无中心论"这两个方面的探讨在一定程度上揭示了趋向连动式的事件表征规律，但都只是趋向连动式在共时层面的部分探讨，仍存在需要进一步商榷的地方。"无中心论"的观点只是注意到事件表征的整体性，忽视了人们感知上的图式性，让趋向连动式的研究陷入一个无规律可循的窘境。"有中心论"的观点揭示句法和意义在共时层面的表征关系，为趋向连动式在形式和意义上的区分做出了贡献，但它似乎又与连动式的定义有所冲突，目前为止关于连动式的定义中还没有"VP 之间是有主次之分的"这一说法。况且，语义中心前移和后移的说法都不利于对趋向连动式的形成和发展进行全面探讨。有鉴于此，各个 VP 之间的关系究竟是怎样的，我们有必要以词汇化和语法化这两个研究模式对有关趋向连动式的探讨进行归纳和分析。

2.4　汉语趋向连动式的词汇化研究

不难发现，在某些文献中，"词汇化"（Lexicalization）会被译为"词化"（董秀芳，2002；蒋绍愚，2007；史文磊，2014）。出于语言的整体结构上与"构式化"概念相对应和词汇构式意义的扩展这两方面的考虑，我们采用"词汇化"这一术语。"词汇化"与"语法化""构式化"等现行的主流研究相契合，逐渐被学界所接受。所谓"词汇化"，是指非词汇性的成分向词汇性的成分的转变或者词汇性较低的成分向词汇性较高的成分的转变。词汇化研究对语言的历时现象和语言的共时现象同等关注。董秀芳（2009）指出，实词、虚词功能的变化都有可能促使相应句法结构发生词汇化。Brinton 和 Traugott（2005：19-22）认为，共时层面的词汇形式是对概念范畴的编码；历时层面的词汇演化则反映原有的句法进行组合进而演化为词汇单位，但能产性不强。表面上看来，Talmy（1985，1991）的词汇化研究模式是从共时角度关注语言形式的编码，事实上，他在考察语言的形式和意义的类型时也考虑历时因素。

从历时角度出发，汉语趋向连动式的词汇化有两个倾向：一是词汇化为趋向补语或复合趋向动词，二是词汇化为表示趋向义的惯用语或表示非趋向义的固定用语。由于形式上的紧邻性、认知上的整体性和语义上的凝合性，趋向连动式容易发生词汇化（高增霞，2014）。本书从共时和历时两个角度梳理汉语趋向连动式的词汇化研究，试图为本研究寻找新的研究思路。

2.4.1　共时层面

汉语究竟属于何种类型的语言是汉语趋向连动式词汇化研究的焦点问题，趋向连动式中的两个动词的词汇意义如何界定也是语言学家们讨论的热点。Talmy（2009）的连动式内部存在一个主要动词和附加语的说法没有谈及一个句子中出现多个主要动词并编码不同事件路径的情况。例如：

（11）他走进来同我们打了招呼。

例（11）由多个 VP 组成句子，句中的主要动词是哪一个，似乎很难做出判断。如果把"走"看成主要动词，那么"进来"和"打招呼"则是非主要动词。例（11）编码的整个趋向运动事件是由多个 VP 实现的，事件方式和路径在很大程度上依靠前面两个 VP 来编码。所以，汉语趋向连动式中使用"附加语"的说法并不是很妥当。趋向连动式中的 VP_2 是否具有趋向补语的功能，目前尚存在许多争议。但是趋向连动式中的 VP_1、VP_2 的意义融合度很高，在大多数情况下，VP_2 可以覆盖 VP_1 的意义，这样它的表达式也是完整的。也就是说，它们可以单独出现，作为主要动词使用。我们以下面的例子[①]进行说明：

（12）a. 他走进了公园。

　　　b. 他进了公园。

（13）a. 他走过了公园。

　　　b. 他过了公园。

---

① 例（12）和例（13）引自 Talmy（2009：398）。史文磊（2014：60—61）运用例（12）和例（13）来说明主要动词的标准。

那么例（12）a 和例（13）a 中的哪一个动词是主要动词，哪一个动词是次要动词呢？对此，Talmy（2009）提出了两个可以参照的标准：一是可以参照功能不重合的成分所占的比重，当然不能忽视功能重合的成分，同时，语义类型有差别的成分比重和语义类型差异较大的成分比重也要纳入考虑；二是参照功能重合的成分，如果两种 VP 类型具有相同的基本意义，那么就需要考虑两种类型的次范畴，或者把其中一类看作主要范畴。

基于 Talmy 提出的标准，例（12）a 中的"走进"算是典型的均等框架语，而例（13）a 中的"走过"则应该被算作卫星框架语。史文磊（2014）指出，例（12）a 和例（12）b 中的"进"具有相同的语义功能，这两个例子在意义表达上没有什么差别；而例（13）a 和例（13）b 中的"过"则具有不同的语义功能，前者凸显"经过"这一事件，后者强调"运动"这一结果，单独使用时它们具有较大的语义差异。Talmy 的这两个标准有典型和非典型之分，这与他提出的边缘型模式（Talmy，2000b）相符合，也与他着重表明的语言在编码运动事件时往往选择典型性的表达形式为标准（Talmy，1985）相呼应。

然而，汉语趋向事件争论的焦点在于趋向连动式中的动词框架语类型。其中，三种类型框架语①的归属问题一直颇具争议，即汉语趋向连动式到底该算作动词框架语还是卫星框架语抑或均等框架语。关于这三种框架语，学界众说纷纭。

2.4.1.1 关于 S 型语的论证

Talmy 认为现代汉语属于 S 型语的主要论据有以下三个。第一，现代汉语运动事件的表达路径基本由 VP_2 实现，而 VP_1 主要充当运动完成的方式。因此，VP_1、VP_2 两者的地位是不平等的，VP_1 为主，是主要动词；VP_2 为辅，是附加语。第二，附加语成分相对较封闭，且充当

---

① 这三种类型框架语的具体名称是：动词框架语简称为"V 型语"（Verb-Framed Language），卫星框架语简称为"S 型语"（Satellite-Framed Language），均等框架语简称为"E 型语"（Equipollently-Framed Language）。

附加语的结构数量不多。现代汉语趋向连动式中的趋向成分或趋向补语的结构较少，其表达功能也非常少。第三，现代汉语中作为附加语的VP₂多带有编码路径、体相、状态变化、实现或完成一系列行为动作的功能（Talmy，2000b，2009；史文磊，2014：50）。

Talmy（2000b：109）指出，无论是在具体运动事件的表达方面还是实现某一事件状态的变化方面，现代汉语都体现了 S 型语的特点。汉语中编码路径的附加语较封闭，数量不多，主要有"来、去、上、下、进、出、到、过、起、掉、走、回、拢、开、散"等（史文磊，2014：51）。

现代汉语趋向连动式的趋向动词 VP₂（路径）是 VP₁（方式）的附加语，如"他走出了酒店"中的"走出"，与 S 型语的标准相吻合，Li（1993，1997）、沈家煊（2003）、Matsumoto（2003）、Peyraube（2006）等对这一说法表示认同。同样也不乏学者支持 VP₁ 是整个句子的核心，VP₂ 是句子附加语的观点（Li，1993，1997；Peyraube，2006；沈家煊，2003；袁毓林，2004）。史文磊（2014：51）认为基于历时演化的视角，趋向连动式中的 VP₂ 是比较封闭的，且渐趋强化；在韵律因素的制约下，VP₂ 多数需轻读。在动词连用向动趋式转化这一过程中，VP₁ 成为句法重心，VP₂ 的语法和语义功能逐渐削弱；动补式也源自连动式，演变过程中增加了可带时体助词"了""过"和宾语等特征。相比之下，VP₁ 的语法功能与整个结构的语法相近；可以通过否定辖域的方式对趋向补语进行检验，因为非核心成分具有吸引否定词并使自己处于否定辖域内的特征。VP₂ 作趋向补语则呈现出吸收否定词的这一特征。例如：

（14）由于大楼坍塌得太快，最后一位受困者没有被抢救出来。
在例（14）中，"抢救"是整个事件的核心意义。"出来"是次事件，也即非核心意义，"出来"与"没有"搭配处于否定辖域内。

从历时演化的轨迹来看，在语法化的作用下，连动式中 VP₁VP₂ 的句法重心向左发生倾斜，导致动补式的产生，VP₂ 作为补语附着在 VP₁ 上，两个核心也由此演化为一个核心。在这一过程中，VP₂ 的语法、语义功能逐渐弱化，已从实词逐渐转变为功能词或者语法词。以上证据虽然表明汉语是 S 型语，但也不乏语言实例不符合 S 型语的标准，甚至与其相冲突。

如果我们将趋向连动式中的 VP_2 看作主要动词，事件路径也由它编码，把汉语看作 V 型语也是合理的，如例（15）a 和例（15）b 中的表达式。汉语中 VP_2 由趋向动词担任较为自然，语感较强，而英语中的 enter、exit、ascend 等源自拉丁语的位移动词使用起来没有 come、go in、go out 等位移动词那么自然。

（15）a. 王芳走出了房间。

　　　b. 王芳出了房间。

此外，趋向动词"来"和"去"表达趋向动作的变化，它不仅可以伴随方式动词连用，如例（16）b 中的"走来"，还可以与路径动词搭配，如例（16）a 中的"出来"。但当 VP_1 和 VP_2 都表达路径并主动移动时，便很难区分它到底是不是 S 型语。

（16）a. 罗教授出来了。

　　　b. 罗教授走来了。

即使暂不考虑 VP_1 和 VP_2 之间的主次或者核心与边缘问题，仅就句法结构而言，也是非常复杂的。有些结构表面上看是 S 型结构，细细推敲便会发现其并不能算是理想的 S 型结构（史文磊，2014：54）。例如：

（17）参加革命之后，我走入了战争环境。

（18）安娜·李游罢了故宫逛天坛，又登上了八达岭眺望广漠的塞北。

例（17）中的"走入"容易被误认为是 S 型语，但其用法与"走出"的用法却大相径庭。"入"通常需要重读，其句法扩展性不强，组构性和能产性较低，词汇的固化程度尚浅。"走入"还可以看作 V 型结构。例（18）中"登上"一方面能表示向上移动的路径，另一方面还能表示某个事件的完成，也就是说，"登上"既表达了方式也体现了趋向动作完成的路径。在 S 型语中，主要动词通常担任方式的编码，而路径通常由附加语担任，因此把"登上"这类结构看作 S 型语的做法遭到了质疑。

2.4.1.2　关于 V 型语的论证

V 型语的论证表明，现代汉语大致可归为以 V 型语为主，以 S 型语为辅，主要的依据则是 Tai（2003）对事件中焦点信息的判定。在他看来，现代汉语事件表达的语义基础就在于运动状态的变化，VP_2 作为谓词的中心和事件的焦点信息，主要表达背景信息；路径动词 VP_2 可以单独使用，作为主要动词运动的路径，也可与体标记"了"连用，而 VP_1 作为方式动词则不能加"了"。我们以下面的例子[①]进行阐述：

（19）a. John 飞过英吉利海峡。

b. John 过了英吉利海峡。

*c. John 飞了英吉利海峡。

Tai 指出，例（19）a 的"过"为主要动词，而"飞"是附加语。例（19）b 是有路径动词的句子，也是我们会做出的表达，而像例（19）c 中只有方式动词的句子我们在表达中是很少使用的。我们不妨再看看下面的例子[②]：

（20）a. 瓶子飘出/进/过了洞穴。

b. 瓶子出/进/过了洞穴。

VP_2 可以判定为主要动词，因为例（20）b 在实际交际中是可行的。如果将 VP_2 看作主要动词，将 VP_1 看作附加语，那么这一观点与 Li（1993：147-151）对上古汉语的论述是一致的。

用例（19）b 和例（19）c 来作比较是否符合词汇规则？答案是肯定的，但是它们的表示方式和表示路径的动词不是同一概念，其融合产生的语义要素的句法表征肯定截然不同。但例（19）c 凸显的方式和背景信息更易于接受，所以我们常听到诸如"我今天飞北京"的表达。事实上，现代汉语里普遍存在"方式动词"+"背景名词"的表达。Tai 的

---

① 例（19）a 引自 Tai（2003：309）；例（19）b 和例（19）c 引自 Tai（2003：310）。

② 例（20）引自 Tai（2003：310）。史文磊（2014：55—56）对例（19）和例（20）进行引用并阐释了它们在事件运动中的融合问题。

这种比较和标准难以论证 VP_2 处于主要地位而 VP_1 处于附属地位的观点。

2.4.1.3 关于 E 型语的论证

汉语缺乏显性的形态变化，拥有比较单一的形态系统，VP_1 和 VP_2 在句中都可以充当谓语。因此，学界对 VP_1 是核心动词并将趋向连动式归为 S 型结构存在争议，但声称动词重心在 VP_2 上且趋向连动式属于 V 型结构的研究者也未给出令人信服的理由。因此，有学者试图探究汉语是否属于 E 型语（Slobin，2004；Chen，2005，2007；Chen & Guo，2009；阚哲华，2010）。认为其属于 E 型语的主要原因在于坚信 VP_1 和 VP_2 在表达方式和路径的语法成分上是平衡的。Chen 和 Guo（2009）说，趋向连动式中 VP_1 和 VP_2 之间的主次界定十分棘手，因此可以把 VP_1 和 VP_2 视作具有同等语法地位的成分。其理据在于，既然 VP_1 和 VP_2 分别担任句中主要动词的功能，那就没有必要在它们之间区分限定性与非限定性的用法。

Slobin 和 Hoiting（1994）认为，汉语在编码路径运动事件时具有 V 型语的特征，而整个连动式中 VP 是一个整体结构，因此，汉语可以归为复杂动词框架语（Complex Verb-Framed Languages）。Slobin（2004，2006）突出汉语连动式中 VP_1 和 VP_2 均等的语法地位，并认为应该将其归为 E 型语。Croft 等（2010）也强调现代汉语是对称型语，具有 E 型语的特征。虽然依据 Slobin 的句法属性标准和语用倾向标准将现代汉语归为 E 型语并不妥当，但很多语言实例的确表明 VP_1 和 VP_2 的句法地位是对等的，具有 E 型语的特征。然而，从单个语言结构来看，复合趋向连动式中 VP_1 和 VP_2 也有不对等的时候。将 VP_1 视为主要动词，把 VP_2 看作附加成分，这不符合 E 型语的标准。

总之，停留在共时层面孤立地观察一个结构的类型属性是很难得出令人信服的结论的。只有从历时演化的视角对语言发展和演化的过程加以审视，才有可能对该结构做出客观、全面、充分的判断。

2.4.2 历时层面

从历时角度出发，汉语趋向连动式在语言的类型和结构方面发生了演化。正如 Talmy（1985）所言，汉语可能发生多种运动事件类型的演化，有可能从 V 型语向 S 型语演化，或者以相反的方向进行演化。某些结构可能经历了演化、衰退甚至消亡的过程。这种现象普遍存在于任何一门语言中，有的结构经历了滞留和重构，甚至还会演化为原来的类型，如部分德语和希腊语。有的语言还会发生类型演化，产生新的类型和新的结构，如拉丁语从 S 型语演化为 V 型语，汉语中的 V 型语演化为 S 型语。因此，采取历时研究的视角有助于我们更好地了解汉语趋向连动式演化的整个历程。接下来，本书采取有代表性的研究成果对趋向连动式的词汇化模式进行探讨。

2.4.2.1 以 Li（1993，1997）为代表的历时讨论

Li（1993，1997）将汉语史上的六部文献作为研究语料，归纳出了"来""去""出""入"等趋向动词在上古汉语语料中的句法分布情况，并对趋向连动式中的 VP_1、VP_2 的历时演化进行了探究。研究表明，上古时期的语料显示汉语是 V 型语。现代汉语中的趋向连动式是 S 型语，其中 VP_1VP_2 倾向于用 VP_2 编码事件的路径、状态以及一系列动作。在上古时期的汉语语料基础之上，Li（1993：147）推断出汉语趋向事件经历了从 V 型结构向 S 型结构的演化过程。可以用以下例子[①]验证：

（21）a. 许叔入于许。（《春秋·桓公十五年》）

　　　b. 秋，七月，荆入蔡。（《春秋·庄公十四年》）

例（21）a 和例（21）b 都实现了动作的位移，而且都是通过路径信息编码完成的。例（21）a 中的"于"表达路径信息，相当于英语的 into。例（21）b 中的"入"本身可以编码路径并表达"进入"的意义，因此不必使用"于"。Li 指出，此类句法形式为上古汉语是 V 型语的论断充当了有力佐证。他认为例（21）a 和例（21）b 都是典型的 V 型结构，且"入"具有吸收运动和路径信息的能力。史文磊（2014：64）认为，"于"在例（21）a 中并不具备表示路径的词汇意义。上古时期的"于"使用非常频繁，路径动词和行为动词与其后的 NP 都可以通过

---

① 例（21）引自 Li（1993：147）。

"于"连接起来。此时期的趋向动词及物性不高，路径动词和背景成分之间的关系需用单独的语法标记词进行刻画，因此，"于"作为介词使用并产生语法化。语料显示，上古时期"于"的主要功能在于连接大多数路径动词和背景成分。该时期的"于"已失去预测词汇意义的功能，只作为一种语法标记来使用。正如例（21）a 和例（21）b 所示，"于"不再具有刻画路径信息的功能，是否使用"于"几乎没有什么差别。

　　Li 认为，上古汉语与西班牙语的情况相似，都是主要动词编码路径信息，动名词性的成分则编码方式或致使事件等信息。我们以例（22）① 进行阐释：

　　（22）十有一月，卫侯朔出奔齐。（《春秋·桓公十六年》）

例（22）中的"出奔"是趋向连动式，"出"和"奔"两个动词的语义融合度较高，不能独立解释，也没有先后顺序或伴随方式的区分。现代英语中存在许多"主要动词+副词性修饰语"的结构，如 go quickly，基于此，Li 对两种语言的类型进行比较，指出上古汉语的趋向连动式通过主要动词编码路径信息，通过动名词性的成分编码方式或致使事件等信息。但他的推论事实上与上古汉语的语法并不相符。例（23）② 可以证明：

　　（23）十有二年春，周公出奔晋。夏，公会晋侯、卫侯于琐泽。

　　　　（《春秋·成公十二年》）

例（22）和例（23）中的"出奔"具有相同的句法和语义特征，"出奔"中的两个动词没有主次之分，"奔"也不是从属性的成分，意为"出走到"或者"逃亡到"，是典型的趋向连动式。

　　以上论述表明，Li 的上古汉语及西班牙语都是 V 型语的说法缺乏语言实例的验证。趋向连动式是表达趋向方位变化的一种手段，上古汉语趋向方位变化的表达手段多样，除了动词、副词性结构，连谓结构以

---

　　①　例（22）引自 Li（1993：151）。
　　②　例（23）引自史文磊（2014：65）。

及一些独立小句都可以表达趋向方位的变化。随着语言使用频率的增加，上古汉语中的趋向动词出现 V 型语的特征。Li 通过对上古汉语中的路径动词进行考察，得出这些路径动词已演化为现代汉语中的动趋式或动补式的结论，并做出汉语从上古汉语的 V 型语演化为现代汉语的 S 型语的假设，但是这仅仅代表了汉语历时演化的部分面貌。对于汉语的历时演化类型，我们仍需要大量的语料予以佐证，并进一步扩大研究范围。

2.4.2.2　以 Peyraube（2006）为代表的历时讨论

Peyraube（2006）从汉语运动事件的历时演化着手，对现代汉语是 S 型语而不是 E 型语做了充分考察。他认为虽然趋向动词如"来/去"在现代汉语中仍可作为主要动词单独使用，但其主要动词的功能在它们与方向补语连用时消失了，因此只表达以听话人为中心的指向信息，已经演化为功能词或只充当语法成分的词。趋向补语与句中的 VP_1 已融合为一个固化的词汇单位，表征一个抽象的行为或事件。此外，他认为，上古汉语通过主要动词编码动词的结构，大致从 5 世纪开始，汉语由 V 型语向 S 型语演化，成为混合型语结构。这种结构的整个演化的历程直到 10 世纪左右才结束，这就初步概括出了上古汉语的演化路径。趋向补语演化的主要机制是"来/去"的补语语法化，此外一些非常规句法结构的使用促进了其语法化的发生与演化。Peyraube（2006）的研究对汉语的历时研究具有一定参考价值，但也存在一些需要我们进一步探讨的方面。

其一，仅仅以上古汉语中趋向连动式的动词地位和功能便判定其类型归属，是不充分的，也不能让人信服，并非所有使用的结构都可以视为 V 型语。这里以"趋出"为例[①]进行阐释：

（24）a. 孔子趋出，以语子贡曰……（《荀子·子道》）

　　　b. 子路趋而出，改服而入，盖犹若也。（《荀子·子道》）

---

① 　例（24）引自史文磊（2014：68）。史文磊在 Peyraube 研究的基础上主要使用这两个例子来探讨连动式是否归属于 V 型语的问题。

例（24）a 和例（24）b 中的 VP_1、VP_2 表征的是两个独立的事件，由于句法的需要，例（24）b 中的两个动词由连词"而"来连接，VP_2 被视为核心动词，负责路径信息的编码。VP_1、VP_2 的语法性质和地位特征表明，它们都是主要的单独动词，分别表达独立的事件。而且纵观整个事件的实现过程，VP_1、VP_2 也不能独立产生作用。例（24）a 中的"趋出"整体表达事件的趋向性，"趋"和"出"融合度较高，前者表事件方式，后者表事件路径，两者同时发生。例（24）b 中的"而"可以作为其动作方式信息的路径，"而"在此处的功能并不是凸显两个独立事件。这里的"出"强调"趋而出"的含义，而不是"步而出"和"奔而去"的含义（史文磊，2014）。例（24）a 和例（24）b 中，两个主要动词共同完成一个完整事件，即事件的方式和路径都可以通过主要动词来实现，因此整个趋向连动式可以视为 E 型语。那么，将上古汉语视作 V 型语的观点是有待商榷的。

其二，一些语言实例与汉语从上古汉语的 V 型语向现代汉语的 S 型语演化的说法相冲突，值得进一步商榷。大量上古汉语实例可以证明汉语是 S 型语这一说法，同样，现代汉语中也不乏实例可以证明汉语是 V 型语的假设，如 VP_2 单独作主要动词，形成单动式的情况，即路径动词的单动式。

2.4.2.3　以马云霞（2008）和史文磊（2014）为代表的历时讨论

迄今为止，国内探讨趋向动词词汇化演化路径的专著仅可参见马云霞（2008）和史文磊（2014）。马云霞（2008：246）对汉语路径编码方式的历时演化进行了系统考察，并概括出以下结论。首先，路径动词的显著变化发生于上古到唐代这一时期，部分路径动词出现了位移动作与路径的分化，部分路径动词的使用发生扩展，部分路径动词甚至消失在历时演化的进程中。其次，路径动词发生语法化，逐渐形成路径卫星成分。在历时发展中，趋向类路径成分、介词类卫星成分开始虚化，演变为专门的路径卫星成分。最后，中古时期，路径的表达发生重大变化，体现为动词表达向路径成分表达的转化，在宋元时期，"动词+卫星成分"的结构被广泛接受，同时，介词和方位词也被普遍使用。不同于以往的研究，马云霞在翔实丰富的语料的基础上总结出汉语路径信息编码的历时演化过程，但她的研究也不是尽善尽美的，仍存在一些值得我们深入研究的问题，大致可归纳为以下几方面。

第一，马云霞的研究并没有对路径动词的形式和意义给以同等关注，她的关注重点只在于路径动词和介词的路径编码形式。然而，在路径动词的历时演化研究中，还需要对路径动词的形式和意义之间的互动进行深入考虑，只是单独地对路径编码形式加以描写是不能使人信服的。

第二，马云霞在 Talmy 的词汇化模式基础上对汉语趋向动词的形式和意义进行了考察，但对趋向动词的形式和意义的演化机制和动因并未进行过多阐释，因此，还需关注汉语路径动词的整体的、动态的历时演化过程。

第三，关于汉语趋向动词的历时演化有何规律可循，它在人类语言中的类型属性又该如何判定等问题，都要求我们将共时和历时的研究方法相结合，对汉语趋向连动式进行多角度的观察，从而找到有说服力的答案。

基于马云霞的研究，史文磊（2014）依据趋向动词的历时语料，进一步考察了汉语中的运动事件的语义要素的编码以及其历时演化的轨迹，得出现代汉语词汇化经历了从隐性到显性、从综合到分析的多样性演化模式。史文磊（2014：2）还运用跨语言的研究方法论述了罗曼语与汉语两种语言中运动事件词汇化类型的演化，并得出以下结论。

首先，从历时角度来看，罗曼语运动事件词汇化类型表现为从 S 型向 V 型演化的倾向，相反，汉语则表现出由 V 型到 S 型演化的倾向。

其次，即使上古汉语确实满足 V 型语的属性特征，也仍有语言实例不符合上古汉语是典型的 V 型语的说法。他指出，上古汉语保持 V 型语倾向的重要手段就是运用路径动词单动式。除此之外，现代汉语的 S 型语倾向并不是很明显。

再次，汉语和罗曼语词汇化类型的历时演化的演化机制具有反向性，罗曼语主要是强词汇化和语义要素融合，而汉语主要是语法化和语义要素分离，其类推机制比较明显，因此，这两种语言词汇化类型的演化过程呈现出明显的反向性特征。

最后，由于汉语和罗曼语不同的演化历程及旧语言词汇化结构在现代不同程度的遗存，现代汉语和罗曼语的词汇化形式丰富多样。

此外，在 Talmy 对移动动词词汇化研究的基础上，李雪、白解红（2009）对汉语和英语在方式动词事件编码类型和使用上的异同进行了考察。结论表明，英汉方式动词事件编码类型的共性在于方式动词具有相同语义范畴，并对运动事件进行表征。英汉方式动词事件编码类型的主要差异在于：英语方式动词的表达类型较汉语丰富，原因在于英汉两个民族对"方式"或"路径"表征的认知差异导致词汇上的变化甚至固化方式不同。

综上所述，学界对汉语的词汇化模式展开了较为深入的讨论，其对汉语史研究的推动作用和理论价值是值得肯定的，但是语言演化从来都不是只在单一层面发生，而是在多个层面的相互作用和影响下进行的。除了要将共时和历时的维度纳入探讨之外，也应将词汇化研究模式和语法化研究模式结合起来，作为一个连续体，纳入语言发展演化的整体考虑之中。要整体看待语言发展和演化的轨迹，在动态的语言演化模式下观察语言演化的规律和特征，缺少任何一个方面都不利于研究目标的实现。

2.5　汉语趋向连动式的语法化研究

虽然我们旨在揭示汉语趋向连动式共时层面的规律现象，但语言始终处于不断变化和发展之中，其演化的规律和轨迹可以通过共时和历时的研究范式进行探讨。语法化本身既是历时演化的过程，也离不开共时维度的聚焦。历时的面貌需要在共时层面得到体现，而共时的特征也必定具有历时的烙印。汉语趋向连动式的语法化需要考虑行为动词与趋向动词连用时其形式与意义的发展与演化过程。汉语趋向连动式的语法化问题向来是语言学界的热点话题之一。我们将从历时和共时两个层面对趋向连动式的语法化研究进行梳理。

2.5.1　历时层面

从汉语趋向连动式的历时层面来看，已有研究主要呈现两个研究兴趣：一是对不同类型结构的产生、演化的规律和特征的考察；二是对不同类型结构的生成机制与动因的探索与分析。梁银峰（2007）讨论了古汉语连动式中趋向动词向趋向补语演化的情况。他指出汉语的趋向补语由上古汉语的趋向连动式演变而来，并分析了趋向补语产生的主要机制。具体来说，重新分析是汉语趋向连动式演变为单趋式的主要机制，而类推是双趋式产生的机制。另外，在语用因素的触发下，东汉魏晋南北朝时期，趋向连动式中的实施主语（句首）、处所宾语（句末）和受事宾语（句中）的位置依次演变为实施宾语（句末）、处所宾语（句中）和受事话题（句首）。汉语趋向连动式的内部结构在重新分析机制的作用下发生变化，从而引起表层形式发生变化，受事主语句"S+无生名词+V+来/去""V+来/去+O+无生名词"构式应运而生，趋向补语作为独立的语法范畴也正式确立。

此外，梁银峰对个案趋向动词"来"和"去"做了历时考察，他从关于"来"的"V+NP+来"构式入手，探究"来"从实词向事态助词演化的过程，指出事态助词"来"在南北朝时期或者在隋代已经正式确立。作为事态助词的"来"体现了语法化过程中由实向虚演化的一般特点，也就是说，连动式"V+NP+来"中的趋向动词"来"发生了虚化，进而演变为事态助词"来"。同样，事态助词"去"表示情态的完成或实现，也由趋向动词"去"演化而来，其语法化大致有两条路径：一是由目的构式"V+NP+去"中的目的动词"去"语法化而来，二是由"V+去"中的动向补语"去"演化而来。

魏兆惠（2005）对《左传》中趋向连动式的使用和发展情况进行了探究。她指出，在趋向连动式的使用中，趋向动词多位于动词之后，趋向连动式经历了渐变的发展从而演化为动趋式。在西汉时期，趋向连动式发生了很大的改变，表现为行为动词和趋向动词二者之间的融合度的提高和对其他成分的排斥。同时，趋向动词后带宾语的情况开始增加，东汉时期开始出现"动词+趋向动词+施事宾语"这样的构式表达，这象征着动趋构式的产生。

胡晓慧（2012）对"V上/下"和"V来/去"语义历时演化进行了考察，并分析了它们在不同语法化阶段的语义、句法特征以及语用功能。她认为，"V来/去"源自上古汉语中趋向连动式"V+而+来"。"V上/下"和"V来/去"的语法化经历了"趋向意义→空间域引申义→非空间域隐喻义→时体意义"的演化过程。

左双菊（2007）考察了动词"来/去"带宾语能力历时演化的特征和动因。她认为，"来"带宾语的能力在历时维度上表现出增强的趋势，其能产性逐渐增强，语义类型逐渐增多，及物性较强。"来"带宾语能力不断变化的主要原因是轻动词的位移和动宾结构类比化的作用。

胡伟（2011）讨论了趋向动词"上/下"的语法化过程。"上/下"的语法化过程为，动词发生虚化，进而演化为趋向补语，在语义上"上/下"由趋向义演化为动相标记。"上/下"趋向动词演化的动因涉及交际者语用推理的触发、汉语双音化的作用以及语义的泛化。重新分析、类推、隐喻、转喻、主观化以及这些认知机制间的相互作用是趋向动词"上/下"发生语法化的主要机制。

张其昀（1995）对运动义动词"上""下"的空间运动意义进行了多维的描写。他指出，空间上的客观因素和心理上的主观因素影响了"上"和"下"的表征和演化，因此，"上""下"的早期引申义"升"和"降"之义与"优"和"劣"之义相互作用、相互联系。

崔达送（2005）对中古汉语趋向动词"来""往""去""上""下""出""入""进"等在句式中的功能做了考察。他得出，这一系列动词进入连动式的频率表现出逐渐上升的趋势，充分展现了汉语句法的复杂性和精密性。中古时期"来+V"和"来+VO"的连动式出现了新的发展，及物性动词在句中带足价的宾语，"来+VO"的用法变得频繁。

Liu（2012）基于构式的视角，聚焦"来"从上古先秦时期到中古晚期（隋唐）的历时演化，分析了"来"这一动词的多功能标记特征的分化历程以及不断演化的动因。她认为，除自由词组的组构原则外，"来"的功能分化还与动词"来"的构式意义的演化有关。"来"的各种功能的演化源自特定历史阶段的语言系统，是中古汉语语言系统演化发展的必然结果，并非偶然、孤立的语言现象。

总之，趋向动词语法意义的演化、趋向动词向其他类型动词的演化以及演化的机制和动因是汉语趋向连动式在历时层面的研究焦点。已有的趋向连动式的历时考察对两个动词构式的形式和意义演化缺乏讨论，不利于全面把握趋向连动式整体演化的规律和机制。

2.5.2　共时层面

汉语趋向连动式表征人们对空间的感知，既涉及时间、动作上的先后顺序，也包括空间范畴上的关系特征。时间概念的形成往往以空间概念的构建为基础，因此语言形式的时间表征反映了人们认知上的空间化。汉语趋向连动式一方面是人们的逻辑思维与客观世界互动的过程中形成的思维模式的反映，另一方面也是人们在客观物理世界中抽象出的空间认知关系的体现。在下文中，本书将从认知层面、客观层面和逻辑层面三个维度对汉语趋向连动式的共时研究进行阐述。

一是认知层面的研究。汉语趋向连动式在认知层面的研究主要以说话人为参照点来建构趋向事件的框架。李明（2004）探讨了趋向动词"来/去"与说话人或听话人的认知参照点的关系。他指出，从共时层面来看，语义滞留和语义消退是"来/去"语法化的主要原因。在"来/去"发生语法化的初期，趋向动词的趋向义减弱导致语义重新调配，说话人的主观语义日益增强。"来/去"趋向语义在语法化的后期甚至出现消退。文旭（2007a）基于 Talmy 的"运动事件框架"理论，提出了"运动事件描写框架"。他对"来"和"去"的典型与非典型的语用意义进行了个案研究，并论述了二者在使用上的指示条件。陈贤（2007）分析了"来"和"去"的位移参照点。首先，他认为"去"

的主要意义为"背向参照点的位移",其语义还蕴含从一个与参照点无关的地方位移到另一个与参照点无关的地方。其次,参照点与指示有关。人的思维总是以自我为中心展开,"来"和"去"蕴含"说话人所处的位置"作为趋向动作的参照点,这是无标参照点的情况。最后,人们通常也把参照点放在事件中"听话人的位置",这是有标参照点的情况。张言军(2015)从语篇视角出发,讨论了影响"来/去"在语用中的选择的约束条件。他认为,说话人对"来/去"的选择绝非随机、任意的,而是运用不同的叙事方式进行选择和表征的。篇章话题、段落话题、空间处所以及共现词语等因素都制约着"来/去"的选择,这些制约条件是一个有机融合的整体,而不是孤立存在的个体。

二是客观层面的研究。客观层面的趋向连动式研究指对趋向动词或具有趋向意义的行为动词在物理空间上表现出的空间语法意义的演化的研究。黄月华(2011)在讨论趋向动词的多义性时,指出结果义的出现与趋向动词在动补式中的作用有紧密的关系,他发现11个趋向动词都有结果义。趋向动词的结果义的产生原因是,动补式的使用引起了趋向动词多义项表达的意义进一步虚化,导致表结果的语义成分显著增加。此外,趋向动词"过""上""下""起"等表达动作行为的状态或所处阶段的语义都是基于动补式演化而来的状态义。杨宇枫(2013)将近代汉语复合趋向动词作为研究对象,指出复合趋向动词体现了主观趋向动词和客观趋向动词交融的过程,由客观趋向动词后接虚化了的主观趋向动词"来"和"去"构成。趋向动词的"复合"特性导致句法上产生一些词汇构式的空槽,从而使复合趋向动词具有了显性式和隐性式类型之分。范立珂(2014a)从时空概念出发,对"上/下"的句法语义的制约因素进行考察,认为"上/下"作为动词有三种句法表征方式:"上/下"+名词独立表达运动事件,这时句法核心和语义是一致的;"上/下"+动词可以是意义核心,表示未完成体的运动事件;V+"上/下"构式也可以是意义核心,具有"脱离""到达"等之类的语义,表示完成体的运动事件。此外,他还指出,"来/去"具有三种位移概念——综合位移义、路径方向义和纯方向义,这三种位移概念既是句法分布和概念结构的对应关系，也是位移事件表达中"运动"与"路径"、"句法核心"和"意义核心"相互融合、共同作用的结果（范立珂，2014b）。

三是逻辑层面的研究。语言具有象似性，语言的先后顺序在一定程度上是在认识、判断和推理的层面上对逻辑先后顺序的临摹。逻辑层面先后顺序的表达式可以看作一种讯号现象，这一现象能够传递规约化的信息，这些信息作为一种共同的知识而存在。如"听起来""看上去"，人们能够根据这类讯号现象做出正确的判断，如果缺乏这种背景知识，这种讯号现象则是无意义的。在逻辑层面上，汉语趋向连动式展现了一个判断和解释的过程，首先是描述一种事件现象，然后根据已有背景知识对该现象做出判断，对其中的联系进行解释，而讯号现象的存在是人们做出判断和解释的前提。高增霞（2005）用"讯号"和"所指"的关系来归纳这种现象，并指出它们之间是先"讯号"后"所指"的顺序，总之是一种"逻辑在先"的抽象顺序。

语言结构对逻辑先后顺序事件的临摹体现为基于时序象似性的判定和推断的隐喻表达式。例如在"坐着不动"中，"坐着"是一种现实现象，"不动"不代表新的动作行为，而是对"坐着"的强调，是这种现象的意义所在。在多数情况下，对这种"现象+意义"的逻辑判断的识解依赖特定的构式语境（刘若杨，2010）。语境的多样性给"着"的逻辑层面的语法化研究带来太多的不确定性，导致它在不同的构式中说法不一，因此各家观点很难达成一致。

除了逻辑层面的共时研究之外，逻辑语义的描写和分析也是研究汉语趋向连动式时空意义表征的一种途径，其旨在探究各个 VP 事件之间在时间意义和空间意义上的逻辑关系。各个 VP 事件所表现出的意义受到多数学者关注，包括特殊时相意义、时序意义和时间系统的意义，研究各个 VP 事件在趋向空间的位移变化意义的学者数量最多，趋向意义向非趋向意义演化是趋向动词意义演化研究的共同认识（刘海燕，2008）。

我们已从共时层面对汉语趋向连动式的语法化研究做了简单梳理。语言系统是动态发展的，共时层面的语言也不是静态的，同样处于发展和演化过程中。共时层面的语言描写有利于我们对语言系统在历时层面的演化过程做进一步了解和阐释，从而尽可能归纳出整个语言系统的演变特征和规律。汉语趋向连动式的演化是整个语言系统内部和外部相互交融的过程，并不是一个孤立的过程，只有将共时维度和历时维度共同纳入研究过程，将宏观层面与微观层面相结合，汉语趋向连动式的整体演化过程和规律才有可能被全面揭示。

2.6　小结

通过对国内外有关汉语趋向连动式的研究进行大致梳理，不难发现已有研究成果十分丰硕。学者们对汉语趋向连动式中趋向动词的语义、趋向动词的演化以及汉语趋向连动式的词汇化和语法化等存在的争议问题进行了较为深入的讨论。这些研究揭示了趋向连动式的许多特征和演化规律，也达成了许多共识。随着语言系统的不断变化发展，新的语言结构不断涌现，加之语言能力是人们认知能力的一个重要组成部分，因此对语言演化系统的形式和意义同等关注以及对语言进行整体认知就显得十分重要。将认知因素与历时演化相结合研究语言的形式和意义的产生与发展成为语言历时研究的一个新方向，不过这些有益尝试仍处于起步阶段，研究的深度和广度仍有待加强。总的来说，关于汉语趋向连动式的研究仍存在较多需要改善的地方。

第一，汉语趋向连动式的演化模式的动态性、全面性和系统性方面的研究仍有待提升。已有的文献表明，早期对汉语趋向连动式的研究大多停留于单一的共时层面或历时层面的探讨。将历时层面与共时层面、词汇与语法相结合的研究范式更有助于揭示汉语趋向连动式演化的规律与特征。语言演化是基于使用的且属于一般认知域的过程，随着人们的认知能力的不断提高，其发展和演化也呈现多样性特征。汉语趋向连动式的演化并非孤立的，而是处于一个整体的网络系统中，与其他结构的发展和演化紧密联系。因此，在基于使用的语言观的基础上，将汉语趋向连动式置于整个语言体系中加以考察是合理且必要的。之前有关汉语趋向连动式的研究多从单一层面展开，没有把汉语趋向连动式的词汇化研究和语法化研究看作一个连续体，这对全面整体地把握其发展和演化的规律是十分不利的，甚至导致在认识和研究上的停滞。

第二，理论体系尚未成熟，理论创新尚待突破。趋向连动式句法-语义的界面是先前的研究关注的重点，而对趋向连动式的理论思辨较为缺乏，例如，没有思考为什么会有趋向连动式这种语言现象存在，两个或两个以上动词为何会产生连用现象，这些动词的语法意义与人类的思维方式之间的联系是如何建立的。这些更为深入的问题还没有在学界引起应有的重视，因此其研究很难突破。首先，连动语言的规律应该被看成人类语言发展和演化过程中的一般认知规律，在这种规律下人类不断使用语言和影响语言结构变化。其次，实践证明，理论的创新和突破有利于研究实现质的飞跃。汉语趋向连动式的相关问题需要具有解释力的理论来解决，因此，在现有理论研究的基础上进行理论建构十分迫切。最后，无论是共时研究还是历时研究、宏观研究还是微观研究，都应该系统、全面地探索汉语趋向连动式的演化规律。理论创新非一日之功，也非一人之力所能完成，而是需要学界同人不畏辛苦地探索与发掘。有鉴于此，本书试图运用构式化的理论框架来分析趋向连动式的构式演化过程，在构式形式和意义的演化中对汉语趋向连动式加以考察，深入探索趋向连动式发生构式化的机制与动因。

第三，汉语趋向连动式在语言体系中占有重要的地位，多个动词连用反映了人们认识事物的心理现实性。关于汉语趋向连动式的争论和分歧说明了它的复杂性。构式化理论为汉语趋向连动式研究提供了新的视角，有助于我们全面深入地认识其复杂性。Givón（1995）曾强调，一个规则在共时层面上不统一和具有复杂性的问题都可以从历时演化中找到出口，共时维度所有有力的解释可能会成为历时研究的无用功。我们以构式化为视角，从历时层面出发观察汉语趋向连动式构式化的过程，发现汉语趋向连动式诸多存在争议的问题能够找到有效的切入点。Lord（1993）强调，对于语言结构的产生和演化，我们要用历史的、发展的眼光来加以审视。我们的研究旨在运用动态的、历时的视角对汉语趋向连动式进行全面的考察，而不是要区分汉语趋向连动式与其他结构。因为语言是多重因素交互的认知活动引起的复杂的适应系统，历时的研究视角有助于我们进一步揭示语言的本质。

我们在对汉语趋向连动式的研究进行回顾时发现，至少有三个方面的问题需要在接下来的研究中进一步探讨：一是汉语趋向连动式的构式形式和意义的来源，二是汉语趋向连动式的构式化认知手段和演化类型，三是趋向连动式的形式和意义发生演化的机制问题。构式化是构式形式和意义的形成与演化，并且构式化的研究视角对构式的形式和意义的演化同等重视。词汇构式和语法构式都是图式构式，具有继承性和连续性。词汇化和语法化处于一个整体的构式体系中，词汇化、语法化和构式化是一个连续体。在构式化理论指导下，词汇化和语法化意义和形式的匹配，以及这种匹配是具有系统性还是具有特殊性的问题可以得到解决。因此，本研究在构式化理论框架下探究汉语趋向连动式的构式化历程，将共时与历时、共性与个性相结合，探讨其构式形式和意义的演化。

第 3 章

历时构式语法与汉语趋向连动式的演化

　　本章主要介绍历时构式语法的主要理论基础和思想体系，以及汉语趋向连动式的构式演化类型。本研究的理论基础是构式化理论，该理论以认知构式语法和激进构式语法中基于使用的构式演化观和基于使用的符号表征体系为基础。在这一理论体系下，我们重点描述构式化理论的起源、分析影响构式化的主要维度以及解析构式化研究中的两个焦点问题。构式化是近几年发展起来的一种语言演化理论，集中体现了构式语法的主要思想和认知语言学中的概括性承诺和认知性承诺。所以，为了全面掌握构式化的主要思想，在论述构式化理论之前，先简要阐述构式语法中基于符号表征的构式方法和基于使用的构式演化方法这两大核心主题。本研究的主要参照框架是汉语趋向连动式演化的路径和规律。本章试图在构式化理论框架下，根据汉语趋向连动式的特点，描述汉语趋向连动式的构式演化类型，从而为接下来几章讨论汉语趋向连动式的构式化路径和规律提供理论依据。

3.1　构式语法的主要思想

　　构式语法是当下认知语言学主要研究领域之一，它遵循认知语言学的一般原则（Geeraerts & Cuyckens，2007），以条件约束为基础（constraint-based），反对基于规则的传统语言观。研究者对构式语法的解读各不相同，但其思想体系和观点大同小异。为了整合构式语法混杂的局面，Goldberg（2013）提出语法的基本单位是构式，而构式是形式和意义的规约配对（Lakoff，1987；Goldberg，1995，2006）。语义结构可以直接映射到表层的句法结构中而不是依靠派生的形式（Goldberg，2002）。语言是一个多节点的构式网络，节点和节点之间通过继承关系连接在一起，构式的上位层级体现下位层级的特征并通过构式的类型得以预测（Langacker，1987）。语言的变异甚至方言的变异受一般域认知方式（Bybee，2010；Goldberg，2013）和特定构式类型的影响和制约（Croft，2001）。语言的使用会导致语言结构的变化（Barlow & Kemmer，2000；Bybee，2010）。基于使用的构式语法认为，语言是一个整体系统，不存在语言任何层面可以自主或是核心的说法，语义、形态、句法、音位以及语用等是互相作用的整体。

构式主义的研究方法认为，语言演化是一个相互关联的网络系统。正是由于语言演化的网络观对构式的形式和意义的研究产生了重要影响，网络观的研究方法才成为语言演化研究的新趋势。这样一种动态的语言演化网络观倡导语言结构可以根据不同类型的语言元素之间的联想关系进行分析，一般性（domain-general）的学习过程会影响语言结构之间的关联性，尤其是语言的使用和共现频率对其影响较大（Diessel，2019：1）。

基于使用的构式演化观把构式看成一个复杂的适应性系统。构式是形式-意义的配对体，且通常以网络或构式群的形式存在（Sommerer & Smirnova，2020）。施春宏（2021）认为网络结构主要包括网络上各个节点具体的构式及节点之间的连接关系；构式网络承载和储存固定的语言知识，构式变化亦被重新概念化为"网络变化"。在一定程度上，构式成员间是不平等的，低层级成员往往会继承高层级成员的特点，这成为构式网络实现纵向连接的前提；而水平方向的连接主要来自不同构式间的互动。构式分类网络称得上是一个内涵丰富的动态体，由不同类型的构式共同构成；其会随着语言的高频使用而不断产生新的形式-意义配对。构式网络的内部变化涉及图式性的变化，若有新的节点进入网络，构式的层级结构就会变得更复杂，且位于最高抽象层级的图式会在原有基础上进行延伸或扩张（Diessel，2019）。能产性和图式性是构式的两个独立特质，它们紧密关联；能产性的增强会带动图式性的延伸，构式在变得更抽象的同时，也具备较高的层级性。

构式网络的特性在于节点的扩展与重构。Sommerer 和 Smirnova（2020）认为，在构式网络中，各个节点间会因相似的形式或意义而形成纵向的分类连接和水平方向的聚合连接。节点变化存在于节点内部和外部，前者为构式的形式或意义在网络节点上呈现某个方面的变化，也称为"构式变化"；后者则为有新节点的允入或构建，意味着新构式的产生，即"构式化"现象（Goldberg，1995）。构式网络节点的建构会受到构式图式性、能产性和组构性因素的影响。构式变化之后未必有构式化发生，但若构式网络节点中发生了构式化，那么必然有构式变化的过程。

3.1.1　基于符号表征的构式方法

我们首先对构式做出统一阐释是为了凸显构式化的研究路径。构式语法具有多种不同的研究模式，不同的研究文献中的构式表征也存在差异。本研究主要使用图 3-1 这种模式。

$$[[F] \leftrightarrow [M]]$$

图 3-1　构式的形式和意义的表征方法

图 3-1 中的 F 是形式（form）的简称，可具体化为句法、形态和音位；M 是语义（meaning）的缩写，可具体化为话语、语义和语用；双箭头是借用 Booij（2010）的说法，主要指形式和意义之间的连接；最外面的中括号表示形式和意义配对体是一个规约化单位。长期以来，学界对构式的形式和意义的界定一直都没有统一的标准。Lakoff（1987）认为，构式是语言表达式和认知模型的统一体，即体现出形式和意义的匹配体。构式中的"形式"涉及句法和音位，"意义"则包含语义和用法。构式主义者 Fillmore 认为，构式的"形式"指的是语法结构，Goldberg 和 Langacker 则认为，构式的"形式"既包括抽象的句法结构，又包括音义结合体的表达式。构式的"意义"同样存在多种说法。

Goldberg（1995）认为，人们可以根据自己的经验对事件类型进行编码，从而得到构式的主要意义。根据认知域的意象图式，陆俭明（2009）认为构式是"认知-表达过程假设"的一种语言实例，并提出构式的意义是基于体验的，它与意象图式紧密关联。

本研究采用认知构式语法和激进构式语法的研究模式对构式进行阐释，既关注构式的句法、语义、语用因素以及这些因素间的对应关系，又关注词素、音位、音义相联系的整体因素。这些因素对说话人和听话人对构式的形式和意义的认知表征产生影响，也有助于我们更好地理解本研究中汉语趋向连动式的构式演化与构式化。

认知构式语法的主要代表人物是 Goldberg。她的主要研究成果有论元结构构式、致使移动构式以及 way 构式等。她将构式定义为"形式-意义"配对体。通常情况下，我们很难从既有的构式中推导出形式的某一个方面或者意义的某一个方面。因此，她对构式重新进行定义，认为构式即使不能完全预测出来，只要有足够高的出现频率，也可以称为构式，因为构式中会包含一系列组构链（compositional strings）（Goldberg，2006：5）。Goldberg 的认知构式语法进一步扩大了构式的研究范围，从复杂句子到曲折词缀的维度都包含在构式中（Goldberg，2003，2006）。同时，她认为，语言是通过组块习得的，而构式则是具有语义或话语功能的形式配对（Goldberg，2006：5）。Goldberg 对构式的表征至少包括两个维度：语义维度和句法维度。本研究以"Go + VP_{bare}"构式（Goldberg，2006：54）为例进行阐释。

（1）Go tell your sister to come here.（去告诉你姐姐来这儿。）

例（1）构式的表征如图 3-2 所示。

语义：为了完成动作而移动

句法：　V（go，come，run）　　VP_{bare}

图 3-2　"Go+ VP_{bare}"构式

在图 3-2 这类构式中，第一个动词可以是 go、come 和 run，并且没有时态标记。移动事件被表征为完成 VP 所表示的动作，主要断言事件由 VP 来编码。构式的表征还有多个层面的表达（Goldberg，2006：53）。例如：

> （2）Pat'll go telling Chris what she has done.（帕特将去告诉克里斯她所做的事。）

例（2）的构式表征如图 3-3 所示。

语用：说话人识解VP表示的动作会引起某种影响

语义：动作类型

句法：　　　　　go　[Ving …] VP

图 3-3　"Go VP ing" 构式

例（1）和例（2）这两种不同的连动构式都有自身特有的句法、语义和语用的制约因素。要依据它们自身的特点才能完成对这类构式的分析和识解。构式的这些特性则表明语言习得者必须依靠特定的语言实例得出概括性特征才能习得构式的具体用法。

Croft（2001）提倡用激进构式语法的方法来研究语法构式。激进构式语法特别关注语法描写和语言类型之间的关系。在这一研究模式中，构式往往是具体的语言实例，而语言范畴则根据其所处的构式被界定为特定的语言实例，如不及物动词是英语不及物构式中的一个范畴。名词和动词的词类可以依据构式表达的命题进行识解（Croft，2013：218）。激进构式语法中构式形式和意义间的关系可以通过图 3-4 进行表征。

图 3-4 凸显了构式知识的分类层级特征。这种构式符号模式关注一般构式和特殊构式之间的分类关系、继承关系，以及强调语言使用影响语言结构的认知表征等方面。正如 Hollmann 和 Siewierska（2007）所言，对于构式知识，人们判定它最理想的方法就是依据它的变异以及它的概括性。构式是句法表征最基本的单位，而范畴关系只是构式中的一个方面（Croft，2001：46）。认知构式语法和激进构式语法的观点对于

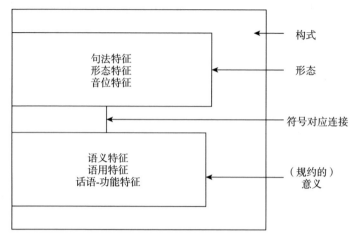

图 3-4　激进构式语法中构式符号模式

资料来源：Croft（2001：18）。

语言的变异和演化都聚焦于构式内部的变异和跨语言的变异与演化。这
两种符号结构的认知模式都尝试表达构式的概括性，并找寻这一特性的
理据。

3.1.2　基于使用的构式演化方法

在传统的语言学研究中，语言学家倾向于把语言研究与语言使用区
分开来。这一研究传统在形式语言学研究中较为明显，形式语言学家把
语法视为一个独立的、演绎的系统，认为其主要由离散的范畴和算法规
则组成。形式语言学家的做法忽略了语言是如何使用和认知加工的这一
问题，因此，这种语法观受到了以使用为基础的认知语言学家的挑战。
认知语言学家倡导基于使用的语言学观，认为语言知识，包括语法知
识，是从语言使用中产生的（Langacker，1987；Tomasello，2003；
Goldberg，2006；Bybee，2006；Diessel，2019）。在基于使用的方法中，
语法被视为一个发展变化的动态系统，而这一语言系统是由易变的语言
结构和灵活认知的限制要素组成的。人们的交际、记忆和认知加工的一
般认知机制会影响语言结构的产生和演变。具体而言，构式处于一个网
络结构中，在语言使用一般认知过程的影响下，此网络被不断地重构和

重组。对构式的产生和演变有重大影响的一个因素是构式出现的频率。高频出现增强了语言元素在记忆中的表征，促进了词汇、范畴和结构的激活和加工，进而对语言结构的发展产生持久的影响（Diessel，2019：1）。已有大量研究表明，频率是语言使用、语言习得和语言变化的重要决定因素，语言使用者对特定词语和结构的使用经验对语法的认知结构有重要影响（Bybee & Hopper，2001；Ellis，2002；Diessel & Hilpert，2016）。

正是由于语言网络观对词法和词汇语义的研究产生了重要影响，最近许多研究者明确采用语言网络观的方法对句法进行研究。这样一种动态的语法网络模型意味着语言结构可以根据不同类型的语言元素之间的联想关系进行分析。一般域的学习过程会影响语言结构之间的关联性，尤其是语言的使用和共现频率对其影响较大。基于使用的方法扩展了生成语言学研究的三种维度，即把语言知识和语言使用进行区分、将共时状态与历时发展加以分离，以及在词汇和规则之间进行区别。

第一，语言知识和语言使用的问题。认知语言学家认为，语言的表征是一个涉及语言知识的认知系统。然而，基于生成的语言学家和基于使用的语言学家对语言知识的本质和起源及其与语言使用的关系做出了完全不同的假设（Newmeyer，2003；Bybee，2006）。生成语言学家认为，语法知识包括范畴和规则，二者都基于人类特定思维能力，是人类遗传天赋的一部分，可以生成无限多的句子（Chomsky，1986；Pinker & Jackendoff，2005）。基于使用的语言学家不赞成生成语言学家的先天假设，也不在语言的能力（competence）和运用（performance）之间做出明确区分。在基于使用的认知语言学中，语言被视为一个复杂的自适应系统，此系统是为了交际和认知加工而进化的（Steels，2000；Beckner et al.，2009）。基于使用的语言学家认为，语言知识的所有方面，包括语法的核心概念，都来自一般域的认知机制，这些机制不仅涉及语言的使用，还涉及视觉、记忆和决策过程等其他认知现象（Diessel，2019：3）。

第二，共时状态和历时发展的问题。为了研究语言使用是如何影响语言知识的，我们必须从动态的角度探究语言结构是如何随着时间的变化而演变的。自索绪尔结构主义语言学诞生以来，语言学领域被划分为两个主要的研究领域：共时语言学（synchronic linguistics）和历时语言学（diachronic linguistics）。共时语言学是研究特定时间点的语言状态的，历时语言学是研究语言变化的。在索绪尔之前，人们通常根据语言的发展同步性来分析语言结构，并将历时性放在一个统一的框架中进行研究（Paul，1880/1920）。但是，随着结构主义语言学的发展，对共时语言状态和历时语言变化的研究已经成为不同的研究领域，有不同的研究目标和研究方法。如果语法是建立在一种特殊的思维能力上的，那么语言演化只涉及语法的外围，先天的核心要素只能单独从共时的角度来研究。基于使用的语言学家对共时语言学和历时语言学这一划分的有效性提出了质疑。如果我们把语法看作一个涌现的系统，那么语言结构的各个方面，包括语法的核心概念，都会发生变化。为了理解这个系统的本质，我们必须研究语言的发展，包括历时和习得两个方面。这就解释了为什么基于使用的语言学家强调语法化对句法理论的重要性（Boye & Harder，2012）以及为什么一些基于使用的学者转向语言习得研究（Goldberg，2006）。在结构主义范式中，语法研究主要关注语言状态的分析，而在基于使用的范式中，语法分析的重点是语言系统的动态性（Hopper，1987）。

第三，词汇和规则的问题。基于使用的语言学家已经对词汇和规则这种传统的最基本的二分法提出质疑（Pinker，1999）。词汇是将特定的语音形式与特定的概念或意义相结合的表征符号；而规则通常被定义为认知上的演算法（algorithms），用于将抽象的范畴组合成更大的结构。在生成语法中，语言通常由两个部分——心理词汇和语法组成，前者包括词汇和习惯表达，而后者则包括句法范畴和规则条件（Chomsky，1986）。词汇和语法之间的区别一直是语言学理论的基石，但在近年来的研究中，这种区别已经失去它的重要性，因为越来越多的认知语言学家认为，语言结构是通过构式而不是演算法则允准的（Fillmore et al.，1988；Goldberg，1995）。构式是一种整体的图式结构，其特定成分的配置与特定的功能或意义相关联。构式的研究方法在基于使用的语法分析中具有核心地位。实际上，基于使用的语言学家们基本上以构式语法的理论和方法展开研究，以至于语言知识的表征被构式语法作为一个统一的框架进行阐释（Tomasello，2003；Goldberg，2006）。各个流派的构式语法都从动态角度关注语言结构的表征，对基于使用的方法做出了重要贡献（Croft，2001；Goldberg，2006；Steels，2013；Hilpert，2014）。

　　我们研究符号的演化过程主要运用基于使用的方法，这源于"语言是一个整体性网络体系"的思想（Croft，2007a：508）。构式网络是构式语法中一个永恒的主题，而且其在语法模式中的继承作用一直备受构式主义者的青睐（Goldberg，1995，2006；Croft，2001，2007b；Langacker，2008）。语言是一个构式网络的观点与认知语言学所强调的其他方面的一般认知能力如视觉、音乐可被结构化为一个网络的说法相契合。同时，语言的整体性网络观与 Bybee（2010）的思想是一脉相承的，他认为语言形式是一般认知能力的一个部分。一般认知能力可以对语言形式进行范畴分类，然后建立起它们之间的联系，同时在微观和宏观两个层面实施操作。Goldberg（1995：5）提出，语言的整体性网络观是通过现实生活中的百科知识进行建构的，它在一定程度上又可以概括为"语言知识就是知识"[①]（Kowledge of language is knowledge）。认知语言学认为，语言知识是一个更大的知识系统的一部分，这个知识系统还包括通过视觉、音乐和其他认知能力获得的知识。构式的整体网络模式是一个概念结构，它致力于语言结构的发展，本质上反映了人们一般认知能力的发展过程，因而成为认知语言学的核心观点之一。语言的整体性网络观可以理解为两个方面：语言是一个概念网络和语言是一个构

[①]　这一说法主要想表达语言构式都会展示出它的原型结构并且能形成相互关联的网络。继承网络和语义网络上的层级性有助于组建其他类型的知识，可以运用这一层级性阐释和建构我们的语言知识，因为语言构式与反映人类经验的基本情景的语义结构直接相关。

式网络。

第一，语言是一个概念网络。Goldberg（2003）认为，语言知识的总和可以通过构式网络获取。构式具有概括性和继承性。Croft（2007a：463）总结了构式语法的两个特点：一是复杂结构与意义的配对；二是这些配对在构式网络中是相关联的。概念是构式网络中的核心节点，而节点之间是相互连接的。概念可以使构式家族成员之间具有一定的衔接关系。同时概念在构式网络中表现出一定的固化程度和可及性程度。构式语法的网络模式与 Hudson（2007）提出的词语法①（Word Grammar）模式有许多共性。词语法同样基于网络的假设，认为语言是一个概念网络（Hudson，1984，1990，2007，2010）。语言是概念网络的观点基于概念是认知的。因为语言是一个相互连接的实体系统，所以语言是一个网络体系。基于 De Saussure（1959）提出的语言是一个符号系统，语言是一个相互依存的词汇系统，一个孤立的词项会导致另外一个词项同时存在。传统的语言模块观不仅区别开词汇和语法，而且在语用、语义、句法和音位之间建立起界限。认知语言学的整体网络模式不是描写语言的一部分，而是把语言的各个部分看成一个整体结构（Lakoff，2005）。基于使用的符号观认为语言是一个认知网络体系，这不仅突破了索绪尔的词项观，而且将语言的建构强调为一个动态的过程，因为这种网络模式有新的连接和新的节点的出现（Hudson，2007：53）。我们使用图 3-5 的概念网络来阐释网络构式的主要观点。

图 3-5 说明了烟灰缸基本层次概念之间的联系。概念的图式性越强，概括性就越强。三角形的底边指向上位范畴，而三角形的顶点指向下位范畴。直线表明了概念之间的关系。其中实线说明构式中的实例与一般范畴间的联系较强，椅子与范畴"家具"的联系在于椅子是家具

---

① 为了避免与 lexeme（词位）的说法混淆，我们采用了文旭（2011：1；2014：5）的"词语法"译法。词位通常被认为是语言词汇基本单位的名称，是一种具有不同变体的抽象的基本语言单元。"词语法"中的词汇不是语法意义和词典含义的简单相加，而是词汇与语法的一个连续体，它们在语用、句法、语义、音位等方面均没有边界。

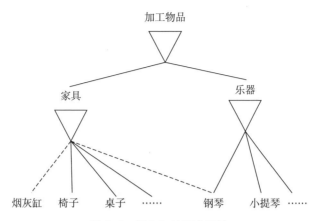

图3-5　烟灰缸的概念网络

资料来源：Traugott 和 Trousdale（2013：10）。

范畴的核心成员。虽然烟灰缸也具有该范畴成员的一些特征，但它不属于该范畴的典型成员。构式网络中"钢琴"这一概念体现出多重继承性，它具有与家具联系的特征，但它更具有"乐器"这一范畴中心成员的特征。

　　第二，语言是一个构式网络。Langacker（2008：22）认为语言是规约化的语言单位和结构化的集合体，同时也提出语言结构和语言使用密切相关，语言使用会对语言结构的表征产生影响。他把构式网络的表征形式描述为如图3-6的形式。

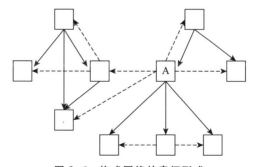

图3-6　构式网络的表征形式

资料来源：Langacker（2008：226）。

　　图3-6这种二维的表征形式解释了构式网络中的节点联系，但对说明构式中存在多维的网络特征缺乏说服力。构式网络中各个节点所表征

的图式级别不一致，有一些节点表征图式，其他一些节点表征子图式或微观构式类型的图式。每个节点可以将一些抽象层面的构式表征出来并概括出其特征。构式网络中的节点可以最大限度地表征出构式的形式和意义。构式中的连接可以通过不同方向的多重形式与语言任何层面的节点建立起联系。构式网络中的每一个节点与其他节点的联系都可以通过关系连接和继承连接来完成。下面详细论述关系连接和继承连接的作用。

3.1.2.1　构式之间关系连接的多样性

Goldberg（1995）提出构式间有四类关系连接，即多义性连接、隐喻性连接、部分性（subpart）连接和实例性连接。多义性连接主要指一个构式的原型意义和扩展意义之间的语义关系。虽然句法上的实现条件是相同的，但是语义差别很大。Goldberg 以双及物构式为例，认为其在句法上表现为 ［SUBJ+V+OBJ1+OBJ2］，语义上表现为 ［X+CAUSE+Y+to+RECEIVE+Z］。正如例（3）所示：

（3）Max gave Edward the robot.（马克斯给爱德华机器人了。）

然而，有些相关的构式形式，在某种程度上由于其被成功接受的条件受到限制，通常被视为多义性扩展，如例（4）：

（4）Max refused Edward the robot.（马克斯没有收下爱德华的机
　　　器人。）

例（4）句法上同样是 ［SUBJ+V+OBJ1+OBJ2］，而语义上则是 ［X+CAUSE+Y+not to+RECEIVE+Z］。多义性连接通常发生在子图式层面，不会在单个微观层面上发生。多义性连接通常从共时的维度来考虑，如英语中的 since 从共时层面的多义用法上看，既指时间上的关系，也指因果上的关系（Traugott & Trousdale，2013：59）。从历时维度来看，since 的用法具有异类多义性（heterosemy）的联系，更能凸显两个意义之间的历时关联。

隐喻性连接主要指特定构式间的隐喻映射。Goldberg（1995：81-89）认为，约束条件下的许多构式可以通过隐喻性扩展得以阐释。例如：

（5）The chocolate went from liquid to solid.（巧克力从液体变成了
　　　固体。）

（6）She went mad.（她疯了。）

从例（5）可以看出，构式中存在"运动"和"变化"之间的隐喻性扩展；而例（6）体现了"位置"和"状态"之间的变化，也是一种隐喻性扩展。隐喻性连接体现了"结果构式"是由"致使-移动构式"隐喻性扩展而来的（Traugott & Trousdale，2013：60）。

部分性连接是指构式在句法和意义等方面的部分和整体关系，两个构式之间的连接只是部分性连接。例如：

（7）The toddler walked to the door.（学步的孩子向门走去。）

（8）She walked the toddler to the door.（她陪学步的孩子走到了门边。）

实例性连接产生于某一个构式是另外一个构式的特定实例，即前面一个构式是后面一个构式的具体识解，如动词 drive 使用在动结构式时，它表达的结果-目标论元只能使用在一系列特定构式中，我们可以说drive someone crazy，但我们通常不会说 drive someone happy，因为 drive用在动结构式中通常与负面情感语义的表达相关联。

3.1.2.2 构式的继承连接

构式可以看成一个集合，它是一个结构化的整体，每个构式都是网络中的一个节点，可以根据构式的分类特征和网络特征进行表征（Croft，2001：25）。继承连接是构式语法中构式网络的核心部分。继承关系受到分类层级因素的限制，涉及多个层面的范畴化。此处专门把构式中的继承关系引述如下：

> 构式形成一个网络并且通过继承关系进行连接。继承关系可以促发特定构式的许多特征。继承关系既有助于我们概括出构式间连接的规律，同时也有助于我们掌握特殊构式的特点（Goldberg，1995：67）。

上述引文强调构式网络中的每个节点都继承主要节点的特征。构式的继承关系尽可能将构式信息在最抽象的层面表征出来。Goldberg 对构式继承性特征的界定恰恰说明构式之间的继承关系存在任意性，而且通过构式的部分继承关系可以预测出构式的整体继承性。从 Goldberg 倡导的模式中可得知继承连接存在不对称关系。如果构式 A 激发构式 B，那么构式 B 必然继承了构式 A 的某些特征。这种继承性特征就是 Langacker（1987）所强调的部分允准。

基于使用的构式语法认为，语言结构由符号组成，它们以各种方式相互联系，语言符号的整个清单（inventory）通常被描述为某种网络。构式是由特定类型的关系相互连接在一起的。例如，继承连接界定了不同层次构式之间的联系，多义性连接描绘了不同构式意义之间的关系（Goldberg，1995：67-100；Hilpert，2014：50-73）。实际上语法网络是由一系列网络模型组成的，它与神经网络和连接主义的网络模型相似（Rumelhart & McClelland，1986；Elman et al.，1996）。神经网络是一种计算模型，被认知科学家广泛用于模型化的认知过程，包括语言使用和语言习得（Rumelhart & McClelland，1986；Elman，1990；Chang et al.，2006；Christiansen & MacDonald，2009）。神经网络中各个节点之间的连接具有权重或激活值。更重要的是，网络模型可以通过创建或删除节点和连接或者重新配置节点和连接对特定的认知机制进行更改和匹配（Buchanan，2002）。

Diessel（2019）提出新的语法网络模型，认为所有的语法概念都是由特定类型的连接或关系进行定义的，这些连接或关系与说话人语言知识的多个层面存在千丝万缕的认知关联。具体来说，在一个嵌套的网络模型中，一个层面的节点与另外一个层面的节点相互关联。构式的网络节点有助于建构语法网络模型。构式意义的建构虽然与传统语法规则有诸多相似之处，但是语法规则通常被看成一种操作简单并易于演算的概念；而构式是有意义的模块，它包含其他语言表达式的槽位（Langacker，1987；Goldberg，1995；Croft，2001）。所有的语言符号都包含在构式的概念中，构式从简单的语素到复杂的句法形式，存在一个连续体的模式（Goldberg，2006：5）。如果语言结构由符号组成，语法的认知结构与心理词汇相似，这就是一个可行的假设，那么心理词汇通常被描述为一个由相关的符号组成的网络。语言使用者对语言符号的认识包括与其他语言符号的联想关系，每一个语言符号都可以看作符号网络的一个节点（Diessel，2019：12）。说话人的语言符号知识，尤其是说话人的构式知识，涉及连接形式与意义的符号关系、连接语言成分的顺序关系和连接不同抽象层次的语言形式的分类关系，可定义语言符号不同方面之间的联系（Schmid，2016）。

语法网络和符号关系紧密相连，语法网络的核心在于符号关联性的扩展。如果从语言进化的角度来看语言符号的发展，那么语言符号之间的关系是涌现、渐变和联系的。符号关系并不是人类大脑中固有的，而是在社会发展中人们认知自主化的结果。在很大程度上可以说符号关系具有固化和规约化的特性。符号关系是传统语言符号定义的核心。索绪尔将语言符号定义为一种将特定的声音模式与特定的意义相结合的双边心理实体（De Saussure，1916/1994：66）。从构式语法的观点来看，构式被看作特定结构与意义相结合的符号，构式之间是相互联系的。其中最基本的一个假设为，每个构式在语法网络中都会呈现一个特定的生态区位，而这个生态区位是由它与系统中的其他构式的关系进行定义和识解的（Lakoff，1987：492—494）。

3.1.3　基于创造性的构式研究原则

基于使用的构式语法强调，构式的出现伴随着形式与意义的配对。构式的配对机制可引发说话人在新的语境中运用他们所掌握的语言知识，但必须以遵守语言社区中语言的规约性为前提。基于此就产生了构式的部分能产性悖论这一议题，即构式使用在新的语境中既存在创新性表达，同时又受到不同程度的制约。基于构式的部分能产性的问题，Goldberg（2019：22）再次对构式进行定义：构式是在高维概念空间中以共享形式、功能和语境维度为基础形成的尚未清晰记忆的聚类。她认为可以采用相应的替代方案解释构式部分能产性的问题，旨在强调交际意义的重要性，即 CENCE ME 原则：①语言使用者在遵守语言社区规约的同时，要在语言表达性和有效性间寻求平衡；②语言使用者的记忆空间广阔，但不完美：记忆痕迹可维持，但会出现记忆不清晰（lossy）的情况；③不清晰的记忆痕迹会基于形式/功能的相似性形成聚类并最终形成构式；④新旧信息间存在关联可以助力构式网络的形成；⑤语言产出过程中，多个构式被激活，为表达信息意图，构式间会产生竞争；⑥在理解过程中，所见（what is witnessed）与所期（what is expected）间的不一致促使语言学习者通过错误驱动学习（error-driven learning）的方式来调整所习得的构式网络（Goldberg，2019：20）。

　　词汇构式义的形成与交际意义的构建紧密相关。说话人如何知晓可以运用某种新的方式进行词语组合并形成新的构式义？说话人学会恰当地使用单个词创造出新构式，这就是构式的创造性所在。单独从词汇的学习和使用方面我们不能得出有说服力的答案。这就得从词汇构式和语法构式之间的关联性中寻找新的研究思路，因为词汇构式义具有丰富性，而其结构性和部分能产性的特征正是语法构式所赋予的。词汇构式义既不能简化为任何有限的可识别特征或属性，也不能轻易地与其所在的真实语境相脱离。词汇构式义都会激活一个原有的语义架构，语义架构是对一组连贯语境的结构化抽象，是理想化的事物。词汇构式义与该构式所处的语境高度相关，且单个词语可以部分抽象地唤起丰富的构式义和与该词相关的语义架构。也就是说，词汇激活了丰富的概念和感知信息，这些信息是从人们所接触的词汇所在的语境中得来的。显然，词汇激活为词汇赋义的可能性提供了较大的空间。Goldberg（2019）提出了词汇赋义的两种模型，即"又验证模型"和"寻踪模型"。前者指学习者通常会对一个新词的意义形成假设，如果新语境与该假设的词义不一致，那么该假设的词义就会被剔除；后者指假设义与新语境不相容时会被逐步压制，而不是自动消除，同时对于新词义的选择遵循极简主义策略，有多种意义可选择时不会选择以前出现过的词汇意义，而是随机选择新的词汇意义。然而，这两个模型缺乏词汇系统与多个关联意义之间的互动。词汇构式义的扩展效应在语言使用过程中无处不在。这足以说明词汇形式和语境的记忆痕迹能进行扩展，要对词汇假设义持保留或中立的立场，词汇和意义之间的紧密关联不会因为人们再次接触或使用同一个新词而消失。相反，词汇接触和使用的频率越高，词汇义间竞争性限制就越大，创造的可能性就越大。

词汇构式之间的竞争性首先建立在构式义创造性的基础上。如果词汇构式不能接触更切合该语境的构式义，那么构式竞争中创造的新词能否长期保留下来最终还是由构式义的使用频率来决定。构式的地位存在不平等性，两个具有相同构式义的词不可能长期保持平衡。说话人在说话时能更快地找到最符合他们意图的认知信息，这显然会导致构式的地位发生变化。构式在使用的过程中遵循竞争性原则，就如在生物学上享有相同生态位的两个物种无法长期共存，有优势一方要么使其他物种灭绝，要么获得一个新的独特的生态位。

3.2　历时构式语法的思想体系

构式化研究是基于构式语法和历时语言学研究发展起来的，其目的是发现新构式产生、发展以及衰退的历时演化规律。在很大程度上，构式化研究颠覆了传统语言演化领域中离散的观点，运用整体的、渐变的以及基于使用的语言演化动态观来掌握构式演化的总体特征和规律（Croft，2007a；Langacker，2008；Bybee，2010；Hilpert，2013；Traugott & Trousdale，2013）。构式化研究为构式的历时研究开辟了新路径。

3.2.1　构式化研究的缘起

构式化研究是历时语言学和构式语法研究共同促进的产物，主要从历时视角观察语言变异、演化和衰退的规律和特征。语言自身不会变化，但是说话人在使用过程中会改变语言，进而使其结构发生演化。语言演化实例以历时变异为先导，同时可以通过共时的变异首先观察出来（Andersen，2001）。演化包含变异性和异质性特点，但语言变异性和异质性并不全是演化。语言演化和变异无论在宏观构式层面还是微观构式层面，都是相互联系、紧密交织的。

Rostila（2004）在介绍法语否定词 pas 的词汇化是语法化的一种时，提出了"构式化"概念，这一概念关注不同形式的扩展和缩减，这与 Croft（2000）所说的"不同类型的语法演化"具有相似之处。根据 Lehmann（1992）的观点，语法化不仅在词或语素间进行，还在句法元素的组合间进行。由于语境的作用，特定语素的句法组合会产生语法化。不过他未提及"形式-功能"配对的问题。Bybee 等（1994：11）认为，构式不仅是词汇意义和语法意义的来源，还是词汇和语法融合的整体框架。因此，词汇构式和语法构式的形式和意义的产生是历时构式语法研究的重点。Noël（2007：178）关于"如何习得构式"的思想再次体现 Bybee（2003a：145）关于"如何习得语法"的观点。构式习得是一个渐进的、动态的过程。Boas（2008）发现，邻近的语言模式会影响图式性构式和实体性构式从而产生新的形式或新的意义。Rostila（2006）把这种过程称为"构式化"。构式化中语言创新或传播也会导致"形式-意义"配对的产生。构式创新的起点不是惯例，而是说话人对同一个形式或意义选择性识解出不同的语言结构，这种语言结构是构式化产生的前提。总之，构式化理论源于构式语法的主要思想，即从历时语言学的角度探讨新构式涌现的形式和意义。

新构式的产生是一个连续的过程。Noël（2007）在论证论元结构构式化与语法化时强调，某些结构模式在和现有的词汇成分融合前必须先获取独立的意义，进而产生部分或全部的图式结构，最后在语义上，已经获取意义的结构往往会发生演化，最终会沿着意义连续体的语法末端继续演化。这种演化会导致新构式的产生，即"新形式-新意义"的配对。Traugott 和 Trousdale（2013：22）对构式化的定义是"新形式-新意义"配对体的产生，认为构式化在语言网络中产生新的类型节点，在构式网络体系中产生新的句法形态以及编码新的构式意义。构式化伴随不同程度的图式性、能产性和组构性等而呈现不同程度的演化。图式构式化源自一系列微观的演化，所以具有渐变性。新微观构式的产生过程可以是渐变的或者是瞬时的。前者产生的微观构式是程序性的（语法的），而后者产生的微观构式是实体性的（词汇的）。

构式的产生、发展和衰退伴随"形式-意义"配对体的渐进演化。文旭、杨坤（2015）阐释了构式化的两种实现形式：一种是构式的"形式-意义"演化引起新的规约化表达，另一种是构式的"形式-意义"受语境影响编码新的意义。同时，构式化主要涉及形态-句法的形式、语义以及语用意义的新分析（neo-analysis）。此外，构式化还受话语和音位演化因素的制约。Traugott 和 Trousdale（2013：27）认为新分析引起构式演化和新构式的出现，并指出了二者的区别。单独的形式演化或者意义演化不是构式化，属于构式演化。构式演化只是影响构式内部形式或者意义的某一个维度，并没有在构式网络中产生新的节点。构式演化分为"前构式化演化"和"后构式化演化"两个阶段。前构式化演化是在构式化之前表现出的构式演化，体现为语用扩展、语义化、形式和意义之间的不匹配以及微观形态分布的演化。后构式化演化是在构式化之后继续发生的构式演化，主要有搭配的扩展、形态和音位的缩减。缩减导致组构性丧失，形式与意义间缺乏透明度；扩展会导致图式性和能产性增强。构式的图式性、能产性和组构性都具有梯度性。

3.2.2 构式化的主要思想

构式化主要源于认知构式语法和激进构式语法的思想和理论体系，把构式视为一个完整的网络体系，在整个构式网络中构式间具有层级结构和继承关系（Goldberg，2003，2006；Croft，2001，2007b；Langacker，2008）。整个构式网络体系相互作用、紧密联系，呈现出梯度演化的模式。构式化的基本主张（Bybee，2010；Goldberg，2013；Hilpert，2013；Traugott & Trousdale，2013；Traugott，2014）概括如下。

首先，构式化遵循认知语言学中的概括性承诺和认知性承诺，继承了认知构式语法中形式与意义配对的核心观点。构式演化注重规约化的形式与意义配对的过程，构式化同样注重构式的形式和意义的演化，认为词汇和语法是一个连续体。这与传统的语言模块观大不相同，传统的语言模块观不仅把词汇和语法区分开来，还在语用、语义、句法和音位之间建立起边界。认知语言学的整体网络模式把语言的各个部分看成一个整体结构，而不是描写语言的一个部分。我们可以根据语言中存在的节点和关系连接对其进行重构和创新。例如，例（9）和例（10）通过构式的关系连接实现其构式表征。

（9）Johon drove me home. （约翰开车送我回家了。）

（10）Johon drove me crazy. （约翰简直让我疯了。）

Goldberg（1995）将构式之间的关系连接分成多义性连接、隐喻性连接、部分性连接以及实例性连接等。例（9）表达了"致使-移动"的字面构式义。例（10）则依据例（9）的结构通过隐喻扩展组配重构为"结果"构式义。构式中抽象的层级可以通过使用相似实例的范畴化建构出较为抽象的表征（Langacker，1987，2000）。在重复和频率的作用下，例（9）构式中的特定实例渐变地演化为一类既独立又能产的构式。

其次，构式化的产生是因为构式是一个复杂的、结构化的分类层级模式，这个模式具有适应性、概括性和继承性。Goldberg（1995：67）指出，构式的继承性，使形成的构式网络连接起来，继而使特定的构式具有多样性的特点。她强调，构式的继承关系包含图式-例示关系、部分-整体关系以及原型-引申关系。图式性较强的构式可以调适或允准下一层级子构式，构式类型的图式越多，概括性就越强。以"quantifier"构式为例，表征大的、小的、中间的以及单语素等各种类型的数量构式是它的上位图式；它的下位图式也囊括了各种类型的微观构式，如"many""a lot of""few""a bit of"等。一个图式包含多个下位图式和微观构式。构式的层级性和继承性使整个"quantifier"构式呈现梯度构式化特征（Traugott & Trousdale，2013：17）。

最后，构式演化是受一般认知域制约的动态的、创新的过程。说话人产出的语言结构与听话人加工的语言结构密切关联，产出与加工的结果是构式演化的起点。构式演化以不同的方式与构式维度相联系，进而对构式维度的内部演化产生影响，但不会导致构式化，即形式和意义之间新节点的产生。构式化是经过一系列构式演化之后，形成"新形式-新意义"的配对体，在构式网络中产生新的类型节点，编码新的形式和意义（Traugott & Trousdale，2013：44）。构式化的产生具有渐变性和瞬时性。构式化可分为语法构式化和词汇构式化，前者倾向于渐变性，后者倾向于瞬时性，二者都受图式性、能产性和组构性因素的影响。网络流行语"打酱油"原始语义为"买酱油"。人类的认知方式往往通过凸显次事件的具体动作实现"隐转喻"的表达。因此，"打酱油"比"买酱油"包含了多层的次事件结构。使用频率的增加导致"打酱油"这一结构由"单宾构式"演变为词汇构式，引起构式演化。但是在某种语境或者认知事件的触发下，"打酱油"与原先的事件又建立起新的关联，产生新的节点，编码成新构式义"与我无关"或"不关我事"。它的形式和意义都发生了变化，自主性增强，产生构式化。在构式化过程中，"打酱油"的能产性和图式性增强，不断涌现出诸如"酱油男""酱油嫂""酱油族"等新的词汇构式，但是，"打酱油"作为独立的词汇构式，已丧失原有结构的句法地位和语义属性，其组构性已降低。

3.2.3　影响构式化的主要维度

3.2.3.1　图式性

图式性是事物的一种属性，它不仅是一种体验模式，还是一个有层级的构式网络。王初明（2015）通过"大管小"的效应来证明图式构式网络具有选择和规约的作用。构式的图式性是通过建立符合规约的表达式实现构式允准合法的。实际上，构式中部分允准是不合法的，但人们可以根据自身的体验来组织一些非规约性的表达。由于音位的表征作用和语义演变，说话人在一定的语境下建构新的表达式并规约为图式构式，这种规约化的构式和特定构式使用之间的接口成为构式化的源头。规约化的表达式为说话人提供可使用的图式库。说话人可从图式库中筛选一个目标结构，如果目标结构与规约的语法单位存在相似性，构式中的允准就有可实现的条件。若允准结构和目标结构匹配，说话人对其做出编码、识解，构式的表达式就可实现完全允准。英语中常用 bird、cat、dog 等动物名称的图式允准多种规约化的构式表达。它们的基本图式主要指动物本身，而下位图式用来喻指各种各样的人。如 a bull dog

（很难相处的人）、a sea dog（老练的水手）、a sad dog（常闯祸的人）等。说话人通过文化的、语境的或语用的因素产生对动物目标结构的允准条件，编码新的形式和意义，产生构式化。

图式性与范畴化紧密相连。构式允准本质上是范畴化。图式构式可以对构式中的某一范畴进行分层概括。规约化的构式既是对范畴成员关系的识解，也是对目标结构的允准。说话人首先通常把目标结构感知为该范畴的成员，但是当目标结构与允准结构关联不大时，该范畴就只能为目标结构提供部分的允准，它们之间只是部分的图式关系。例如，当把某人形容为"走狗"时，其允准的字面义为"狗"，目标结构为"帮助作恶的人"。所以把"走狗"范畴化要比把"牧羊犬"和"哈巴狗"范畴化牵强，说话人只能通过隐喻机制把其感知为该范畴的成员实现部分允准。构式图式中的"空槽"（open slots）提供的频率越高，构式的能产性就越强，允准的图式就越容易固化（Bybee，2010：25）。由于受构式频率的影响，图式惯例化或认知固化也会产生构式化（Kemmer，2003：78）。如"走狗"原指"卖国贼"和"汉奸"，由于使用频率增加，如今固化为"在不正当行业中卖命的同伙或同党"。

构式中图式性具有一定的梯度性，也就是其形式和意义演化的程度不同。构式演化会导致新图式的产生，也会影响微观构式的图式性。微观构式的图式性通常是语音表征的演化以及语义编码的抽象化。例如，古英语中 hlot 是限定词，其语音和语义发生变化，产生新的图式为现代英语的 a portion of，表示"一份"或"一部分"的含义。它经过一系列构式演化之后，又产生新微观构式，如 a lot of 和 a large quantity of 都表达"大量的"含义。

3.2.3.2　能产性

能产性是人类创造性地使用语言以实现有效交流的能力。构式的能产性呈现梯度的、连续的演化特征，表现为从构式极度能产到甚至不能产。构式的能产性体现一个图式允准其他较少图式构式的扩展程度以及受制约因素。从形态学来看，形容词后加［-th］可以允准新的名词产生，如 warmth。但在名词构词法中，它的能产性不强。相比较而言，形

容词后加［-ness］这类图式允准名词构式能产性较强，如 carefulness、
loudness、illness 等。

使用频率极大地影响着构式能产性，新微观构式的产生由高频使用
引起，进而导致构式演化。构式频率既有例频率，也有类频率。类频率
引起构式中新成员的分类，影响构式演化。构式对新成员的允准条件：
构式的类频率越高，能产性就越强。Goldberg（1995：134）认为，构式
的类频率决定了该构式是否被扩展到新构式。武俊辉、文旭（2015）
以"be going to"为例，阐释了在构式类型上，"be going to"从最初表
示动态的意愿性和目的性的表达式逐渐演化为表示将来时间的表达式，
在这一演变过程中它的能产性逐渐增强。Himmelmann（2004）指出，
类频率在语法构式化中的能产性主要体现在新微观构式的主类扩展上。
类频率的增加能够使我们更容易理解新图式发展的能产性，但词汇图式
的发展也体现程序性构式中意义的演化。单体能产性的增强不是语法构
式发展过程中所特有的现象，因此，能产性导致"新形式-新意义"配
对体的产生，该配对体可以从词汇图式的组合和固化过程中寻找理据。
如汉语"打鼓"的结构原指通过工具或手击鼓，但通过词汇构式的组
合，产生了如"打边鼓"和"打退堂鼓"的表达式，构式的形式和意
义发生了变化。我们只能根据语义百科知识和词汇构式本身组合的功能
来诠释这类构式的表征。具体而言，构式为词汇的组合提供框架语义，
而具体词汇为构式提供微观语义内容，二者紧密联系。构式具有赋予词
汇义的功能，为符合构式义表达的需要，新微观构式中某些语义因子被
激活，能产性增强，构建新的构式表达式，从而产生构式化。

3.2.3.3　组构性

组构性是普遍存在于人类语言中的一个属性，可以看作一种语义尺
度，主要指可以从部分成分的意义中预测出整个构式的意义（Langack-
er，1987）。组构性涉及语言形式与意义之间关系表达的透明度和接受
度，既有语义的部分意义和整体意义，也有句法成分组合的意义。在句
法方面，组构性以简单的表达式构建较为复杂的符合语法规则的递归表
达；在语义方面，组构性依据较小表达式的意义构建较大表达式的意

义。Goldberg（1995）指出，一个表达式的意义是词汇意义和构式意义的整合。构式的整体意义通常可以从其部分的意义中预测出来。如果一个语言结构具有语义上的组构性，那么说话人只要输出句法上的常规序列构式，听话人就可以理解构式的表达式意义，从而解码整个构式的意义。如果一个语言结构不具有语义上的组构性，就会出现单个构式成分的意义与整体构式成分的意义间的不匹配。组构性体现出的意义具有一定的规律性，说话人遵循这一规律方能创建新表达式的语义值。组构模式通过图式构式在语法中体现出来，它促使成分结构的整合以及每个成分结构与组构结构之间关系的融合。汉语中有一种组构性较强的构式，为"反义形容词共现结构"。下面我们以"高低"构式为例进行阐释。

（11）腐败的官员不论职位高低，都必须接受法律的制裁。

（12）他们（俩）的球技很难分出高低。

（13）口水都说干了，她高低不吭声。

例（11）体现了"高低"构式的空间扩展意义，用作形容词来表征身份地位的高低状态。例（12）的构式义和语法范畴发生了构式演化，表达名物化的状态义，组构性减弱。例（13）整个构式的组构性较弱，构式的形式和意义都发生了演化，表达"无论如何"的新构式义。张媛（2015）认为词类转变是构式组构性的一种表达式。构式的词类转变导致词汇意义和构式意义的演化，其组构性降低，进而产生构式化。

虽然构式是在具体语境中产生的，但很多语言现象依旧难以判断是具有完全的组构性还是具有部分的组构性。例如，My family sometimes pulls my leg 中 pull one's leg 除了有"拖某人后腿"的字面意义外，还有"取笑某人"的非组构性意义。构式的组构性和非组构性是构式演化的基础，二者具备规约化的形式和意义的配对体。说话人对组构成分的整合引起构式的新分析，导致构式内部维度的演化，从而产生构式化。

3.2.3.4 构式化语境

关于语境有很多种说法，如外部的物理环境、认知环境、社会形态、文化环境以及言语上下文等。胡壮麟（2002）认为语境是多元化的。Bergs 和 Diewald（2009）则认为语境是语用和话语的重叠界面。许力生（2006）认为语境是开放的、动态的、交互的以及内化的系统。然而，在构式语法中，语境是一个相互交织的网络体系，在构式网络中以不同的方式发生作用。语境成为构式演化的一个重要因素。从说话人对构式的选择到听话人对构式的识解，语境也起着不同的作用，使构式的意义或形式呈现单一化、具体化和多样化的特征。构式产生是一种有意向的、主观的、交互的认知活动。那么，构式演化是有意识的还是无意识的呢？正如 Bybee（1985）所言，日常交流的需要并不是引起构式演化的一个让人信服的主要因素。Hopper 和 Traugott（1993）赞同 Bybee 的观点。董秀芳（2011）认为，由于旧的语言形式在一定程度上不能满足交际的需要，新的语言形式会取而代之，因此有必要设想一种并不存在的具有交际功能缺陷的语言形式。而从历时角度看，这种形式无法在语言材料中得到佐证，因此就会违背古今一致原则。她认为构式演化不具有目的性，而是一种无意识的活动。我们无法全面考察构式演化是不是语言使用者有意识的自主选择，但我们可以对语言表达式的变化做出预测。构式发生的连续性、继承性和图式性使这种预测成为可能，而语言使用者可以根据交际的需要选择适合的构式表达式。而这种表达式的变化会遵循构式的继承性和图式性的特征，我们可以从共时层面和历时层面找出其变化的理据。这种预测建立在基于使用的语言习得与构式演化之间的关系之上。Ellis（2008）提出了语言使用、构式演化和语言习得的循环论观点，即构式演化的目的在于语言使用，语言使用导致了构式演化，构式演化影响语言感知，语言感知影响语言习得，语言习得又影响语言使用。因此，我们只能对构式演化的原因做出可能性的预测。它可能是在某一变体的主流语言被习得之后传承下来的，具有变异性。构式的变异性是构式演化的潜在动因，既有语言系统内在压力所致的基于系统的演化，又有说话人运用不同构式变体所导致的基于说话人的演化。我们认为，说话人主观意图影响着构式不同维度的演化，听话人在一定的构式语境下对说话人的话语有不同维度的识解。当然，我们也必须承认，构式演化同样具有不可预测性。

　　动态语境在很大程度上能完全或部分产生构式化。语境的动态性是因说话人有目的的选择和选择的可预测性产生的（廖美珍，2010）。构式和语境之间的互动是一个动态的"再语境化"过程，其具有适应性和动态性。在社会心理调适机制的引导下，说话人和听话人选择对应的构式表达使语境随之发生改变，并朝着有利于实现交际目的的方向推进。在不断发生变化的语境的刺激下，语言使用者会借助背景知识来选择新的构式表达式。"语用化"（pragmaticalization）促进了构式语境的自然选择、连续渐变以及单向循环。构式化语境离不开语用化，语用化的连续渐变是构式化产生的一个条件。遗憾的是，Traugott 和 Trousdale（2013）在阐述新的语法构式产生时仅仅提及前构式化演化阶段的语用调适和使用语境，而忽略了在后构式化演化阶段新的微观构式趋于强化和固化是语用化的结果。语用化语境和形态-句法语境的复制和固化会驱动构式演化，导致切换语境或者孤立语境的发生，产生构式化。

构式演化与语境有密切联系是毋庸置疑的事实。但学界仍然对语境对构式演化究竟起何种作用存在较多的争议。新构式的产生是特定构式的实例在特定语境下重复使用的结果。这种新构式呈现新的语用含义，编码出新的意义要素并获取新的形式特征。历时构式语法反复强调语境的重要性，因为在一定的语境下，某些特定构式可以进行调适并与特定的话语-语用含义相联系。语言符号的实体单位是构式，而这些语言符号实体把句法、形态、音位的特征与语义、语用、话语-功能的特征结合在一起（Croft & Cruse，2004：258）。

语境是构式演化的主要因素之一，因为语境能使语言发生构式化，即形成新构式。伴随某些构式的增加以及原有构式衰退的过程，构式化通常被看成在语境制约下产生新构式的过程。这一过程是从逐渐积累某些语境特征开始的。在某种程度上，部分语境会保留相关的信息，即出现临界语境（critical context）。在临界语境阶段，相关的部分语境汇聚而成相对固定的、复杂的句法结构。这种结构虽然组构性和可分析性较弱，但是可以作为合法的新构式继续使用。当然，构式演化不一定表现出相同的、连续性的阶段，也不一定包含历时演化现象中较大的维度（Hilpert，2013）。我们可以使用语法化中的连续性语境类型说明语境在构式中的作用，如表 3-1 所示。

表 3-1 语法化中的连续性语境类型

阶段	语境	意义功能	构式类型
语法化的前提	非典型语境	会话含义	非特定构式类型和组构类型
语法化触发	临界语境	多重模糊性	超语法的习语构式
重组与分化	孤立语境	多义/异类词项	形式或词汇上开放的习语构式

资料来源：Diewald & Smirnova（2012：128）。

Diewald 和 Smirnova（2012）提出了语法化中的连续性语境类型模式，该模式可以运用在语法化领域之外的历时演化研究之中，如词汇化的过程和一些语义淡化的过程。此处我们只强调构式演化中语境的作用。在第一阶段的非典型语境中，已建立语法化过程的相关先决条件。由于在话语情境中语言使用的模糊性无处不在，我们正在使用的语言所获取的用法在某种程度上违背了语言常规的或典型的用法。可以这样说，非典型语境是构式创新使用的一个因素或者是对已有构式进行创新组合的条件。

在结构上和语义上，临界语境是模糊的，它可能滞留在特定的词项层面或者图式层面。临界语境中的滞留可能在结构上出现，也可能在语义上表现出来。临界语境受到一定条件的制约，它仅限于较小的一组词汇项，这与一些超语法的习语构式是一致的。它可以理解为是两种不同类型的构式组合成的一种实例。这种组合的构式一方面包含既有构式的重新组配，另一方面又囊括新构式产生的维度。因此，构式化实际上带有临界语境的烙印。临界语境导致了语言结构的重新分析。临界语境是产生构式化的主要因素之一，它是历时构式语法的核心议题，一直受到历时语言学家的青睐（Rostila，2004；Noël，2007；Traugott & Trousdale，2013）。构式化通过语境因素的逐步积累和构式认知手段的固化而形成新构式，这种新构式因语言材料在语义结构上的重组而产生。构式化包含两个相互关联的过程，一个是发生在非典型语境中的语用含义的渐变的语义化，另一个是发生在临界语境中的非渐变结构的重新分析

（Smirnova，2015）。

3.2.4 构式化的机制和动因

历时语言学一直关注的主要议题之一是语言使用者如何从历时角度
建构一个新的表达式，并提供可选择的构式表征路径。构式化研究继承
这一核心议题并解析构式化的机制和动因。只有在语言使用过程中才会
产生新的形式或新的意义，这本身也是创造语言的过程，我们引用 By-
bee（2001：190）的观点说明这一过程：

> 如果我们把一组有限的机制归因于人类的神经运动、人类的感
> 知能力和人类的认知能力，那么它们与语言习得和语言使用中的实
> 例是相互作用的。这样的交互过程会引起一系列可能的语言结构和
> 语言单位的涌现。

构式化的过程本身就是语言使用和创造的过程。构式化主要关注的
问题是语言结构和语言单位是如何涌现的。构式化机制主要回答
"how"的问题，强调构式化如何产生；而构式化的动因则主要回答
"why"的问题，侧重于为何发生构式化。学界普遍认为，传统的构式
化机制主要是重新分析（reanalysis）和类比（analogy）。Traugott 和
Trousdale（2013：38）使用"新分析"（neo-analysis）和"类比化"来
解释构式化机制，并强调启动构式化的是类比思维（analogical think-
ing）和解构（parsing），这也是构式化的主要动因，而类比化和新分析
则是构式化的主要机制。表 3-2 为构式化动因与机制比较。

表 3-2 构式化的动因与机制比较

动因	机制
类比思维	类比化
解构	新分析

资料来源：Traugott & Trousdale（2013：38）。

Meillet（1958：133）在介绍和论述语法化时没有使用"重新分析"，但我们可以从他经典的论断中找出答案：

虽然类比可以重构出语言形式的部分元件，但是它通常不会改变现存的语言系统的结构。某些单词发生语法化后，会产生新的语言形式，引入事先并不存在的语言表达式的范畴，并且进入已有的语言系统中形成一个整体。

上述引文充分说明"类比"和"重新分析"是语言发生演化的机制。而到20世纪70年代"重新分析"这一术语才发展起来。Langacker（1977：58）在阐述形态-句法演化时强调：一个结构表达式或结构类型的演化实际上并不包括直接的或内在的含表层表现形式的改变。Harris和Campbell（1995：50）把Langacker的这种结构表达式解释为潜在结构（underlying structure）。两人认为潜在结构至少将成分性结构、层级结构、范畴标志以及语法关系等包含在内。照此来说，Langacker已经将"重新分析"这一概念从形态-句法演化范围扩展到语义和音位演化范围。Traugott和Trousdale（2013）指出，"新分析"替代"重新分析"的原因为：一个尚不具有内化构式能力的语言使用者往往会以不同的方式来识解说话人产出的构式，重新分析是不会发生的。严格来说，说话人不可能重新分析自己不理解的结构，只是使用不同结构的新的表达式。Lightfoot（1999）认为，"重新分析"在语法化研究中倾向于宏观层面的演化，而"新分析"可以对微观形式的演化和微观意义的演化都进行全面考察。Fischer（2007）强调，类比在语法化过程中主要起聚合和组合的作用，能较好地在线处理所使用的语言。De Smet（2009）也认为构式化的主要机制是类比。因此，为了避免动因和机制间的模糊性，Traugott和Trousdale（2010）将类比思维的过程和类比化机制区分开来，指出类比思维与形式和意义匹配，可以引起构式化，也可以不导致构式化；相比之下，类比化是构式化的机制或过程，它会引起以前不存在的意义和形式的匹配，就结构而言，它会引发对现有或者原有结构的不同分析，而新分析又会引起新结构的产生。

构式化产生的方式受构式网络中多重因素的制约，除了新分析和类比化，Traugott 和 Trousdale（2013）认为构式化的主要机制还可以有其他内容，如"隐转喻"（metaphtonymy）和主观化，二者同样会引起新构式的产生。Goossens（2003）认为，隐转喻产生于隐喻和转喻之间的相互作用，并产生新的构式表达式。隐转喻会导致新构式出现，并随着使用频率的增加而产生构式化。例如，大约从战国时期开始，"但"的意义逐渐虚化，用在动词前起修饰限制作用，如《楚辞·天问》中"不但还来"的"但"表达"白白地"含义，源于表示具体动作行为的"但"，而在《盐铁论·刺复》里，"但居者不知负载之劳"的"但居"意义是"白白地居住"，可见，"但"已从具体的"不用某些装备"的构式义抽象出"不用某些条件"的构式义。"但"已演化为"徒然"和"白白地"的词汇构式（朱怀，2015）。"但"已从具体义素中脱离，构式使用的范围进一步扩大，从具体动词演化为描摹性副词，从而产生构式化。"但"的演化机制是，人们在语言使用过程中，通过隐转喻和主观化的方式产生了构式化。

3.2.5　构式化思想在语法构式化和词汇构式化中的体现

构式语法排斥语法化和词汇化中离散输出的观点。构式化思想旨在凸显语法构式和词汇构式之间的等级性而不是离散性。构式化研究主要关注语法构式化和词汇构式化这两种演化类型。前者主要倾向于程序性构式的发展，运用构式化的方法诠释和完善传统语法化的研究。后者主要关注新实体性构式的形成，关注图式的渐变构式化和新微观构式中节点的瞬时产生。图式性、能产性和组构性与不同层面的词汇构式化和语法构式化相关联。

3.2.5.1　构式化思想在语法构式化中的体现

构式语法中的"语法"主要指语言知识体系，除了形态–句法、语义和语音，还包括语用、话语功能等方面。语法的符号功能主要触发说话人概念化构式中参照对象间的关系，还触发听话人识解构式中的形式和意义间的关系。形式和意义的不匹配是由语用推理凸显度的增强和语境中惯例化组块导致的，这种构式的不匹配进而引起微观构式层面的演化。

语法构式有范围较广的实例和各种类型的演化，并受到使用频率的影响。构式的能产性主要与类频率相关，与例频率关系不大。Bybee（2003b）指出，类频率和搭配范围引起语法化缩减中例频率的增加。Goldberg（1995：137）认为，"way"构式的例频率不高，但搭配种类较多，所以能产性较强。Barðdal（2008）指出，类频率和例频率的能产性既有联系又有区别，如二项式（binominal）量词演化为数量词时，应该考虑微观构式类型数量的扩展，一方面要关注这类构式搭配的特征以及例频率的使用，如"a scrap of""a shred of"等；另一方面要关注类频率的发展和搭配使用的数量，这与 Himmelmann（2004）强调的"主类扩展"是一致的。无论是受类频率的影响还是受例频率的制约，一旦特定的构式被允准形成一种图式，其图式性就可以刺激语法构式的扩展。

语法图式的允准协调了形式与意义之间的不匹配。新微观构式中的允准图式是组构性的。一旦丧失微观构式成分的关系连接，语法构式化就会伴随新微观构式类型的能产性增强影响图式的能产性。语法构式化中的演化类型分为缩减和扩展两种模式。缩减模式强调的是某个或多个图式内部的演化，而扩展模式更多关注图式的外部演化，尤其是能产性的增加。二者的共同点是都关注搭配范围的演化以及某类图式的抽象程度。新语法微观构式的发展与语法构式化过程中的缩减和扩展具有兼容性（见表3-3）。

表3-3 新语法微观构式的发展与语法构式化过程中的缩减和扩展的兼容性

新语法微观构式的发展	语法构式化过程中的缩减和扩展
失配，语义组构性降低	语义特征耗损
最初的组块和惯例化	固定化（fixation）
聚合引力（attraction to set）	聚合化（paradigmaticization）
内部形式组构性降低	音位合并与耗损
固化度增强（increased entrenchment）	强制化（obligatorification）

资料来源：Traugott & Trousdale（2013：123）。

从表 3-3 中可知，失配和组块主要发生在前语法构式化阶段；聚合引力伴随语法构式化；后语法构式化阶段则主要有内部形式组构性降低和固化度增强。缩减模式和扩展模式在语法构式化过程中是相互交织的。新语法微观构式的发展兼容语法构式化过程中的缩减模式和扩展模式。在语法构式化过程中，能产性、图式性和组构性具有相互兼容、同步发生的特征，能产性增强和图式性扩展则受到类比思维因素的制约。因此，除新分析之外，类比化也是新语法微观构式发展成为图式构式的主要机制。

语法构式化研究在原语法化研究基础上探讨语法构式的发展、扩展和缩减的过程。语法构式化的核心问题是实现语法"新形式-新意义"的渐进演化。在语法构式化过程中发生的语法化，其中的"扩展"和"缩减"同"自主性增强"相一致，语法构式化研究涉及多个层面，如构式类型、语块和使用范围的扩展和缩减。由于扩展和缩减是相互交织的，正如同语义淡化引起用法扩展，扩展也会受到缩减的影响。由于语法扩展之后，构式会倾向于边缘化或出现一定程度的消退，语法构式化表现出部分方向性。因此，语法构式化过程中的缩减和扩展是交织的状态，而不是正交的关系。Joseph（2004）认为，语法构式化不是演化的过程，而是演化的结果。语法构式化厘清了去语法化（degrammaticalization）的问题，认为去语法化不是单侧的、孤立的变化，而是一系列的、多个语言层面的变化。具体而言，去语法化是在特定的语境下某一类语法图式扩展的结果，如英语属格［-s］的去曲折化，被新分析为名词短语修饰语和限定词的图式扩展。语法的能产性增强和图式性扩展受到类比思维的影响。类比化对新语法微观构式发展成为图式构式起着重要的作用。Traugott 和 Trousdale（2013：136）用假分裂句（pseudo-clefts）来说明新语法微观图式构式的网络体系是不断变化的。这个变化过程受到经济性和表达性因素的制约。经济性引起图式构式的增加，而表达性则会促进特定构式的发展。

3.2.5.2 构式化思想在词汇构式化中的体现

词汇构式化主要研究新实体构式的形成。然而，"新形式-新意义"

配对体的出现表明了新构式的产生既是程序性的，又是实体性的。例如，古英语中的 heute（today）作状语时，同时具有实体性和程序性的功能。构式是具有等级体系的形式-意义配对体，进而也说明实体性构式和程序性构式间也是具有等级性的。构词法的形成机制、习语的产生机制以及词汇图式的产生机制在实体构式化的图式构式和微观构式演化中得到了更好的解释。图式构词法模式的出现、滞留和失去涉及图式性、能产性和组构性等因素的变化。

Trousdale（2008b，2012）认为，语法构式化的特征是能产性、图式性增强和组构性降低，而词汇构式化则出现能产性、图式性和组构性三个方面都降低的趋向。这一观点只适用于词汇构式化中的缩减模式，但词汇构式化包含了图式的增长、扩展以及缩减。词汇图式的构式化可体现出能产性和图式性的增强或降低。组构性使一个图式中特定的成员和这个图式失联，并在各种类型的缩减中丧失语素边界（见表 3-4）。词汇构式化和语法构式化之间表现出从原子构式到复杂构式的梯度演化。

表 3-4　词汇构式化和语法构式化中图式性、能产性和组构性的比较

		词汇构式化	语法构式化
图式性	图式增长	增强	增强
	图式丢失	降低	
能产性	图式增长	增强	增强
	图式丢失	降低	
组构性		降低	降低

资料来源：Traugott & Trousdale（2013：193）。

词汇构式化与语法构式化有相类似的过程，该过程表现为组构性上有降低和缩减的趋势，能产性和图式性方面有扩展和增强的趋势。渐变性是词汇构式化和语法构式化共同具有的特征。词汇构式化的结果体现为实体性的，而语法构式化的产出结果是程序性和指称性的。词汇构式化通常不涉及句法扩展，只用于新的句法语境和新的句法功能中。尽管

实体性语义在历时的演化中具有很大的概括性，但很少出现语义淡化的现象。并不是所有语法构式化的实例都需经历较长时间的演化，在后构式化演化阶段，构词图式的扩展过程是很短暂的。就词汇图式而言，其能产性增强过程十分短暂，所以在语言的历时发展中可能会渐趋消退，也有可能结合另一个图式产生新的图式，如现代英语中的词缀［-hede］就是由古英语的词缀［-had］发展而来的。同时，长久性的词汇空缺和暂时性的词汇空缺都会引起词汇图式的构式演化。文旭（2014）认为，词汇空缺存在三种认知理据，分别为心理突出、感知突出和典型性。词汇空缺的理据也是影响词汇构式化的因素。

词汇构式化和语法构式化不是孤立存在的，而是相互交织的连续体。Traugott 和 Trousdale（2013：193）认为，词汇构式化和语法构式化之间也存在差异：第一，词汇构式化的产出是实体性的，而语法构式化的产出是程序性和指称性的；第二，词汇构式化不涉及句法扩展，但在新的句法环境和新的句法功能中会展现句法扩展，而语法构式化则主要表现为能产性和图式性的增强及组构性的降低；第三，词汇图式构式化表现出图式性和能产性的增强。此外，有必要区分词汇构式化和词汇化中的"缩减"概念，词汇构式化涉及图式的增长、扩展以及缩减。去语法化的实例在多数情况下并不是词汇构式化的实例，因为其可以通过略写和转类等方式形成新的词汇项。

3.2.6 构式化的基本特征

构式化的基本特征有八个，主要是从共时和历时角度来说的，同时也包含构式演化微观和宏观特点（刘瑾、杨旭，2017）。构式化的基本特征以基于使用的构式方法为主线，关注构式的使用频率和固化程度，把构式化看成一个动态的、涌现的认知系统。

3.2.6.1 构式化的整体性和部分性

认知语言学十分关注语言体验的整体性，遵循"整体大于部分之和"的格式塔认知机制，所以主张从大量的经验事实中将语言概念抽象出来。构式语法秉承认知语言学格式塔认知核心思想，认为构式是一个完整的认知图式，构式网络不是描写语言的一个部分，而是把语言的各个部分看作一个整体（Hudson，2007）。整体大于部分的论断强调构式涌现出了各个组成部分所不具备的特性，但这并不意味着它同时囊括部分所有的特性。虽然我们很难依据构式组成部分预测构式整体的形式和意义，但我们可依据构式中的节点和节点间的关系建立新构式。如果在构式网络中节点度大的构式往往倾向于连接其他节点度大的构式，则构式产生构式化的可能性就很大，反之则相反。构式的整体与部分在网络体系中紧密交织，并建构新的构式意义，产生构式化。

构式化是一个类层级构式的复杂系统。既然是类层级构式，那就存在构式同类或异类层级之间相互作用的问题，语言构式化的原因在很大程度上与构式层级的相互作用有关。构式化系统由各类层级构式构成，在一类层级构式或一个构式层级中，又包含组成这个类构式或层级构式的所有成分，这就是构式化的整体与部分关系问题。对这个问题的阐释，一直都有部分组成整体和整体生成部分这两种取向。构式化倾向于整体生成部分的观点。从整体生成部分这一视角出发，有可能就构式化的规律有一些新的发现，进而揭示构式化系统是由低层级构式到高层级构式演化的这一渐变群现象。

构式化整体上呈现图式性网络（schematic network）的特征，它是范畴化单位组合体的演化（Traugott & Trousdale，2013）。图式构式具有范畴化、概括化和允准新构式的功能。Langacker（1987）通过组合平面的结构阐释了这些功能，认为组合平面的结构是成分之间连续的层级整合，不是成分的简单相加，而是一个整合的图式系统。一个成分与另一个成分整合为一个新构式时，可能需要在特定的句法和语义上做出调适（accommodation），这样才能允准新的表达式。汉语"跑"表征的图式构式，可指人两脚交互向前迅速跃进，如"跑腿"，也指四只脚动物向前跳跃，如"跑狗"，还指有四个轮子的交通工具向前行进，如"跑车"。构式的调适功能实际上就是允准多个图式构式出现并引起构式不同维度的演化。图式构式的整合是有机的整体，它允准的多个图式构式为构式的演化和创新提供了动力。

　　构式化的部分性表现出不同渐变群的区位（location）特征。构式的区位特征关注构式语义不同层级的变化，突出语义演化的一致性和异质性。Barðdal 等（2011：55-56）概括了四种不同的渐变群的区位来观察构式在不同维度上的演化。

　　一是一般的语义关系和特殊的语义关系。二者可概括为"两分"关系，即一个构式的意义可以从构式组成部分的意义中派生出来，或者一个构式的意义在某种程度上是异质的。语义上，构式意义的异质性表现为非组构性的特征，它与构式的透明度有关。构式的透明度越低，异质性越强。例如，"喝西北风"原指"吸风"，道家用于宣扬"不食人间烟火，只靠呼吸空气生存"的境界。而现在多用于口语，形容"生活贫困，处于饥饿的状态"。由此可见，习语构式的渐变群主要由部分习语构式演化到完全习语构式。

　　二是可预测性的句法特征与异质性的句法特征。这体现为构式层级各个语言单位既是连续性的，也是异质性的。如果我们注意到构式各个层级语言单位的演化是连续的，那么就可以对它的句法特征进行预测。如果我们注意到不同层级构式的组构性及语义涌现的异质性，那么构式各个层级语言单位的演化便是不连续的，它们的句法特征就很难预测。

　　三是词汇-句法连续体的区位特征。这涉及两个维度的相互作用。其中一个维度是从原子构式到微观构式的渐变群，另一个维度是从填充式的词汇性构式到图式性构式的相似渐变群。填充式的词汇性构式是实体性的，如名词或代词，而非填充式的词汇性构式是图式性的，如被动构式或双及物构式。

　　四是词汇性-图式性之间具有层级关系的区位特征。这就具体化了每个不同层级的构式。它们可以从底部的填充式的词汇性构式层发展到中部的部分图式层，再发展到顶部的完全图式层。

　　构式化局部呈现出的不同渐变群的区位特征在很大程度上是相互依存的。例如，图式性增强通常与一般的语义网密切相关，可预测的句法特征往往与句法构式相互交织，以及能产性常与图式性增强相联系，等等。

构式化的整体性与部分性均关注新构式在不同维度上的涌现。它包含构式的整体意义和部分意义的变化关系、构式的整体形式和部分形式的变化关系以及构式形式和意义的映射关系。无论是哪一种关系发生变化，构式化的整体性与部分性都可概括为"整体—部分"和"部分—部分"的连续性演化与异质性演化。

3.2.6.2　构式化的网络性和继承性

构式系统是由构式的层级关系、类聚关系和组构关系从微观到宏观紧密交织组成的构式网络。可以从两个方面对构式网络交织产生构式化进行概括。

一个方面是构式的连接作用产生构式化。从构式连接方面来看，无论构式网络结构有多复杂，组成构式网络的基本单位都并不复杂。所有的构式网络都是由节点连接的，但在不同的构式网络中，同一个节点所表征的构式形式和意义差别较大。就构式网络本身而言，节点可以是构式的一个单位，如汉语的偏旁部首、每一个字、每一个词或词组等，也可以是构式中每个层级组成成分间的关系。构式网络中的节点产生新构式就形成了构式化。

另一个方面是构式网络动力的交互作用引起构式化。构式网络动力的相互作用是构式化节点相互影响、相互联系的源泉。构式系统的网络性涉及构式之间或构式内部各种成分之间相互制约、相互促进的关系影响到整个构式系统的发展和演化，进而产生构式化。构式化是构式多重因素共同作用于特定结构或特定系统而产生的变化和发展。具体而言，构式网络包含构式内部组构成分及其关系的相互作用，也包含构式外部不同组构成分及其关系的交互。构式演化都是在网络交互中产生的，在网络交互中建构意义、发生变化。构式网络中多层级构式之间的交互，让构式系统呈现复杂而多样的演化。正是构式网络交互合力的作用使构式系统保持连续的、渐变的演化过程，从而产生构式化。可以通过构式的能产性、图式性和组构性等因素来观察构式化的产生过程。在我们使用语言时，构式的交互作用才得以发挥，而构式的能产性、图式性和组构性与构式语境紧密结合，引起构式形式和意义的多维度变化，并彰显构式的创新性。

　　构式化的继承性包括新构式的涌现过程和说话人用自己的语言知识组织构式之间的对应关系以及可行性。每个构式在网络中都存在相应的节点，我们可以根据构式的分类层级和网络特征进行表征（Croft，2001：25）。继承连接是构式网络的一个重要组成部分。继承关系受到分类层级因素的制约，这涉及构式多个维度的范畴化。构式中的继承关系可以概括如下：

　　　　构式形成一个网络并且通过继承关系进行连接。继承关系可以促发特定构式的许多特征。继承关系既有助于我们概括出构式间连接的规律，同时也有助于我们掌握特殊构式的特点（Goldberg，1995：67）。

　　当然，说话人不一定要了解构式的起源，他们只是运用每个构式的形式和意义的特征来建立新的连接。说话人从这些特征中把握构式之间存在的某种关系。例如，"工匠"原指专门从事手工业生产的工人，它的下位范畴包括木匠、石匠、泥水匠、铁匠、铜匠、银匠等。"工匠"还指具有某一方面熟练技能的手艺人，其能专注、踏实地做好每一件物品，具有坚持不懈、顽强奋斗的精神。李克强总理在 2016 年政府工作报告中强调的"工匠精神"就是指中国制造精雕细琢、精益求精、追求完美的精神理念。

　　构式化的继承性说明构式之间的部分关系可以是任意的，也可以是可预测的。继承性也存在不对称性。如果构式 A 继承构式 B，当且仅当构式 B 继承构式 A 的某些特征，这就实现了构式网络的允准作用。构式演化的发生，尤其是构式化以渐变群的方式发生，表明构式之间的继承连接只是演化过程中的一种附带现象。新构式一旦进入构式网络，就会被允准为构式家族的一员。其他已存在的构式激活进入构式网络的新构式，并建立起相互之间的继承关系。因此，我们可以做出可行的推论：历时上毫不相关的构式可以在形式和意义上参与到已有的构式网络中。继承连接同样可以解释构式之间的共时关系，它可以描写说话人以某种概括性的手段来识别自己的语言。说话人可以通过部分性连接和隐喻性连接的认知手段构建新的表达式。当新构式涌现时，它们将继续重建构式网络的继承关系，允许说话人在他们所使用的构式基础上建构出新构式。

3.2.6.3　构式化的渐变性和瞬时性

构式化的渐变性指的是构式化过程中新构式表现出的非离散性，即一个构式 C 由意义 X 演化为意义 Y，我们可以找出一个既有意义 X 又有意义 Y 的构式演化的中间阶段（即 X—X/Y—Y）。构式会在整个构式网络中扩散或传播，从历时维度上产生新的形式和意义，所以从这个角度看构式化具有渐变性。Traugott 和 Trousdale（2010）认为，渐变性体现在语言系统离散结构的微观变化和微观梯度的扩展上，在共时层面上表现出极其细微的变异性和梯度性。这就意味着，随着时间的推移，不同维度的构式变化会进一步产生构式系统的梯度性。所以我们可以得知，从历时维度来看渐变性是离散的，而从共时维度来看渐变性是连续的。但构式化的微观变化并不是处于连续的、渐变的单向演化路径之中，而是表现为构式网络节点中某个节点的某些特征与另一节点的某些特征紧密相连。

构式化同样表现出特定的瞬时性。无论是从宏观层面还是从微观层面看，构式演化在构式网络连接的多个方向都表现出明显的瞬时性。如何定义构式演化的渐变性和瞬时性已成为历时构式语法探讨的议题之一。构式经历连续的图式性演化，我们就会很容易识别出它的渐变性。然而，构式的瞬时性不是一系列构式演化的结果，而且通常以单独的构式涌现出来，所以我们可以运用构式网络连接的方法进行判定。这种瞬时性较常体现在词汇的微观构式化中，如说话人通常通过借词、词类转化、词类创新等手段产生新的表达式，而这种表达式通常都是突变的结果。例如，"纸老虎"本义指纸扎的老虎，因为纸扎的老虎只会吓唬人，而不会吃人，而且容易被戳破，所以说话人创新使用"纸老虎"喻指那些看起来强大而实际上虚弱无力的人或团体。

　　从宏观层面来看，突变性会触发构式化的瞬时性。这种观点在语法化研究中受到广泛讨论，于是普遍认为说话人的重新分析导致了突变性。Haspelmath（1998）认为，重新分析是游离于语法化之外的，并且只有部分是突变的。Lehmann（2004）指出，重新分析与语法化的不同之处在于重新分析要经过两步认知处理过程，具有突变性特征。Lightfoot（1979）认为，微观层面的不断累积、突变的结果是产生形态－句法的宏观演化。例如，"洪荒"原指混沌、蒙昧的状态。2016年，中国游泳选手傅园慧晋级仰泳决赛后接受采访时使用的"洪荒之力"快速走红网络。"洪荒之力"喻指天地初开之时足以毁灭世界的力量，它具有瞬时涌现的特征。构式化的瞬时性涉及说话人的重新分析，会引起构式在微观层面的演化。这种微观演化可以产生构式网络的新节点，即出现"新形式－新意义"的构式。有时候微观构式化的累积也会导致宏观维度的构式化，这具有瞬时性。

3.2.6.4　构式化的创新性和扩散性

　　构式创新和演化的原因，除了构式系统自身相互适应之外，主要是说话人和听话人对构式结构的产出和认知加工。说话人产出一个结构，听话人会对该结构进行认知加工。话语双方对该结构的产出和认知加工会建立起某种新的连接，使该结构的形式和意义重塑新的节点，这为构式的进一步演化寻找到新的轨迹。构式创新之后持续发生的规约化演化，只是影响到构式网络中现有节点的形式或意义。真正的构式化会引起构式网络中新规约化类型节点的产生和变化。说话人和听话人建立新的节点和关系是构式创新的核心。说话人和听话人对构式进行创新的步骤大致如下（Traugott & Trousdale，2013：91-92）。

　　第一，听话人识解并在某种程度上分析某个结构，但是听话人的识解与结构本身存在不匹配现象。所以在这一过程中，会产生与说话人分析节点不同的语义特征。

　　第二，听话人在此结构和构式网络中不同部分之间建立起新的细微连接，并依据这个新连接重新使用此结构。此阶段因为没有构式规约化的使用，所以并没有新微观构式的出现。

第三，规约化产生的原因极有可能是另一个听话人也经历了类似过程。这一过程通常包括三个阶段：第一，听话人不能将一个结构可诱发的推论与构式网络中已存在的构式语义相联系；第二，听话人倾向于在特定的分布区位使用此结构的部分语义；第三，听话人重复一个结构的部分语义作为语块。重复该结构产生新的联想意义，进一步使许多说话人都惯例地在原有构式的形式和新分析出来的意义之间使用规约化的关系。这就引起了原有构式和新结构之间在形态-句法上的不匹配。

第四，构式化发生在当且仅当形态-句法和语义的新分析出现在多数说话人共享的规约化语境中之时，一个新规约化的符号单位产生，才会有新类型节点的建立。

构式化的创新性在于建构构式新的表达式。它主要在通过修辞构式和语言单位来适应新的构式语境时产生构式形式和意义的变化，进而实现构式的激活和创新。此外，它的创新性还在于听话人有意识地违背规约的构式表达式以及直接继承和扩散一个完全允准的构式表达式。

构式的扩散性触发构式化。我们主要采用 Hudson（2010）的扩散激活（spreading activation）模式来阐释构式的扩散引发不同程度的构式变化，因为它除了在特定事件中同时激活相关节点，还包括个人知识的使用、发展和创新。然而，扩散激活是社区网络共享的一个典型特性，也是语言心理表征的一个连接过程。这一过程包括说话人的口误、首音误置以及言语误用等现象。它们在一定程度上会引起构式内部结构表达式的变化和构式组合关系的扩散激活。例如，广西壮语里面的发音没有翘舌音和送气音，因为大多数人很难发出送气音和翘舌音，进而把 z、zh、c、ch、s、sh 这几个音全都读成 sh，g 和 k 读成 g，q 读成 j，d 和 t 读成 d。网络流行语"蓝瘦，香菇"产生的构式化源于南宁普通话在表达"难受，想哭"时调子的变化，也是一种组合关系的扩散。

扩散激活实际上是构式表达的一种创新，但是说话人的口误、首音误置以及言语误用并不是构式发生变化的原因。构式发生定向性变化的原因在于语言本身在扩散激活的作用下具有复制的功能。构式在整个构式网络中紧密联系、互相扩散激活。一个构式的节点被高频率激活时，它在将来的事件表征中更加容易被激活。对构式习得和构式重构来说，扩散激活是最主要的。说话人只有不断地习得和重构自己的语言，才能从大量的构式实例中概括出新的表达式并掌握这些实例总体触发演化的特征。说话人除了对构式进行创新和扩散激活之外，还会遗忘已存在的构式。构式遗忘的原因是构式激活不足，即使用的频率降低导致构式固化程度下降，也就是构式网络中的节点出现的频率越低，它在后来时间被激活的可能性就越小。一个节点不能被扩散激活，它就会逐渐被淘汰，不再具有允准较多具体构式实例的功能。

构式的创新和扩散激活是相互联系的，因为它们为构式网络中节点的建构提供了动力，为构式从已知的形式中构建出更多未知的意义找到了新的动力。说话人通过构式的创新和扩散激活，在形式和意义之间建立起新的联系，而这些新的联系在某种程度上形成了构式化。构式的创新和扩散激活很好地阐释了构式演化过程的梯度性和渐变性以及构式表征是离散的同时也是连续的等特征。一个构式在共时维度上被扩散激活或创新，主要受到语用、语义、形态-句法或音韵等因素诱发，也与其他构式的特征相关联。这些因素几乎把构式的创新和扩散激活囊括为构式范畴的离散性、构式边界的模糊性和构式的梯度性。

构式的扩散激活和创新是由交际者的交际意图驱动的，它本身就是一种合作性和意向性的活动。说话人不仅能运用不同的认知方式选择或储存记忆中的语言形式，还可以采用类比或新分析的认知机制产生新的形式或意义。这也可以从语言能产性的角度进行阐释，因为说话人能够根据语言结构表达的维度在一定范围内进行扩散激活，并创新使用先前已建立起来的语言形式。语言的能产性在很大程度上增加了说话人表达特定交际意图的选择性。说话人可以用不同的语言表达式对同一个意义进行多维表征，这时说话人就必须做出选择，也就是说，他们必须决定如何表达特定的意图或意义。然而，这并不意味着他们会有意识地考虑各种选择，然后做出深思熟虑的决定。虽然在某些情况下，尤其是在写作中，语言的使用是以这种方式进行的，但说话人在自发的对话中所做的决定往往是程序化和无意识的。尽管如此，考虑到表达特定的交际意图总是有不同的方式，我们会说，语言的产生涉及一个（无意识的）决策过程，它涉及在特定情况下选择语言手段的问题。和说话人一样，听话人也必须做出决定。每一个单词和每一个结构都有多种解释，这取决于语境和听话人的知识。语言决定过程是理解语法、用法和认知之间关系的关键。一个语言使用者的语言选择是由来自三个一般域的竞争认知过程所驱动的，这三个领域分别是社会认知域、概念化以及记忆加工。这些相互竞争的认知过程影响着在线的语言决定行为，且由于重复的决定具有自主性倾向，它们对语言的历时发展和习得也有长期的影响。如果想要了解语法是如何受使用的影响而形成的，我们必须研究语言使用的认知过程及其对语言发展的影响。语言的使用和发展不仅受到认知过程的影响，而且受到社会因素的影响。

3.2.7　基于使用的构式化研究的新发展

基于使用的构式化研究强调新构式在使用过程中的动态浮现。近年来构式化研究不仅关注构式本体的演化，同时涵盖影响构式演化的各类关键因素，并且融合多学科、多领域的研究话题。

3.2.7.1　基于使用的构式化研究的新动态

构式化倡导基于使用的模型（usage-based model），强调构式演化的动态性，兼顾构式形式和意义的变化（Traugott & Trousdale，2013），探究新构式产生的路径以及构式网络中节点和连接（link）的演化（Flach，2020；Hilpert，2021）。相关研究（如 De Smet et al.，2018；Diessel，2023；Goldberg，2019）重视构式的使用频率和社会因素，重在解决构式搭配偏好的转移以及构式竞争等问题，运用多种实证方法分析构式的演化过程。目前，构式化研究强调构式网络模型的构建，探讨复杂因素下构式的演化及其与不同学科的融合与互动，然而其中一些问题并未得到解决，如构式化具体过程的阐释与构式网络内部结构的描写等。当前研究的新动态主要体现在研究理念、研究内容和研究方法三方面的完善与创新上。

首先，构式化研究拥有新的研究理念。"基于使用的模型"由 Langacker（1987）提出，认为构式知识的形成源于使用。语言结构是在人们的生活经验、社会互动和认知加工过程中交互浮现的（Beckner et al.，2009）。一方面，构式化研究强调语言体验影响构式表征，新构式的创造与人们的语言生活体验息息相关（Langacker，1987；Schmid，2020）。构式化由既定认知规则支配，但也会伴随重新创造的认知过程发生不同维度的变化。另一方面，新构式浮现不仅与构式使用有关，也是人们对社会交际因素识解的结果（Traugott & Trousdale，2013）。基于此，构式使用影响构式在不同维度上发生演化，其中构式的渐变性、继承性、梯度性、图式性和模糊性等话题备受关注，深入探究这些议题推动着构式化在多个层面的发展。构式化研究融合历史语言学、认知语言学和多模态符号学的核心思想，主要探讨构式在实际使用中的发展历程（Noël，2007），其最终目标是揭示构式"形式–意义"的演化路径、图式构式多维演化的动因以及构式化机制发生的规律。构式演化是一个自下而上的渐变过程，类比化、范畴化、图式化等认知机制在该过程中均起到重要作用（Smirnova & Sommerer，2020）。当前，构式化研究的维度得以不断拓展。构式化涵盖语法化与词汇化，需要整体地看待语言的演化（文旭、杨旭，2016）。当前，构式化研究进一步与其他学科协同互动，探寻新的研究交叉点，如心理语言学、神经语言学和语言类型学等。早期的构式语法研究主要应用于语言习得和教学方面，目前正向自然语言处理、辞书编纂、翻译研究等领域延伸。例如，在计算语言学领域，计算构式语法（Computational Construction Grammar）主要基于构式网络对语言进行形式化的分析，该思路有助于自然语言模型的优化和应用（Van Eecke & Beuls，2018）。

其次，构式化研究内容的新转向。近年来，基于使用的构式化研究进一步发展，从多角度分析和探究各类因素对构式演化的影响，这助推构式化的研究内容呈现两大新的转向。

第一，社会转向。早期的构式语法研究在一定程度上忽视了社会因素，对语言认知心理的关注多于社会互动。当前，构式化研究注意到社会因素对构式演化的影响，在重视语言本体研究的同时，也注重社会因素的阐释。其典型的思路是将实际话语、社会文化、交际语境等因素纳入构式化理论的构建之中（文旭，2019），Schmid（2015）提出固化-规约化模型（Entrenchment and Conventionalization Model），旨在探究语言认知心理与社会因素的影响和联系。同时，相关研究将社会交际中的多模态构式纳入构式语法的研究范围（Cienki，2017），并从语言群体与社会互动方面探究构式差异形成的动因（Dąbrowska，2020）。

第二，实证转向。基于使用的构式化研究将内省思辨与语言实际使用数据相结合，呈现实证转向的趋势。基于使用的构式化研究的实证分析离不开语料库数据，学界以此为基础进行了量化研究（Langacker，2016；文旭、屈宇昕，2022）。构式化研究倡导在真实语料中归纳语言使用的规律和制约机制，因此真实交际场景中的语言演化成为其研究对象，这为基于使用的模型提供了诸多证据。构式化框架下的语言演化研究重点关注构式的使用频率、能产性及搭配转移等内容，因此，充足、互补的语料是进行构式化研究的前提，各类参数和频率成为构式化研究中定量分析的着眼点。当前，构式化研究拓展到自然语言处理，聚焦构式网络表征、构式竞争等方面的实证研究。例如，流变构式语法（Fluid Construction Grammar）对构式演化假设进行计算和量化评估（Steels，2017）。

最后，构式化研究方法的独特性。基于各类语料库数据，构式化研究出现更多独特的研究方法，诸如构式搭配分析法与分布语义法，强调结合语言使用的实际数据进行实证分析，构式使用频率与搭配转移等方面的内容得到深入探讨。

第一，构式搭配分析法。该方法可以用于测量词素与构式间的相互吸引（Stefanowitsch & Gries，2003），通过计算构式间的搭配强度，分析词项与构式之间的类连接（colligation）。同时，该方法可以分析构式搭配偏好的变化。在构式历时研究中，构式搭配偏好的变化可充分、准确地反映构式义的演化路径。随着时间的推移，语法构式的搭配会有所扩展，其词义范围会进一步扩大。同时，若构式的语法化路径不同，则构式搭配偏好的转移路径也会不同（Hilpert，2021）。

第二，分布语义法。该方法由向量空间模型（Vector Space Model）实现（Lenci，2008），用于量化和分类构式语义的相似性。两个词的语义越相似，其分布的相似性越大，因此会倾向于出现在相似的语境中（Miller & Charles，1991）。向量空间模型由数据驱动，其语义信息来自词汇在语境中的实际使用方式，并不依靠人们的语义直觉，因此比内省数据更加客观。尽管分布语义法忽略了使用频率，但它能更清晰地呈现语义变化的路径，其语义表征较强，可覆盖语义分析的各个方面（Perek & Hilpert，2017）。

3.2.7.2　基于使用的构式化研究的核心话题

一是构式固化与规约化的话题。

构式经过不断重复使用会逐渐固化与规约化（Bybee，2010），固化与规约化过程相互关联和影响。固化与规约化模型关注个体的言语行为与语言系统演化之间的关系，强调语言使用、固化和规约化之间的互动以及三者共同作用于语言系统的动态演化（Schmid，2020）。

构式化的产生包含语言知识的固化和语言结构的规约化两大因素，且语言知识需作为"形式-意义"配对单位固化于说话人心智中。固化属于认知过程，包括联想、惯例化（routinization）和图式化（Schmid，2015）。构式的重复使用对其固化程度有较大影响，即构式的使用频率越高，则固化程度就越高，最终才有可能成为固定的语言单位（Langacker，1987）。同时，构式的固化程度越高，则越有可能被重复使用（Schmid，2015）。

就规约化而言，构式知识在本质上是规约化的，具有动态浮现性。随着使用频率的增加，构式会在言语社区中进一步传播从而实现规约化。规约化是社会语用的过程，该过程主要包括构式在言语社区中的创新、互适（co-adaptation）、传播与规范化，受到社交网络、交际场景、交际参与者社会地位等因素的影响（Schmid，2015）。创新是规约化过程的起点，该过程具有改变语言的优势。创新的表达式必须经过复制与传播才能成为社会交际中固化和规约化的构式（Traugott & Trousdale，2013）。

二是构式网络表征的话题。

语言知识均被存储在网络层级结构的"构式库"中（Goldberg，2003）。构式网络由连接和节点构成，节点由多个连接相交而成，因而构式演化涉及构式网络中的节点以及节点之间连接的变化。所有类型的语言变化都可以被概念化为构式网络变化（Smirnova & Sommerer，2020），构式网络模型可以更明晰地呈现语言的动态发展过程。在构式化过程中，构式网络会逐渐形成新的节点和连接，这些节点具有新的句法或形态变化，编码新的含义，且伴随图式性、能产性和组构性产生不同程度的变化（Traugott & Trousdale，2013）。

构式网络是一个动态的概念化模型，该网络模型包括形式联想、意义联想、词汇关系、句法关系等（Diessel，2019）。构式通过在横轴和纵轴上的渐变、交错和连接，形成一个立体交叉的网络系统。低层级构式继承高层级构式的特征，这种继承关系被建模为垂直连接。同时，构式网络中还存在水平连接，涉及相同抽象层级的构式之间的关系（Diessel，2023）。目前，垂直连接已经得到较为深入的阐释，然而水平连接仍需进一步论证。与垂直连接一样，水平连接也会随着时间的推移丢失或重新出现。相似性和类比机制在构式之间的水平连接和垂直连接中起着关键作用。这些连接类型既能描写构式的共时状态，也能刻画构式历时发展的路径（施春宏，2021）。构式之间连接演化的思路有助于追踪新构式各阶段发展的轨迹（Hoffmann & Trousdale，2022）。

三是构式化前沿假说的话题。

近年来，构式化研究逐渐与其他学科领域交叉和融合，学界据此提出相应的前沿假说，如与心理语言学相结合的不对称启动假说（Jäger & Rosenbach，2008）以及与计算语言学相关的向上强化假说（Hilpert，2015），用以分析构式演化过程中的不对称性与向上激活的现象。

第一，不对称启动假说。心理语言学研究对于解决历史语言学中的一些核心问题具有一定的优势，例如阐释语法化过程中的不可逆现象。Jäger 和 Rosenbach（2008）将心理语言学的启动效应（priming effects）和语言演化研究相联系，提出不对称启动假说，认为语法构式化的语义变化通常是单向的，会从相对较具体的意义变得更加图式化。因此，语言演化过程由不对称心理机制触发的可能性较大。单向性假说是语法化研究中最核心且最具挑战性的假说之一（Börjars & Vincent，2012），驱动语义单向性变化的认知手段为隐喻、转喻和诱发推理（invited inferencing）（Traugott & Dasher，2002）。启动提供一种合理的语言复制机制，是语言进化模型中的"缺失环节"（Jäger & Rosenbach，2008）。作为启动的子类型之一，不对称启动能在一定程度上塑造语言的变化。尽管语义启动效应持续时间很短，但它能改变语言认知的表征方式（Hilpert & Saavedra，2016）。

第二，向上强化假说。该假说由 Hilpert（2015）提出，主要研究构式使用过程中节点如何变得抽象化与图式化。其核心是：在构式的层级网络中，具体的语言使用不仅会激活该构式所在节点的心理表征，同时会引发图式层级所在节点的扩散路径。换言之，当人们听到具体构式时，图式会被激活和强化。向上强化需要满足三个条件：①语言单位包含对整体概括（overarching generalization）的强烈提示（cue）；②构例（construct）的使用频率较低；③构例与已有的整体概括实例存在差异（Hilpert，2021：235）。语言的每一次使用都有可能引发一定程度的向上强化，强化的量取决于提示有效性（cue validity）、频率和凸显性（Hilpert，2021：245）。然而，如果构式高度语法化，向上强化的过程则会停止。从使用角度而言，固化与向上强化存在明显差异。固化指具体语言单位本身表征的使用得到强化，而向上强化关注与具体构式相对应的抽象图式的强化。该假说还涉及构式语法中两个概念之争，即冗余表征（redundant representation）和完全继承（complete inheritance）（Hilpert，2021）。构式继承涉及抽象图式和具体构式之间的关系。从完全继承的观点来看，低层级构式不会冗余地表征被继承的信息，因此信息在最抽象的层级中只存储一次。这也意味着，听话人必须激活相应的层级才能找到该信息。但从冗余表征的角度来看，低层级构式表征能产性较强。

四是关于构式竞争的话题。

基于使用的构式化研究中最新出现的主题是"构式竞争"的隐喻

用法（De Smet et al.，2018）。构式竞争作为语言演变的根源需满足两个先决条件：①参与竞争的构式必须在功能上对等，即两个相互竞争的构式共享同一功能生态位（functional niche）（Lass，1997）；②构式竞争的结果可通过使用频率反映出来，使用频率较低的构式会在竞争中逐渐消亡（Hundt，2014）。Rudnicka（2019）将构式竞争定义为：两种或两种以上的形式因语义扩展覆盖概念空间的重叠区域得以共存，即语义功能的相似性使竞争构式在相同的语篇语境下可以交替使用，然而，随着时间的推移，一种形式以其他形式的淘汰为代价得以存续。

构式历时发展过程中会出现新变体，导致构式的多样化并形成构式竞争。根据以连接为中心（link-centered）的观点，构式的竞争过程需要通过构式网络的连接演化来分析。构式竞争包括三个过程：替代（substitution）、吸引（attraction）及分化（differentiation）（De Smet et al.，2018）。

De Smet 等（2018）详细研究了构式竞争的形式及动因，提出以"竞争"来描述功能相似形式之间的关联，并关注其历时性发展。通常竞争会出现两种结果：一种构式在竞争中完全胜出，从而替代另一构式；抑或参与竞争的构式在功能空间中都有各自独特的生态位，即竞争构式间产生一种新的共存模式使其达到平衡并实现共存（Lotte & Klaus，2020）。前者被称为替代（Eva，2019），后者被称为分化。这两种形式的相同之处是形式-功能配对都以功能重叠范围缩小的方式进行重组；不同之处在于替代强调特定形式-意义配对的流失，而分化则需要现有形式配备新的功能。

然而，随着时间的推移，如果只有一种形式留存下来，则会发生替代，该过程通常和社会因素相关（Hilpert，2021）。例如，to begin 后通常加 V-ing 形式，而 beginning 后通常为 to 不定式，此时二者之间发生替代。这种情况可以由恐怖等同效应（horror aequi effect）来解释，即说话人避免在同一个句子中连续使用两个相同的构式。构式分化意味着两个构式逐渐形成差异，例如"start to V"构式与"start V-ing"构式均可以与施事主语连用，而在 20 世纪 90 年代后，"start to V"构式更多地与非施事主语连用（De Smet et al.，2018）。若说话人需要表达两个竞争形式中非重叠部分的意义，则必须在两者间做出选择。因此，竞争形式与重叠意义之间的连接强度会减弱，从而形成语义分化。在分化过程中，竞争形式中相同的意义逐渐形成差异，两个构式之间的分化会随时间变化达到最大化，最终形成特定的构式义（Mondorf，2010）。

竞争构式的功能重叠范围不断缩小的观点根植于结构主义中"一个表达式的功能是被动由其他表达式定义的"（De Saussure，1959）以及功能主义中"语言是一个功能选择系统"（Halliday，1994）的说法。这一思维模式在语言演变研究中已得到广泛讨论，Gentens 和 Rudanko（2019）指出，构式分化具体表现为竞争构式各自分布在不同的功能领域，逐渐形成差异即功能专门化、具体化。例如，西班牙语中动词"haber"和"tener"起初与"have"同义，被用作所属动词和完成时助词。从 15 世纪开始，两个词在不同的使用语境中展开竞争，在竞争过程中，tener 占据所属动词的用法，丢失了与及物性动词搭配使用的机会，进而促成了 haber 作为唯一完成时助词的专门化使用。

语言发展趋于同构（isomorphism），同构是语言演变的另一驱动力，意为一种功能对应一种语言形式。不同语言形式因功能多样化而得以并存（De Smet et al.，2018）。除此之外，简单竞争模型（Simple Competition Model）和扩展竞争模型（Extended Competition Model）都对基于同构原理的语言演变问题做出解释：社会意义较强、社会声望更高或与功能紧密贴合的形式会替代其他形式，继续留存；MacWhinney（2014）通过对多种语言内部动机的分析，发现不同语言形式具有各自的使用情境，功能动机的差异使相互竞争的形式形成语义分化，得以并存。但这两种模型也存在以下局限。

首先，简单竞争模型认为功能重叠现象普遍存在，具有历时性和相对稳定性，凸显语言容忍一定功能冗余的合理性。事实上，形式-功能不是一对一，而是多对多的结构关系，单一语言形式具有多种功能，同一功能也可由多种语言形式实现，这种多对多的映射关系需要援引功能动机做出概述（Van de Velde，2014）。其次，简单竞争模型未能说明功能重叠是如何产生的，也无法对涌现的或存续的功能重叠做出详细解释。最后，简单竞争模型与扩展竞争模型都无法预测历时发展的分化现象。

为了解决以上问题，De Smet 等（2018）提出一种不同于竞争的方式来识解功能相似表达之间的关系。其认为功能重叠的两个构式在类比机制的驱动下会变得愈加相似进而彼此吸引，这就是构式吸引。作为类比的结果，构式间不断交换特征，从而使构式义变得更加相似。构式竞争以语言变异论为前提，三种竞争形式均蕴含隐喻义。功能相似的构式之所以意义上不完全相同，是因为它们依附于由形式相似和语义相关的构式组成的不同网络，即具有不同的构式家族（Traugott & Trousdale，2013）。这为构式竞争中的功能分化提供了解释，也说明了较大构式家族内部的演变使功能重叠构式的形式-意义配对关系被不断组构与重构。构式吸引使两个形式变得更加相似。例如，Hilpert（2013）发现，让步插入语 although 与 though 在 19 世纪具有不同的句法形式，然而随着时间的推移，二者的句法偏好逐渐趋同，其功能重叠范围不断扩大。构式吸引反映出相似构式在演化过程中的影响和联系。当然这离不开类比机制，类比在构式网络中塑造构式间竞争形式的变化。作为类比的结果，竞争形式通常表现为吸引，以此来维持和增强构式义的相似性。

关于功能相似表达之间的关系，可从两者之间的角逐转而聚焦其所组成的构式网络，由此弥补竞争在阐释功能重叠的生成机制或形式-功能重组方式时的缺陷。构式网络中节点、节点之间的连接、家族成员之间的距离、族群特征和构式固化等关键概念为竞争形式的历时性发展做出综合性概述。Sommerer 和 Smirnova（2020）探讨了古英语 POSS DEM 构式的消亡。通过文献研究发现，古英语中指示词和所有格并存于一个 NP 中（如 his that neighbor）的现象十分普遍，两者在网络中得到相同允准，具有各自的网络空间，从而得以并存。然而，当新的抽象程序节点（语法构式化）（grammatical constructionalization）出现后，其构式家族逐渐被边缘化甚至消亡，节点外部、节点垂直连接和水平连接的重组使节点之间不断竞争，从而导致构式网络中一个或多个节点的消失。通过类比机制和外部连接节点的重构，新兴构式在构式网络中获得节点位置，并建立新的垂直连接，替代已有构式。虽然 POSS DEM 构式家族的 4 种不同模式具有形式相似和语义相关的特征，但频率效应和认知因素（如固化程度和类比思维）的差异促使 POSS DEM 构式网络节点消失。

然而，如果两个功能相似的表达式得到大致相同的允准，则二者可以继续并存，而不会出现竞争问题（De Smet et al.，2018：230）。语言系统是流变的并具有一定的容忍度，一个构式在竞争中的取胜并不会引起相关构式的消失（Hilpert，2021）。因此，在未来构式竞争研究中还需进一步探讨在交互连接的构式网络中特定构式的演化究竟会以何种方式影响相关构式，以及构式的具体演化路径问题。

构式连接和构式竞争是分析功能相似构式历时演化的决定因素。作为功能相似构式历时演化的结果，替代、分化和吸引之间相互渗透、相互影响。替代以吸引为前提，是构式间的一种选择，本质上涉及形式的使用频率，具有相对稳定性；然而，吸引和分化是形式功能特征的影响因素。功能重叠构式之间的相似性与类比一致可以创造吸引产生的条件。吸引与固化程度相关，固化程度低的构式，吸引因子较弱（De Smet，2016），另外，结构差异也会改变功能相似构式的加工方式和映射关系（Reinöhl & Himmelmann，2017）；与吸引不同，分化不是功能重叠构式预测的结果，虽然两者相互对立、相互排斥，但都可以与替代共现。

就替代和吸引的关系而言，起初特定语境下使用频率较高的构式取胜，替代已有构式。然而随着时间的推移，两者之间的功能重叠范围越来越大，从替代演变为吸引。例如，begin 通常与 to 不定式连用，但 19 世纪以来，受施事主语、语义的限制，begin 后通常加 -ing 分句，随着后者使用频率的增加，两者之间发生替代。到了 20 世纪，begin 后加 -ing 分句在非施事主语的语境中得到允准，同时 begin 与 to 不定式连用更多地出现在施事主语的语境中，两者开始交替使用，意味着"begin+ -ing-clause"和"begin+to-infinitive"两个构式变得更加相似，从替代转向吸引（De Smet et al.，2018）。

与构式吸引不同的是，构式分化观点认为功能相似构式表现出所属构式家族的特征，是构式继承的产物。历时分化的生成动因可由锚固力（anchoring force）来解释。例如荷兰语"ver van"和"verre van"起初为形容词/副词"ver（re）far"与介词"van from"的组合，这两种变体形式都标示两个实体间的空间关系。随后在 Van Goethem 等（2018）的研究中逐渐从空间意义延伸出程度修饰语的用法。虽然语义的变化伴随句法的相应调整，但两者在用法上始终未做出区分。随后 verre van 构式家族之间的连接度减弱导致内部组构性发生变化，加之受语法化的影响，其被专门用作程度修饰语，从而失去了在空间关系中的使用；然而 ver van 保持锚定在副词 ver 上，一直没有偏离空间意义的用法（De Smet et al.，2018）。在分化过程中，两者的构式义逐渐形成差异。

目前对构式竞争形式的研究中占比较高的是构式替代和构式分化研究，而构式吸引在文献中鲜少被提及。在对不定式标记词"to"的习得研究中，Kirjavainen 等（2009）指出构式之间的替换动机是可替代槽位之间存在动作或属性上的语义相似性、词义重叠性以及被取代构式缺乏感知凸显性。Kirjavainen 等（2017）进一步用构式竞争解释"Want-X"和"Want-to"构式中不定式 to 的错误省略。由于两者在输入频率上存在差异性，"Want-to"构式具有较高的例频率，而"Want-X"构式具有较高的类频率，结合 Bybee（2001）的观点"在语言形式竞争中，类频率高的构式比例频率高的构式更容易取胜"，语言学习者认为"to"是"Want-to"构式的零值标句词（null complementizer），从而导致其被错误省略。另外，构式竞争中词汇重叠程度较高的构式具有更强的启动效应，语料库数据研究发现话语启动亦是影响语言产出和错误使用的因素之一。在对功能相似构式的历时演化研究中，Bybee（2015）将构式竞争的维度扩展到形态、句法、语义、风格类似的各个层级，每个层级上功能相似的构式中的一个通过竞争取代其他构式。其认为构式竞争是构式之间的零和博弈，当一个构式被频繁激活时，其他构式就会被压制，具有明显优势的构式日益凸显，而具有劣势的构式逐渐被替代，甚至消亡。消亡构式是构式竞争的典型范例，具有以下三个特征：①时间与使用频率负相关；②分布碎片化——构式对特定体裁和语域的限制；③范例减缩（paradigmatic atrophy）——局限于最初可用的形态形式或句法环境（Rudnicka，2021）。

然而，要是构式竞争中存在可成活（viable）的其他功能，替代未必发生，意味着有各自生态位的构式间也可能实现共存（Bybee，2010）。例如"being to V"构式与"having to V"构式两者之间的竞争并没有导致一方的消亡，而是由功能相似性演变为语义差异性，填补了各自的句法空白（Hundt，2014）。Goldberg（2019）论证了构式创造性、竞争性与部分能产性之间的互动关系：能产性越高的构式竞争性越强，同时构式竞争也推动构式的不断创新。其还认为，构式竞争的基本内涵是拥有类似功能的构式在一定时期内共存，呈现出逐渐分化或者一方取代另一方的发展趋势，共时条件下表现为在相同的功能环境中两个构式都被激活。尽管存在细微差异，但受记忆和例频率的制约，相互竞争的构式都有可能占据局部优势。

陈禹（2018）认为构式竞争理论可用于解释同形异义构式的历时演化趋势。由于"V好"构式的"完成义"和"完善义"具有高度的句法一致性从而具备竞争条件，作者以信息量、言语行为与语体适切性作为观测点，发现"完善义"的使用频率较高并逐渐固化，在竞争中取得优势。其还将"并不 X"和"又不 X"两个构式放入构式竞争框架之中进行研究，认为在表达事实推理的否定条件时，两者的功能重叠范围较大，可以交替使用。在竞争过程中，两者在否定功能上逐渐出现事态性的分化，"并不 X"否定事态的实然性，而"又不 X"否定事态的应然性，从构式间的吸引逐渐演化为语义分化（陈禹，2021）。再以功能相似的副词"当然"与"自然"的共性与个性入手，陈禹和陈晨（2022）基于构式竞争的视角发现两者在现代汉语中有明确的分工，即各自分布具有独立性。方寅和李萌（2023）通过对"内卷"和"内耗"两个构式的搜索指数的对比分析，总结出言语行为主体的主观性往往造就语言中的主-客分工，并高效填充了汉语体系中的言语交际生态位，构成词义分化与构式分化的重要理据。

综上所述，基于使用的构式化研究中值得注意的是，构式网络的本质属性以及新构式产生路径问题从根本上反映出构式化理论体系的不完善。首先，构式化与构式演化的区分存在模糊性（Flach，2020；Hilpert，2018），其主要原因之一在于学界尚未回答"构式库的内部结构具体是什么"（Lyngfelt，2018）这一最大理论体系的建构问题。其次，鉴于新构式形成过程中的连接演化仍未得到足够的重视（Hilpert，2021），当前已有的实证研究对于新构式产生路径的描写和解释还不够充分。最后，汉语中大量新构式在使用过程中不断浮现，诸多构式的演化机制和发展规律还未得到深入探究。学界对于如何建构汉语构式知识系统、如何概括和习得汉语构式等基本问题尚未形成共识，汉语构式化研究在描写性与解释性方面的不足还难以避免。

基于使用的构式化研究近年来在各方面均有很大突破，诸多语言现象在实证研究中得到深入阐释。然而，仍有较多话题需要进一步探究与明确。基于上述已有研究的不足，未来研究可以着重在理论建构、实证研究与本土化研究三个方面展开。

就理论建构而言，未来研究需要更加聚焦构式化理论的反思与重构，致力于深化、补充和完善既有理论，并在此基础上继续拓展现有研究。具体需要从以下两个方面推进。

第一，未来研究需要进一步关注影响构式化的社会文化因素。语言是一个基于使用的复杂适应性系统（Beckner et al.，2009；Bybee，2010），语言使用影响语言习得、认知机制与演化模式等方面。同时，构式化受到构式使用的驱动，说话人对于构式的选择受到社会动机等竞争因素的影响。因此，未来研究仍需加强对社会认知机制的重视。基于使用的构式化研究离不开对社会因素的分析，为了进一步揭示构式化的本质与动因，仍需深入探讨语言与交际、文化、历史等因素的融合与互动。

第二，未来研究应加强对构式网络中连接的重视。鉴于构式化过程中基于连接的观点更适合模拟构式演化的动态性（Flach，2020；Hilpert，2021），未来研究还需深入阐释以下问题：新构式产生过程中连接的具体演化路径是什么？构式化开始和结束的范围如何界定（Hilpert，2018）？构式经过多少次演化才能形成新的构式（Flach，2020）？对于这些问题的思考和解决不仅有助于推进构式网络模型的完善，也影响着构式化的发展前景。

就计算实现（computational implementation）而言，构式化研究涵盖心理、社会、个人、多模态等复杂因素，基于计算建模的实证研究可以更精确地呈现这些因素与构式本体间的联系和互动。随着计算实现的发展，未来构式化研究还应关注人类智能与人工智能的交互作用。

在实证研究方面，构式化研究需要着重探究如何用实证方法验证相关的理论假说。实证研究依赖实际语言数据，比单一的理论思辨更为科学客观。在未来的构式化研究中，针对特定新构式的产生，应该依靠内省思维构建相应的理论假设，然后参照实际语料采用统计手段对该假说进行检验（Schönefeld，2011）。这些实证研究要求语言研究者根据研究问题使用合适的计算方法，充分解释实证研究中的数据和算法逻辑，合理阐释所得结论。未来的实证研究方法还需进一步创新和精细化，从而更加清晰地呈现构式发展和演化的过程。

就本土化研究而言，对于基于使用的构式化研究，国内相关研究仅聚焦于理论介绍与个案分析，因此本土化研究尚有广阔的发展空间。未来可能的研究重点包括以下四个方面。①立足汉语独特性，基于汉语语言知识及其独特的社会文化背景，构建适用于汉语研究的构式化理论体系。注重描写与解释相结合，探寻汉语构式形成的认知理据。②进一步丰富和深化汉语构式历时研究。具体可以从汉语的使用频率变化、构式搭配偏好变化、构式网络表征等方面进行探讨。③基于社会语言类型学的视角，更多地关注汉语普通话与方言的比较研究，以及将汉语置于世界语言演化的范围内来分析。建立语料多样化的大型汉语历时语料库，从而更全面地揭示汉语构式化的特征。④注重汉语构式的数据统计和计算建模，基于人工智能与大数据对其开展形式化和数字化研究，建设汉语构式知识库，从而推进其在自然语言处理和语言智能领域的应用。

3.3　汉语趋向连动式的构式演化类型

构式的形式-意义或形式-功能的配对体是构式语法的基本原则，并且这种配对体是通过形式和意义表征符号连接进行建构的（Langacker，1987，1991，2008）。构式是"符号连接"的观点在某种意义上与索绪尔宣称的语言是一套符号系统的观点相一致，二者都强调语言的形式和意义之间的对应关系。汉语趋向连动式的研究同样需要考虑形式和意义的配对关系（见图3-7）。

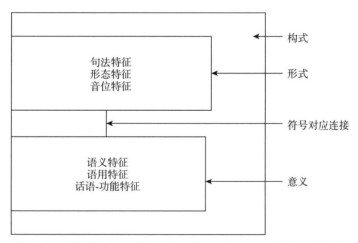

图3-7　汉语趋向连动式的形式、意义以及二者之间的对应关系

构式的语义表征形式是非组构性的，它的整体意义并不是部分意义的简单相加，有可能大于部分意义之和，也有可能小于部分意义之和，甚至会出现与部分意义不匹配的现象。构式语法整体论的思想又强调构式的语义表征形式具有组构性，构式的形式与意义是配对出现的，构式整体意义等于部分意义之和。当出现构式中的形式和意义不匹配时，构式的整体或部分意义会发生变化。所以构式中的形式或意义任何一方发生变化都会引起整个构式的演化。因此，历时构式语法不仅可以用来阐释许多特定构式的表达和习语构式的演化，而且可以用来观察常规构式的演化，如汉语趋向连动式的演化。无论语义上是组构的、非组构的，还是语义上是一般的、特殊的，我们都可以观察这种结构整体上的演化轨迹，如上古汉语中的"走入"发生了构式演化，其句法核心左倾，最终演化为动趋式。但问题是，我们以什么样的标准来判断其演化为动趋式？如果我们承认动趋式中的 V_2 已经演化为 V_1 的补足语，就不能仅凭着 V_2 跟着 V_1 就认为它是动趋式。我们以《史记》中的语料进行说明。

（14）a. 驺忌子曰："谨受令，请谨修法律而督奸吏。"淳于髡说毕，趋出。（《史记·田敬仲完世家》）

　　　b. 李克趋而出，过翟璜之家。翟璜曰："今者闻君召先生而卜相，果谁为之？"（《史记·魏世家》）

（15）a. 其舍人临者，晋人也逐出之；秦人<u>六百石</u>以上夺爵，迁；五百石以下不临，迁，勿夺爵。（《史记·秦始皇本纪》）

　　　b. 项羽出逐义帝彭城，自都之，夺韩王地，并王梁楚，多自予，罪八。（《史记·高祖本纪》）

　　　c. 伍子胥求昭王。既不得，乃掘楚平王墓，出其尸，鞭之三百，然后已。（《史记·伍子胥列传》）

我们无法判断例（14）a 中的"趋出"是动趋式还是连动式，如果认为例（14）b 中的"趋而出"是可行的、合乎语法的，那么例（14）a 中的动词连用更合乎当时语言环境的需要。例（15）a 至例（15）c 同样如此，例（15）a 和例（15）b 的语序相反，说明"逐出"应该是并列式，而不是动趋式；例（15）c 中的"出"是使动用法，仍旧较为普遍地使用，史文磊（2014：348）有类似的论述。

　　构式的演化往往要经历渐变而漫长的过程，尤其是对于缺少显性形态标记的汉语来说，仅从语义上来判断它是连动式还是动趋式，是无法得出准确的答案的。这就促使我们去寻找形式和意义上的标记。此处可以借用英语的不及物动词来说明形式和意义上的标记，例如：

（16）a. Pilots complained. （飞行员刚抱怨了。）

　　　b. The legend left. （那神奇人物离开了。）

c. Miranda cooks.（米兰达常做饭。）

传统的观点认为形式和意义之间的关系在于意义仅来自词汇单位，而不是语法本身，这最终导致人们认为大于词汇单位的意义一定是部分意义的总和。本书通过图 3-8 对其加以说明。

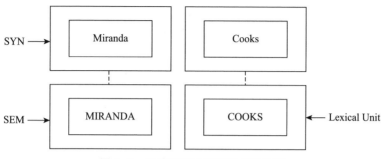

图 3-8　语法和句法中的传统意义观
资料来源：Barðdal（2014）。

图 3-8 中的 SYN 代表的是形式或句法，SEM 代表的是意义或功能。上边两个框的部分用来表征形式，而下边两个框大写的部分表征映射到形式的概念。在 Miranda 与 MIRANDA、Cooks 与 COOKS 间的虚线表征形式和意义之间符号对应的连接。传统的观点与构式语法中形式-意义配对观之比较见图 3-9。

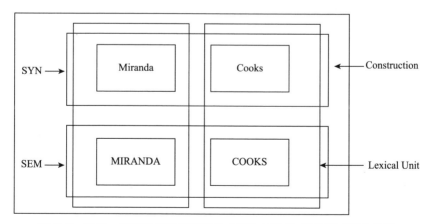

图 3-9　语法、句法传统意义观与构式语法中形式-意义配对观之比较
资料来源：Barðdal（2014）。

构式语法不仅保留了句中两个词项的独立符号单位，还把形式和意义部分各自作为一个整体，这一整体也作为一个符号单位。总之，构式是形式-意义的配对体。我们的研究视角不仅关注形式和意义的演化，而且聚焦于形式和意义之间映射关系的演化。我们把汉语趋向连动式演化归纳为趋向连动式的构式意义演化、趋向连动式的构式形式演化以及趋向连动式的构式形式与意义映射的演化这三种演化方式。

3.3.1 趋向连动式的构式意义演化

总体来说，构式意义演化本身就包含了语义部分的不同种类的演化。我们把这种演化分成构式中特定词语义的演化和整个命题语义的演化这两方面的演化。这种演化通过隐喻和转喻的扩展、语义淡化以及语用推理等方式实现语义演化，遵循了已知的语义演化路径（Hopper & Traugott，2003）。如果一个特定词的意义发生演化，它基本上只是一个构式符号中次单位的演化，对构式较大符号单位的影响不大。相比较而言，整个命题语义的演化要比特定词语义的演化更为显著。新构式源于既有的构式是造成这种差异的最有可能的原因，通常情况下新意义由其组构成分的意义派生出来，它的部分意义的总和是很难预测的。类似的情形在语法化研究中较为普遍，在一个构式语境中，词汇项通过改变它具体指称的语义值来表达更加抽象的语法语义值。除了语义演化之外，信息结构的演化、话语使用引起的演化以及其他语用方面的演化都有可能发生。

从汉语趋向连动式的演化历程可以看出，最初为一个动词实现整体空间语义的表达，然后趋向动词与路径方式融合表达，但是后来语义要素分离出来编码不同的形式，所以汉语演化出 S 型结构。史文磊（2014：363）把这种语义要素的分离分为两种情况：一种是句法核心偏左，其发生在句法性连动式的演化和动趋式类推的作用下，主要信息由 V_1 来承担，V_2 所编码的信息与主要动词分离，导致其结构意义发生变化，从而引起 S 型话语的产生；另一种是运动要素分离，其是方式要素从隐含到呈现这一过程的结果。上古汉语倾向使用单动式表达运动事件，近代汉语常使用 $V_{方式}$ + $V_{路径}$ 的动趋式。这样的演化过程是从话语语境中的隐含要素到以词汇形式呈现的过程，V_2 承担路径的主要信息，实现了 V 型结构向 S 型结构的转型。

3.3.2　趋向连动式的构式形式演化

我们可以通过总体的构式形式来了解形态的演化、音位的演化以及句法的演化等既有构式的演化（Hilpert，2013：13—15）。整体显著性的演化对单个构式的演化几乎不产生任何影响，相比之下，一个更广泛系统的形态变异、一个更大系统的音位或韵律（如历史比较语言学的语音规则）演变以及整个句法演化则有可能影响一组相关构式的演化，而不仅仅局限于单个构式。具体到某一个构式而言，一个滞留成分在形式上音位的压缩体现了其形式的演化，我们可以在语法化过程中判断它已有的成分，因为构式通常被视为一个整体，并且这种共现的成分在使用中通常高度固化（Bybee，2003b）。形式上的简化体现在具有较强能产性的词汇链和具有较多层级的图式构式上。另外一种与形式相关的演化是一组词在搭配受限制之后在形式上产生的涌现或演化，这种形式常常伴有不同范畴构式具有部分能产性的情况。如汉语趋向连动式的构式演化可以从韵律语法方面关注形式的演化。其形式方面的韵律构词法、韵律句法、韵律的制约条件影响了汉语趋向连动式的形式演化。汉语的发展经历了类型学的历时演化，在历时演化过程中，韵律扮演着极为重要的角色。冯胜利（2007）从韵律历史句法学的角度阐释了韵律触发汉语结构在类型学上的历时演化，并总结出人类语言嬗变的新模式（见图 3-10）。

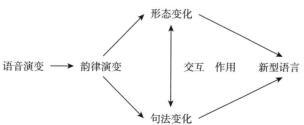

图 3-10　人类语言嬗变的新模式

资料来源：冯胜利（2007）。

冯胜利提出的语言嬗变新模式契合了历时构式语法的思想，他将整个语言嬗变新模式置于相互交互的构式网络体系中。构式是"形式与意义"的结合体，所以构式演化是这一结合体的演化，代表着形式与意义的演化。构式的形式表现为形态、句法、音系和韵律特征。因此，新构式的形式和意义产生、演化的重要因素是韵律。构式演化的过程就是形态和句法相互作用的过程，所以新语言的产生本身就是构式化。

汉语趋向连动式的演化突出地表现在句法方面。梁银峰（2006）认为，上古汉语的趋向连动式在中古时期（六朝至唐代）演化为趋向动补式，其演化的形式主要有单趋式和双趋式。核心谓语变化为次要谓语是汉语趋向连动式发生演化的一个重要条件，即路径动词 V_2 从核心谓语演化为趋向补语。关于这一演化过程，学界说法不一。除了梁银峰（2006）和 Peyraube（2006）的中古说之外，还包括先秦说（何乐士等，1985；柳士镇，1992）、两汉说（魏丽君，1996）、东汉说（魏兆惠，2005）、唐宋说（太田辰夫，1987）等。同时，学界对汉语趋向连动式演化为动补式和状中式也众说纷纭，难达成共识。因此，学界对汉语趋向连动式的形式演化的研究为我们的研究留下了一定的空间，这正是我们从构式形式与意义映射中寻找理据的原因。

3.3.3　趋向连动式的构式形式与意义映射的演化

Croft（2000）认为，形式或意义的演化源自形式和意义之间的映射，而二者之间的映射是重新分析的结果。在多数情况下，意义演化会产生一词多义，而一词多义伴随构式形式和意义的演化，如在构式演化初期，每个形式形成了新意义的同时还保留旧意义，这种形式的演化就包含从同一个形式建构出新的意义再创造出一种新的形式和意义的映射。

这类例子说明在简单的话语使用过程中形式和意义之间的映射发生了演化，其映射关系也随之完全改变，原有的意义就从形式中分离出来。一个形式的使用产生了意义的演化不等于具有了形式和意义的连接。如果原有的形式和意义的连接在一定的语境中继续使用，那么同一个形式在其他具有创新意义的语境中就会形成新的旧形式和创新意义之间的连接。比如汉语中的"V来"构式原意义是说话人所在的地方发生空间位移，但它的形式没有变化，它的意义发生了诸如状态意义和时体意义的变化。

我们借用构式演化方法对构式的形式和意义的连接进行再分析，主要观察形式和意义两方面发生的演化。如果构式的形式和意义都没有发生演化，则其原因在于共时演化存在连接上的程度问题。我们强调的构式演化是动态的、多样性的。一系列旧的形式和意义的连接在构式形式产生新的构式意义时得以保存下来，但是同一个形式是否又与新意义产生新的连接通常不能完全从原有意义的组合中预测出来。如瑞典语中表示将来的构式的发展历程说明，"kommaatt V（come to +V）"在瑞典语的历史中从表示标记的构式演化为完全表达将来的构式，即从旧有的形式中逐渐涌现出一种新的结构，我们将这样的不断发展的构式演化现象称为构式化（Hilpert，2008；Bisang，2010；Traugott & Trousdale，2013；Barðdal et al，2015）。

构式演化研究的出发点是构式的形式和意义，以句法重构为中心，关注构式在历时和共时两个层面的对应。共时研究和历时研究相辅相成，共时的形式和意义的对应和历时的形式和意义的对应间存在巨大的差异性。构式自身存在意义，并且是源自构式中的部分意义，即某些论元结构构式的意义源于示例化动词的意义（Goldberg，1995；Barðdal，2008）。如果论元结构构式具有同源关系，我们就完全有可能重构它们的最初发展阶段。这种重构以示例化的词汇谓语、非同源的同义谓语以及局限于动词词类的词根为基础。Barðdal（2008）认为，论元结构构式扩展到新的动词以及已有的动词体现了类推机制的作用。因此，我们一直探讨的话题是构式演化领域中某一个构式的重构和发展遵循什么样的演化机制，如汉语趋向连动式的构式演化机制是本研究的主要议题之一。魏兆惠（2004）考察了《左传》中趋向连动式的形式和意义的特征，得出这类结构演化形式多样、表达的意义丰富的结论。同原有的趋向连动式相比，趋向动词用于后项的比例大幅增加，动词分布的范围也逐渐扩大，而且位于主要动词后面的部分趋向动词有多种意义。她认为，趋向连动式中部分形式和意义演化的初始条件是形式和意义的变化，进而演化为动趋式。但从《左传》的语料中可以看出，这种条件尚处于不成熟阶段，"动词+趋向动词"这种结构只局限在趋向连动式阶段。但是，我们通过共时层面对现代汉语趋向连动式的研究进行预测发现，沿着早期同源结构的发展，那些紧跟在主要动词后面并且使用频率较高的趋向动词多虚化为趋向补语。

3.4　小结

本章主要介绍了历时构式语法的思想体系和汉语趋向连动式的构式演化类型。构式化研究作为历时构式语法理论体系中历时研究的重要组成部分，彰显了认知语言学的核心思想，即语言是基于使用的一种认知活动，它是认知性和概括性思想的集中体现。构式化研究构建了一个基于使用的构式演化模型，突破了传统语言演化研究中词汇和语法离散的状态，把词汇化、语法化和构式化视为一个连续体，实现了语言演化研究的理论突破和创新，有助于揭示语言演化的规律和共性。构式化研究作为一种新兴的语言演化研究范式，其理论的权威性需要在多种语言的反复检验中加以确证，其研究维度需要在语言的多个层面不断地整合和扩展。构式化研究虽然更加关注某一个结构在历时发展中涌现出新的构式，但是我们研究的焦点不仅包括汉语趋向连动式的历时层面上的演化，而且包括其共时层面演化的显著特征。语言是在人类交流的历史长河中形成的，共时状态的研究可以印证历时演化的轨迹。因此，要了解一个语言结构并对其进行解释，首先必须了解它的历时演化规律（Bybee，2007a：945）。正如 Givón（1979：12）所言，如果不去考察语言历时演化过程，就很难把握共时句法结构的脉搏。总之，语言的共时和历时研究是紧密联系、相辅相成、互相促进的。要研究构式化的特点，就不能忽视对每一个共时系统的描写与解释。只有把共时研究和历时研究结合起来，才能全面、充分地理解掌握构式化的机制和动因。我们以汉语趋向连动式为研究对象，从构式化的研究视角来考察其在共时层面与历时层面的演化特点，同时也兼顾宏观层面与微观层面的差异性。构式化研究视角是从整体演化的角度来审视语言的产生、发展和演化的。为了让构式化的理论系统更具有针对性和可操作性，我们尝试将汉语趋向连动式的构式演化归纳为三种类型：趋向连动式的构式意义演化、趋向连动式的构式形式演化以及趋向连动式的构式形式与意义映射的演化即构式化。我们在历时构式语法框架下的构式化的指引下，把对这三种类型的研究视为本研究的一条主线。

第4章 ▸▸▸
汉语主观趋向连动式的构式化

汉语主观趋向连动式由两个动词构成。前一个动词是表达构式位移方式的空间趋向动词或运动行为动词，后一个动词是表示位移方向与说话人之间关系的主观趋向动词"来/去"（梁银峰，2007：8）。一般情况下，汉语主观趋向连动式组成的构式有以下三种类型。

第一，如果前一个动词为不及物性的空间趋向动词或运动行为动词，后一个动词为不及物性的主观趋向动词，那么两个动词的共同主语则是句首的名词。其统一的构式形式为"V+来/去"，如《史记·刺客列传》中的"鲁句践怒而叱之，荆轲嘿而逃去，遂不复会"，其中"逃"与"去"的共同主语是"荆轲"。在先秦两汉时期这类构式很少带处所词，而魏晋之后通常会带处所词。处所词位于两个动词之后或者之间，如《古小说钩沉·曹毗志怪》中的"后汉明帝时，外国道人入来洛阳时，时有忆方朔言者"。

第二，前一个动词为及物性的运动行为动词，后一个动词为不及物性的主观趋向动词，在两个动词的中间加入受事论元，这种表达式在先秦时期就产生了。出现的受事名词通常担当第一个动词的宾语和第二个动词的主语，其组成构式的形式统一为"V+O+来/去"。如《庄子·杂篇·列御寇》中的"得千金之珠，其父谓其子曰：取石来锻之"。在上古时期，不管有没有出现受事论元，连词"而"都可以放在两个动词之间，这就表明两个动词的句法地位是一样的，它们是独立的。

第三，如果前一个动词是及物性的运动行为动词，后一个动词是及物性的主观趋向动词，那么受事论元通常出现在这种趋向连动式中。两个动词之后通常要带受事论元充当两个动词的宾语，其统一的构式结构为"V+来/去+O"。如《史记·孝武本纪》中的"使卿持节设具而候神人，乃作通天台，置祠具其下，将招来神仙之属"。

据已有文献考证，甲骨文中就已经出现趋向连动式。在现代汉语中，趋向连动式种类较丰富，表达较多样。众多研究者从不同的视角对汉语主观趋向连动式进行了探讨，获得了丰硕的研究成果，并且解决了一些有争议的问题。然而，在历时构式语法视角下对汉语主观趋向连动式的构式形式与意义进行彻底考察的成果并不多。所以，学界不断对汉语主观趋向连动式的形成和演化进行探讨。从认知语言学的角度来看，我们从这些研究中得到了一些启示。我们可以进一步探究汉语主观趋向连动式表达存在的认知理据、人类对世界的认知手段以及趋向连动式形式和意义演化的机制和动因等。因此，主观趋向连动式的构式由来、主观趋向连动式的构式化表征、主观趋向连动式的构式演化以及主观趋向连动式的构式化机制，是本章着重论述的几个方面。总之，本章主要研究的是汉语主观趋向连动式的来源、演化以及影响因素。

4.1　主观趋向连动式的构式由来

王力（1984：53）提出，就句子结构而言，"西洋语言是法治的，中国语言是人治的"。王力为了说明英语和汉语的语言结构的差异性，对两者进行了比较。由于英语比较注重语法结构，有灵活自然的表达形式，他认为英语的语言结构是"法治"的。英语的表达主要是通过多个非限定词描述一个谓语动词表征的事件。相反，汉语的主要目的是表达意义，是一个"人治"的语言系统。中国传统文化中的"天人合一"思想提出人与天的关系是部分与整体的关系，并强调人在认知活动中处于主体地位。汉语事件的表征通常把说话人看作世界的一个部分，建立参照点去认识客观世界，侧重于说话人的主观视角，更加注重人的情感与感受。马庆株（1997）认为，"来"和"去"都与说话人的主观判断和个人认知有关，因此，汉语主观范畴的表达是多样化的，选择用

"来"还是"去"是由说话人对事件的感知决定的。说话人的主观范畴包括其亲眼所见的和亲身感受的，涵盖过去的事件主观性地向说话人的近处或远处移动。因此，只有从人的认知表达入手探究汉语主观趋向连动式，才能弄清构式化及构式意义与形式的形成问题。

在汉语语法系统中，趋向连动式占有重要的地位。趋向连动式中的趋向动词用法灵活多样，不仅具有 V_1 的功能，而且可担当 V_2 的功能。汉语趋向连动式研究主要关注的是趋向动词及其语序的演化（Li & Thompson，1973；Peyraube，1988；Sun，1996；吴福祥，2003；魏兆惠，2004，2005，2008；等等）。魏兆惠（2008：152）认为，就整个构式表达的意义来看，当趋向动词放在 V_1 的位置时，往往表达后者是前者的目的。她举了上古汉语中"来"的例子，认为"来"后面的 V_2 的动作凸显了动作发出者有目的性的行为，这种行为可以进入"来+VP"构式。例如：

（1）臧宾如如齐莅盟，齐闾丘明来莅盟，且逆季姬以归，璧。（《左传·哀公八年》）

例（1）中"莅盟"为来的目的，齐国的闾丘明前来的目的是参与结盟。此外，V_1 是趋向动词，可以把"以"或者"而"放在 V_1 与第二个动词之间，在其他构式中也可以发现类似的语义，例如：

（2）a.（单公子愆期）入以告王，且曰："必杀之！不戚而愿大，视躁而足高。"（《左传·襄公三十年》）

　　b. 皆于农隙以讲事也，三年而治兵，入而振旅，归而饮至。（《左传·隐公五年》）

然而，把趋向动词放在 V_2 的位置，并与前面的动词 V_1 连用时，表达的语义关系是多样的，例如：

（3）当是时，赵别将司马卬方欲渡河入关，沛公乃北攻平阴，绝河津。（《史记·高祖本纪》）

（4）申公亦疾免以归，数年卒。弟子为博士者十余人。（《史记·儒林列传》）

例（3）中两个动词是承接关系，所表征的动作先后发生。例（4）表达因果关系。所以，动词所处的位置不同，表达的意义就会不同。因此，探究汉语趋向连动式就涉及连动式自身的问题和汉语趋向动词的语序和句法演化的问题。本研究以"V来/去"为个案，探讨其在连动式中的使用情况，目的是更好地探寻汉语主观趋向连动式演化的动因。

4.1.1 "V来/去"构式使用的考察

该考察把"语料库在线"中的"来/去"作为研究对象。首先以"来"和"去"分别为检索项，调整为"模糊检索"查询模式，并把检索方式设置为"关键词居中"，进而把各朝代有关"来"和"去"的语料查询出来，并下载①下来，做出频数统计。然后按照时期（上古时期、中古时期和近代时期）把"来"和"去"的语料划分出来并保存到相应的语料子库，再在 Excel 中导入各个时期的语料，运用语料检索软件 BFSU PowerConc 1.0 beta 21c② 中 N-gram list 的功能进行检索，把各个时期频数排名前四的研究文献挑选出来，最后利用人工把主观趋向连动式的构式实例逐条检索出来，从而为获取和探究后续数据提供充分的语料支撑。

上古时期到近代时期使用"来"和"去"的情况是不均等的。"来"的句数为 160744 例，而"去"的句数为 103916 例。"来"和"去"出现的时间和使用情况造成了这种不均等的现象。"来"比"去"出现得早，这与魏兆惠（2004）、崔达送（2005）、梁银峰（2007）等研究的结果相吻合。"来"比"去"的用例多，这主要是因为说话人常以自身为参照点来描述事件。

从上古时期到近代时期，"来"和"去"构式实例不断增加。在一定程度上，语体和文本会影响"来"和"去"构式的使用，但两种构

---

① 由于语料的下载上限为 50000 条，而元明时期"来"的语料共有 60000 条，我们只能下载前 50000 条，其余语料均为全部下载。

② 此语料检索软件是由北京外国语大学语料库语言学研究小组许家金、梁茂成、贾云龙于 2012 年开发的。

式以使用为基础逐渐发展的总趋势是恒定的。

根据连动式的句法和语义特征，"来"在趋向连动式中可以分为两种构式，即前项构式和后项构式。前者主要以"来V"和"来V（O）"两种构式形式出现，而后者主要以"V来（O）"和"V（O）来"两种构式形式呈现。① 按照语料的统计分析，我们主要考察的是后项"V来（O）"和"V（O）来"构式。

4.1.1.1 趋向连动式"V来"构式考察

本研究首先统计了上古时期趋向连动式"V来"构式使用最多的文献，它们分别是《左传》、《汉书》、《史记》和《太平经》，然后把"V来（O）"和"V（O）来"两个构式各自的用例数统计出来。

《左传》中"V来"构式用例最多（115例）。就文本内容而言，"V来（O）"构式的使用频率渐渐增多，构式的能产性也逐渐增强，如产生了"使来""发来""施来"等。"V来"构式用例在《史记》中较少。崔达送（2005）提出，当时的社会状况可以从这种演化中反映出来。秦统一六国，结束了诸侯争霸的局面，伴随这样的社会状况，人们就不再使用一些表征社会变化的构式。本研究认为，一个构式要达到足够的使用频率，才能够固化下来。构式的使用频率往往会影响构式的表征和演化，而且社会和文化因素会制约构式演化。同时，可以把构式复制看作一个可能的重要影响因素。构式的使用频率和复制情况可由下面的例子来反映。

（5）a. 重译款塞，请来献见者，不可胜道。臣下百官力诵圣德。（《史记·太史公自序》）

b. 齐赵来置酒。（《史记·秦始皇本纪》）

其实，西周时期的《诗经》中就已经出现"V来"构式。可能是

---

① 学界对后项的讨论主要围绕趋向连动式向动补式或动趋式演化的问题而展开，争论的焦点在于这些构式是否有语义重心和两个动词的语法地位是否有主次之分，这也是本研究考察后项使用情况的主要原因。前项使用的情况在中古时期和近代时期没有出现句法语义内部较大的演化和句法类型上多样性的演化。因此前项不是本研究的主要对象，但在相关的论述中会有所提及。

因为说话人在自己的语言使用中获取了相似的语言材料，复制出了特定的语言模式，所以这种构式被传承了下来。此外，说话人基于这一模式创造出了新的形式或意义。由于当时社会中语言表达的需要，人们会重组或模仿已有的语言结构，因此使用频率和复制都随之增多，会引起某个构式的能产性增强。例如：

（6）曷至哉？鸡栖于埘，日之夕矣，羊牛下来。（《诗经·君子于役》）

由此可见，在西周时已经产生趋向连动式，它有较强的主观趋向义。例（6）描写了牛羊走下山坡归栏的景象，激发了盼望亲人回家的主观思念之情。人们往往通过时空关系将往事与眼前之事联系起来。

下面探究中古时期趋向连动式"V来"构式的使用情况。这一时期在文献《全唐诗》《全宋词》《资治通鉴》《五灯会元》中趋向连动式"V来"构式最多。

"V来"构式在中古时期进行了渐变的演化。一方面，V或VO与"来"的关系在构式中已经开始松散，使用动词的类型增多。另一方面，"V来（O）"构式的使用频率较高，加强了动词后面跟宾语的能力。因为表达的需要，VO构式中的焦点信息或语义焦点一般为已经发生的事件。例如：

（7）a. 臣以为国家必应存抚，故遣臣来祈哀。（《资治通鉴》卷二百八十七）

b. 十军阿父召我来，乃门而拒之，重为顾公所疑，进退无归矣。（《资治通鉴》卷二百五十七）

例（7）a和例（7）b为了得到焦点信息，由受事宾语显现两个动词所承载的信息结构。在例（7）a中，"遣"和"来"之间是起承的关系，关系不太紧密。例（7）b为了使背景信息完整地表达出来，并让整个语篇信息完整，必须使用"VO"构式中的受事宾语"我"。

从上古时期到中古时期"V来"构式的"V来（O）"和"V（O）来"发生了一定的演化，且还在不断发展。到近代时期，"V来（O）"和"V（O）来"构式有了新的变化，"V（O）来"构式的实例逐渐增多。

在近代时期，"V来"构式产生了明显的变化，主要表现为"V来"构式的使用中处所宾语或受事宾语的数量增加，从而导致"V来"构式出现了不同程度的演化。此外，"V来"构式的形式和意义演化模式是多层级的。

4.1.1.2　趋向连动式"V去"构式考察

虽然上古时期"来"比"去"使用的总数要多，但是"V去"构式比"V来"构式进入趋向连动式的例数要多。在上古时期"V来"构式有367例，而"V去"构式有491例。

在很大程度上，"V去"构式与"V来"构式在上古时期的形式是一致的，"V去"之间也可加入宾语，但"去"一般由连词"而"引出。下面的例（8）和例（9）可以说明。

（8）遂杀幽王骊山下，虏褒姒，尽取周赂而去。于是诸侯乃即申侯而共立故幽王太子宜臼。（《史记·周本纪》）

（9）箕子曰："为人臣谏不听而去，是彰君之恶而自说于民，吾不忍为也。"乃被发详狂而为奴。（《史记·宋微子世家》）

例（8）中"取周赂而去"的含义为抢夺周人的财物然后离开，例（9）中的"为人臣谏不听而去"意为臣子向君王进谏，君王没有理睬，臣子便离他而去。

然而，通过语料可以看到，"V去"构式的表达式有多种，其后可以接宾语，其基本的构式形式为"V去（O）"。例如：

（10）故有大功者赐迁举之，其无功者退去之，或击治。（《太平经》卷九十六）

例（10）中"去"表达"离开"的含义，即对没有功劳的人，取消其职位并让其离开。王力（1980：375）指出，"舍弃原所在地或原所从之人而他徙曰去"中的"去"可以用作及物动词。

到了唐代，人们把"V去"构式看作动趋构式，广泛使用该构式。动词"去"的意义经历了逐渐的虚化演变，这就为趋向连动式向动趋式的转变提供了条件。

在构式使用的例数和构式内部维度方面，中古时期的"Ｖ去"构式发生的变化很大。从进入构式的总例数来看，上古时期"Ｖ去"构式为491例，而中古时期"Ｖ去"构式为3513例。从构式内部维度来看，"Ｖ去（O）"构式跟处所宾语的形式渐渐增多。例如：

(11) a. 蒙氏，秦之大臣、谋士也，而陛下欲一旦弃去之，诛杀忠
臣而立无节行之人……（《资治通鉴》卷七）

b. 色含轻重雾，香引去来风。拂树浓舒碧，萦花薄蔽红。
（李世民《赋得花庭雾》，《全唐诗》卷一）

例（11）a中"蒙氏兄弟"为受事宾语，而例（11）b中"微风"为受事宾语。这一时期的受事宾语或处所宾语有一个共同的特点，即它们常常与前面动词连用表达说话人话语中的意义，这种意义带有说话人的主观性。例（11）a中"陛下却打算一下子就把蒙氏兄弟除掉"，表达陛下的一种内心想法，即让蒙氏兄弟"离去"。例（11）b通过描写"淡淡的清香在微风中飘荡"，展现出唐朝繁荣昌盛的景象，这是李世民自身感受到的。

在近代时期，"Ｖ去"构式中"Ｖ去（O）"和"Ｖ（O）去"的应用产生了新的变化。人们渐渐地开始使用"Ｖ（O）去"构式，Ｖ和"去"不太容易融合，它们中间可以插入处所词，也可以插入其他助词或代词。

这里不再对近代时期的"Ｖ去"构式实例进行解释，而是对"Ｖ来/去"构式大致使用情况进行详细的描述。我们统计分析的主要目的是为主观趋向连动式的认知手段、演化类型和构式化的机制提供前提条件。

总之，进入趋向连动式的"来"和"去"有较强的主观趋向义，但两者的构式形式有细微的区别。带"来"的趋向连动式使用标记连词"而"的情况很少，有较强的语义融合形式。带"去"的趋向连动式常使用标记连词"而"，语义表达较为松散，但同时具有多样性。本书认为，上古时期和中古时期构式中的"而"主要具有允准多种语义关系的作用，而且这些语义关系的功能是多重允准和继承连接。它们不

是由构式中的"而"起决定作用，而是由"而"前后两个构式的成分
关系起决定作用。在句法和语义方面，这些成分关系不断融合，这既是
句法演化的一个重要因素，也是"V 来/去（O）"和"V（O）来/
去"构式内部不断演化的一个原因。句法环境的不断调适造成了它们
的渐变融合，这样的融合为趋向连动式向动补构式和动趋构式的演化创
造了句法上的前提。

4.1.2　"V 来/去"构式句法演化的考察

主观趋向连动式的句法演化有较多类型，其意义也较为复杂。构式
的意义在历时演化的维度上具有多样性特征。下面我们来探究"V 来/
去"构式在历时演化维度上构式形式的演化。

4.1.2.1　"V 来"构式的句法演化

古代汉语和现代汉语中都广泛使用趋向连动式中的"V 来"，它表
示动作主体以水平方向向立足点运动。虽然"V 来"构式的形式单一，
但可以用多种方式表达它的意义，通常此构式的 V 是不及物动词。如
《史记》中的"西周君走来自归"，"走"与"来"是两个主要的动词，
它们在语义上是平等的，但"来"具有较强的动词性。另外，连词可以
放在 V 与"来"的中间，这就让整个构式可以表达空间位置的移动。

在唐代，"V 来"构式在语义上变化较大。"来"的趋向意义较强，
在语义上出现了虚化现象，而且"V 来"构式中带上处所词就构成了
"V+来+处所词"和"V+处所词+来"构式。胡晓慧（2012）认为，把
"V 来"后面的处所词移到 V 与后置成分之间是造成"V 来"构式语义
演变的一个句法因素。她统计分析了唐代之后的主要文献①，发现在唐
五代这一现象就已经出现了。"V+处所词+来"构式使用的范围比"V+
来+处所词"构式更广，有更高的使用频率。到了清代时期，人们基本
上不再使用"V+来+处所词"构式。《红楼梦》中很少使用这种构式，

---

① 胡晓慧（2012）统计的文献是：《敦煌变文集》、《祖堂集》、《朱子语类》、
《五灯会元》、《老乞大谚解》、《金瓶梅》和《红楼梦》。

而《四世同堂》中也仅有 2 例。认为这一构式逐渐消失的还有王国栓，他发现《金瓶梅》中没有出现这类构式（王国栓，2005）。胡晓慧合理地解释了"V+来+处所词"构式逐渐消失的原因。她认为，在这一现象中，"来"不再是一个独立的句法，已经失去句法组构的关键成分。只有重新分析语义和结构，将其演变为"V+处所词"的一个附着成分，才可以形成表趋向意义的构式。

在"V 来"中，当 V 作为及物动词使用时，其具有致使的构式义，表示受事客体受到外力因素的作用，产生了立足点位置的改变。多数情况下其构式表达式为"V+NP₁+来"。在语义上构式中的 V 和"来"有时间先后的关系。胡晓慧（2012：108）把这一构式中的受事客体看作动作的宾语和趋向动词"来"的主语，表示受事客体在致使行为的作用下，出现了"来"的结果，如《诗经》中的"彼留子国，将其来食"，《史记》中的"及赵高已杀二世，使人来，欲约分王关中"。在中古时期，表示致使义的"V 来"常常用在"V+NP₂+来"构式中。胡晓慧（2012：109）把五代的《祖堂集》、宋代的《朱子语类》以及元代的《老乞大谚解》当作主要语料，统计分析出"V+ NP₂+来"和"V+来+ NP₂"的使用情况。结果表明：没有发现"V+来+NP₂"构式的使用实例出现在《祖堂集》、《朱子语类》以及《老乞大谚解》中。相反，"V+ NP₂+来"构式在这三部文献中使用的实例比较常见。大多数"V+ NP₂+来"构式表趋向义，而表空间域引申义的实例比较少。这可以表明"来"依旧是趋向连动式的主要动词，还没有产生构式演化。

到了近代时期，这一构式开始演变，但演变的维度不大。胡晓慧（2012）对《金瓶梅》和《红楼梦》的语料进行了统计，发现"V+NP₂+来"比"V+来+ NP₂"的使用实例多。"V+来+NP₂"在《金瓶梅》中只出现了 2 例，在《红楼梦》中则没有出现。这表明，近代时期仍然以"V+NP₂+来"构式为主，"V+来+NP₂"构式没有被广泛使用，所以"来"的演化程度不高。现代汉语的表达广泛使用"V 来"构式。在"V+来+NP₂"构式中，V 与"来"比较容易融合，"来"已渐变为 V 的附着成分，丧失了句法上的独立性。"V+来+NP₂"构式的演化程度比"V

+NP$_2$+来"高，且中间不可以加入任何成分。"来"的构式义在主观趋向连动式中得到了渐变的扩展，受事客体利用动作实现了向立足点位置的变化，表达了"趋向义"。

4.1.2.2　"V 去"构式的句法演化

"V 去"构式与"V 来"构式的句法演化路径大致相似。此处只描述它大概的演化路径，为下节的构式演化与构式化论述做准备，不再对具体的构式实例进行解释。

趋向连动式的"V+而+去"构式在上古汉语中演变为"V 去"构式。其一，"V 去"构式中产生了处所词，其构式演化路径为"V 去"→"V 去+处所词"→"V+处所词+去"。构式义整合了"去"，变为"V+处所词"构式，表示动作从具体向抽象发生演化。其二，"V 去"构式中带有受事论元（NP$_2$），其构式演化路径为"V 去"→"V+NP$_2$+去"→"V+去+ NP$_2$"。随着"V 去"构式演化程度的增强，"去"在"V 去"构式中已经完全虚化，最终这种构式具有语法标记的功能。

综上所述，"来"和"去"进入连动式与说话人视角上的主观趋向义有紧密的联系。在连动式中"来"和"去"成分的形式和意义不断融合。句法环境不断调适着它们渐变融合的过程，在句法上这种融合的过程为趋向连动式向动补构式和动趋构式的演化创造了条件。由于"V来/去"构式从主观趋向意义向非主观趋向意义的渐变演化，该构式有了语法标记的功能。不管"V 来/去"构式的形式和意义发生怎样的演化，都是说话人赋予了它们在构式上的趋向意义，是说话人的身体结构、空间特性和知觉环境相互影响产生的结果。"V 来"构式表示说话人视角上"靠近"的含义，而"V 去"构式表示说话人视角上的"离去"义。

4.2　主观趋向连动式的构式化表征

人们有多种多样的方式去了解世界。而语言的主要功能是认识事物、表达思想。语言作为主体和客体、思维与世界相互作用的桥梁与纽带，为人类的认知实践活动而服务。人们在与客观世界互动时在思维方式上产生了主观趋向连动式的表达方式和认知手段，如主观趋向动词"来/去"表示发生移动的方向与说话人之间的关系。因此，本节主要研究汉语主观趋向连动式的构式化表征手段，为探讨其构式演化的类型做铺垫。

4.2.1 话语中说话人的参照点

认知语言学的核心范畴是意象图式。人们对世界的感知、体验和观察事物的方式会影响语言的使用和演化，人类主要是通过感知、动觉和意象的方式来认识事物、认识世界的。人类对事件本身和事件之间的关系具有认知能力。人类不仅可以认知基本范畴，也可以对事物之间的关系进行概括、归纳，这就是 Lakoff（1987）提出的意象图式。意象图式是从人类经验中产生的一种认知结构，表达一种抽象关系。人的经验和知识的意象图式是复杂多样的。Lakoff 把意象图式概括为以下几种：部分-整体图式、连接图式、中心-边缘图式、起点-路径-目标图式、上-下图式、前-后图式、线性图式、力图式等。意象图式在人的身体感知与世界互动过程中出现，联系着感知与理性，是人类基本的认知结构。Lakoff（1987）的意象图式强调经验的生理性与空间的基础性，其来源于人的身体经验。意象图式是概念产生之前就已存在的独立概念。意象图式受到人们对形状、移动、空间关系的感知的影响。"起点-路径-目标图式"存在于人类的基本认知结构中，它可以根据说话人所在的位置做出调整，如果物体从一个地点向另外一个地点移动，那么它就会涉及起点、终点和路径（Langacker，1993）。例如：

（12）a. 她挥了挥手，向广场那边走去。

b. 他微笑着向我们走来。

例（12）a 侧重表示位移的起点，而例（12）b 侧重表示位移的终点。在多数情况下，趋向连动式中的"来"表示位移主体向说话人所在的位置靠近，而用"去"则说明位移主体从说话人所在的位置离去。

"来"和"去"与说话人参照点有关，要根据说话人所在位置来判断。选择使用"来"还是"去"主要取决于位移主体是靠近说话人的位置还是远离说话人的位置。

"来"和"去"既与说话人所在位置的参照点有关，还与当事人所在位置、当事人经常参与活动的地方以及既有的背景信息等有关。例如：

（13）当周文王做周族部落酋长的时候，人民都奔来归顺他。

（14）假如我们都不愿意在机关工作，说这些工作与建设社会主义关系很小，都要求到大工厂、大矿山、大农场去工作，并且都希望当技术人员或工程师……

例（13）是以当事人为参照点的，表示视角距离上的靠近；而例（14）以当事人经常出现的活动场所为背景信息，表达视角距离上的远离。

由于能够用多种方式表达参照点和空间指示，趋向连动式中"来/去"的用法存在对称性，构式中出现"来"的时候都会有与之相对应的"去"，例如：

（15）a. 他开着宝马来。

b. 他开着宝马去。

然而，在趋向连动式"V_1+着+来/去+V_2"构式中，假如"来/去"表达抽象的含义且 V_2 可以省略，那么这类构式常用"来"，基本上不用"去"。例如：

（16）a. 要处理好老百姓的上访，这事儿得摸索着来处理。

b. 要处理好老百姓的上访，这事儿得摸索着来。

（17）a. 这项艰巨的任务，我们尝试着去完成。

*b. 这项艰巨的任务，我们尝试着去。

由此可见，趋向连动式中的"来/去"不但表达具体的位移动作，还表达抽象的含义。"来"的抽象意义暗示心理上的主观愿望，构式义演化为抽象动词，如"干""做""办"之类的动词，可以在整个构式中单独承担动作的施行义。而"去"仍停留在具体的位移动作上，在构式匹配中尚未产生泛化的意义。构式图式性的强和弱受到认知目标和参照点的影响。文旭、熊荣敏（2010）认为，人们在观察物体时提出了认知目标和参照点，它们不是物体在客观空间特有的属性。虽然"来/去"的认知目标和参照点是人们认识世界的主观表达，但是当表达认知目标的位移或某一个动作行为的完成时，人们的心理趋向和主观因素在很大程度上制约着这种目标和行为，从而造成"来"比"去"的语义泛化程度高。

4.2.2 事件编码中的时序原则

我们通过语言表征可以知道人类是怎样感知事件的。Pawley（2011：14）总结了对所观察事件的描述，认为事件表征在经验的基础上具有选择性和解释性。事件表征遵循固有的图式体现了其典型性，即运用语言中可匹配的构式类型提供相关的事件。说话人往往用相同的方式表达所观察到的事件，而这种相同的焦点可以凸显某一个事件的特征。通常情况下，我们通过小句的形式描述简单的概念事件。小句中的信息可能涵盖某些语法机制，它用来指示"谁做了什么，用什么方式做以及何时何地做"等一系列问题。这类小句可单独用来描写某个具体行为的过程或状态、参与者起的作用，以及时间和空间的关系等。当然，部分小句可以把某个事件的表征和情态联系起来，用来判断是否做出了某个推断、询问、假设等。然而，争论较多的是连动式中动词编码的事件是单一的还是多重的。Bisang（2009）认为可以通过"单一事件"的标准来判定连动式的事件表征。Aikhenvald 和 Dixon（2006）认为"单一事件"的标准同样会产生其他多重事件，因此，无法用"单一事件"的标准来完成趋向连动式的事件表征，这与 Li 和 Thompson（1981）强调的连动式中的动词可以表征两个或两个以上的核心事件相一致。例如：

（18）a. 买票去看电影。

*b. 看电影去买票。

（19）a. 他买票进去。

b. 他进去买票。

例（18）遵循时序原则，被表征为单一的事件。我们可以理解为先买了票才去看电影，但是我们不能表达为"看了电影再去买票"。例（18）a

是对客观事件的再现，而例（18）b 违背了人们对客观事件的描写原则，即使偶尔也存在先看电影再买票的情况。例（19）也是同样的。例（19）b 中的"进去"和"买票"显现出较强的目的义，即"买票"就是"进去"的目的。而例（19）a 中的"买票"是"进去"的条件，即只有买了票才能进去。因此，我们认为连动式的构式表征手段是多样化的，不只有单一事件这种手段。然而，两个动词之间的顺序和所表达的相应事件有一致的时间顺序。李亚非（2014）认为，连动式具有不可改变的象似性顺序，而这种句法的象似性只在动词之间发生，并且不存在论元关系。当然，连动式表达式的主要原则是时序原则，但我们也需要关注该表达式的形式和意义的组构意义。鉴于此，我们归纳如下。

第一，趋向连动式的一个总体原则是时序原则，在时间轴两端表征出来的构式范畴和构式关系，是基于事件认知的具有经验性、规约化和百科知识性的构式范畴和构式关系。例（18）b 在时间轴两端的"买票"和"看电影"表示两种不同的构式范畴和具有"先—后"顺序的构式意义关系。只有买了票才可以去看电影，人们可以用常识和经验来判断这个认知活动。

第二，时序原则受到构式中语境的制约，主要体现在构式意义的表达方面。语境效应影响构式意义在时序原则中的表达和使用。构式意义产生于语言的使用、认知和体验，而这种使用、认知和体验的方式促使构式意义发生多维度的变化。例（19）a 在一定情境下表达了抽象的构式义，即买了票才可以进去是心理时序的感知活动，而例（19）b 表示具体的构式意义，即"进去"的目的就是"买票"。

（20）a. 我们去江边喝夜啤酒。

b. 喝夜啤酒到江边去。

同样地，例（20）a 的构式语境表达了具体的构式意义，该活动具有先后性，可以把它看作两个事件，而例（20）b 可以看作单一事件，表达心理上的认同或感知活动。

第三，趋向连动式根据时序原则进行构式意义的组合，有单一事件和多重事件。通常用单一事件来描述事件的整体性和完成性，而多重事件通常是说话人集中表达多个事件中的某些片段。例如：

　　（21）a. 我急忙从横七竖八的旅客身上跨了过去，走出礼堂，一直

　　　　　　走到积雪起码有一尺来深的街上。

　　　　　b. 走出了学院的大门，穿过一片森林，他们走到一片豆子

　　　　　　地，还离老远，就清晰地听到有谁在那里"蝈蝈"地唱歌。

例（21）a 和例（21）b 都可描述发生的整个事件，表达的是单一的事件，其构式义为"多个动作紧接着发生的单一事件"。我们也可以把例（21）看作提取多个事件中的某些片段，其构式义为"多个事件中的某些片段的表征"。这表明在同一个构式框架下趋向连动式呈现"多维一体"的事件表征，并遵循时序原则进行语义组构。而这种语义组构性的降低正是趋向连动式的一种简约化表达。

　　汉语趋向连动式的表征作为人类经验结构中的重要组成部分，遵循时序原则并以形式-意义的组构形式在人类的认知活动中存在，成为构式经验范畴中具有组构性规则的经验结构。我们认为该结构具有常识性和经验性，因为它是由多种文化因素积淀而成的构式范畴中的演化产物，也是汉语文化中百科知识体系的结晶。

4.2.3　事件表达中的交互主观性

　　汉语主观趋向连动式表达说话人的主观性和说话人与听话人之间话语事件的交互主观性。"来/去"体现了这一话语事件的交互性。话语事件总会遵循合作原则，该原则会调适话语事件，让其更符合交流的需要，而这种话语的调适集中体现了说话人对听话人的主观性，即交互主观性。说话人在表征位移空间愿望和推断或者质疑位移路径时，通常会采用礼貌原则，因为这样可以起到尊重对方和维护对方面子的作用。说话人的"自我"主观化的烙印会留在话语事件的主观臆测中，而这种主观臆测在很大程度上体现了说话人对听话人的某种认同以及顾及对方对面子或自我形象的关注。吴福祥（2004）认为交互主观性是说话人通过主观性的话语形式表达对听话人的关注，而这种关注的目的在于转向听话人对命题内容的态度，即听话人面子或自我形象的需要。

趋向连动式的位移事件表征与人们认知心理上预期的事件一致，正是因为说话人用位移事件来表达对听话人的关注。郭晓麟（2013）提出说话人对位移事件的交互主观性具有命令、威胁与质疑的作用。例如：

（22）a. 这里没你的事，你进房去吧。

　　　b. 娜烨，我得回家去，你看看你身后的那两辆牛车，我得对它们有个交代。

　　　c. "想回家去。"……"回家去？"阿菊……一脸疑惑地问："你是说，回仙泉？你别傻了。"

在例（22）a 中，说话人认为听话人去完成某项具体事项是有责任和义务的，这在一定程度上损害了听话人的面子。然而，说话人偶尔会用一些委婉的策略来关注听话人的面子，以解决话语中的面子冲突，比如用委婉语气词"吧"来缓和命令口气。在例（22）b 中，说话人的位移愿望没有达到听话人预期的结果。假如位移愿望得以实现，就有可能对听话人的面子有所损害。为了避免损害听话人的面子，说话人通常会通过使用口语词"得"来淡化其主观意图。这一策略让听话人不再那么关注说话人的主观意图，让听话人的面子得以挽回。例（22）c 表达了对预期事件的质疑，当位移意愿超出听话人的预期或期待时，听话人通常会通过反问的语气来确认或质疑。总之，为顾及听话人的面子，说话人常常会间接地表达与对方预期不同的意愿，这正体现了汉语主观趋向连动式的交互主观性功能。

4.2.4　语篇中视点选择的制约条件

主观趋向连动式中的"来"和"去"不仅能反映人类语言的共性，而且能概括汉语的较多个性，因而得到了学界的广泛关注。其研究成果集中体现在说话人与空间位移关系的认知上，并且具有第一人称或第三人称叙事的主观性。也就是说，"来"和"去"构式的主要表达形式受到说话人对物体空间的认知因素的制约。

张言军（2015）认为，人们在语言表达中选择"来"和"去"是具有意向性的，这种表达与说话人的叙事方式有关。篇章话题、段落话题、空间处所以及共现词语等因素制约着第三人称叙事语篇中的"来"和"去"的使用，并且各种制约条件相互联系。刘瑾（2009）认为，时空范畴内的视角主观性有位移模式和距离模式。主观性的表达式是由"来"和"去"按照说话人话语中时间和空间的视角距离原则来构建的。文旭（2007a）认为，语用因素和指示语制约着"来"和"去"的选择。他指出，"来"和"去"有两种语用意义，即典型的和非典型的。"来"和"去"的用法受到说话人、听话人的参照点以及认知主体认知辖域内的因素的影响。总的来说，"来"和"去"一般用叙事的方式表达其构式，并受视角化的影响。吴琼（2006）认为，视角化是一种认知凸显与建构语言表征的过程，它具有交互性和动态性。人们通过视角方式来表征时间、空间以及人或物指称关系的构式化。在构式中，语篇语境也是一种视角表征的手段。我们有必要运用"来"和"去"的例子深化主观视角空间的认知。"来"和"去"的主观空间表现说话人的心理空间。"来"和"去"的视角化与语篇的主体性有紧密的联系。话语中视角化程度越高，则主体性越容易凸显。视点在语篇中呈现出多样性特征，它是动态和静态相结合的。一般情况下，它有显性的主观视角和隐性的主观视角。

为了使听话人了解自己的表达意图，说话人往往在带有"来"和"去"的趋向连动式中采用主观趋向空间的构式表达式，这样就可以凸显自己的视角，有利于听话人按照自己的意愿来认知事物。说话人的视点往往集中在人或物所在的位置和特定处所的位置上。例如：

（23）a. 今天，他对小朋友们和知心姐姐说，长大以后他要骑着马去梅里雪山找爸爸。

b. 一大早，所有的出租车司机都赶来市政府门口讨个公道。

例（23）a 和例（23）b 关注的视角不同，前者叙述人物所在的位置，而后者侧重于描写处所位置。仔细观察就会发现，例（23）a 和例（23）b 中的"来"和"去"是可互换的。因此，以人物所在的位置和处所位置来说明"来"和"去"在语篇中受制约的情况是存在局限性的。

张言军（2015）考察了第三人称的叙事语篇，认为叙事者把篇章

话题作为中心，用叙事人物的位置作为出发点。选择使用"来"和
"去"的条件为：叙事人用空间位移的方式描绘篇章话题，其空间位移
方向为远离叙事人所处的位置，因此，选择"去"是由于叙事人想要
表达主观视角，同时也是话题本身的需要。当叙事人描述人或物的空间
位移时，其通常把篇章话题的位置作为立足点。靠近篇章话题的空间位
移选择"来"比较得体，而远离篇章话题的空间位移选择"去"更合
适。这种空间位移的主观表达是显性的，而叙事人用这一主观视角让空
间位移的动态选择得以实现。突出显性篇章话题的主观视角是一个
"三位一体"的主客体动态交互的视角，其中"三位一体"指的是观察
者、观察对象以及观察路径。观察者作为视角主体，承担发出者的角
色；观察对象是视角客体，起到落脚点的作用；观察路径是空间视角扫
描的一个切面。显性（核心）的人物视角存在于叙事语篇中，基本上
所有的故事情节都是以核心人物为中心而展开的。然而，一个整体性的
故事不能由单独的一个人物组成，必须是核心人物与多个次要人物和多
个空间要素组成一个完整的故事。就这一角度而言，语篇中显性的主观
视角采用了图形-背景的原则。匡芳涛、文旭（2003）认为，图形-背
景的痕迹留在了空间结构的语言表征或现实化中。图形-背景作为语言
组织内容的一个基本认知原则，用来表征概念。空间位移是一种具有投
影性质的认知，它会根据观察者视角的不同而改变。"来"和"去"是人
类对空间感知的结果，必然会体现在语篇中。例如：

> （24）一日，他正在借住的贫农家写一周工作汇报，忽听外面一片
> 喧声。一个老大妈，一个汉子、一个媳妇前来找他，后面跟
> 着看热闹的小孩。这三个人是母、子、媳关系，媳妇在两年
> 前一次跟丈夫吵架时昏死了过去，醒后再也不会说话，只会
> 啊啊乱叫，成了后天性哑巴。不知道怎么传出的消息，说是
> "四清"工作队的梁同志擅长医术，老少三人便专程前来
> 求医。

在例（24）中，故事是以主人公梁有志为中心展开叙述的，叙事人主
要的目的是凸显事件中的核心人物。只有以核心人物的视角选择"来"

和"去",才会符合表达的需要。例（24）中的"前来求医"与所叙述的篇章话题贴合，即篇章话题是主要视点，所以此处只能使用"来"，而不能使用"去"。

"来"和"去"构式语篇表征的主观视点集中于篇章话题，叙事人把关注的焦点放在关键人物上，而这个人物就是整个故事的核心，在空间表达上贯穿整个故事的始终，具有显性的主观视角。叙事人不但会使用显性的主观视角，还会使用隐性的主观视角来凸显核心人物的地位或作用，从而远离立足点的空间位置。例如：

（25）果然一天晚上，裁缝老婆听见了高女人家里发出打碎东西的
　　　声音。她赶忙以收大院扫地费为借口，跑去敲高女人家的
　　　门。她料定长久潜藏在这对夫妻间的隐患终于爆发了，她要
　　　亲眼看见这对夫妻怎样反目，捕捉到最生动的细节。

例（25）主要描述了裁缝老婆的一系列空间位置移动，突出"去敲高女人家的门"这个事情。假如我们从整个语篇和语境中脱离出来，也可将其表达为"来敲高女人家的门"。但是，裁缝老婆及其他邻里是整个故事的中心，"高女人及其丈夫"暂时成为隐性的视点，即"背景化"。叙事人把显性的视点集中于以裁缝老婆为代表的众邻里，使他们成为暂时的视点进行投射。因此，裁缝老婆空间位置的移动远离了叙事人所移情的人及其所在的空间位置，背离了参照点，所以只能使用"去"而不能使用"来"。

综上所述，主观趋向连动式的构式化表征遵循语言中信息编码的时序原则，受到了说话人参照点的影响，同时叙事语篇中主观视点的选择也制约着它。主观趋向连动式形式和意义的表征在很大程度上受到这些认知手段的制约，这使其在历时维度上发生构式演化与构式化。

4.3　主观趋向连动式的构式演化

汉语主观趋向连动式不仅是由空间趋向动词和运动行为动词搭配表

达移动方式的构式，而且是由主观趋向动词"来/去"组合起来以指示空间移动方向与说话人之间关系的构式。由于运动行为动词与空间趋向动词组合的构式历时维度较长、范围较广，其演化路径也多种多样。汉语主观趋向连动式的构式演化过程较复杂，因此，我们重点关注以"V来/去"组构的主观趋向连动式的构式演化历程。有几种固定的构式在先秦时期就出现了，如"V+处所词+来/去""V+来/去+处所词""V+NP+来/去""NP+V+来/去"，这几种构式在古汉语中和现代汉语中都被广泛使用。下面考察从上古时期至现代时期这类构式的演化历程并探究其构式化机制。

4.3.1　承接功能的构式演化

在先秦两汉时期，"V+来/去"[①] 后面带处所词的情况并不常见。魏晋六朝以后，处所词普遍使用在两个动词之后和两个动词之间。这标志着"V+处所词+来/去"这类构式在句法位置上发生了显著的变化。例如：

（26）超被骂大怒，即杀叙母及其子，烧城而去。（《三国志·魏书》卷二十五）

（27）蛮奴领得战残兵士，便入城来。（《全唐五代小说·韩擒虎话本》）

（28）救太子出宫去，再无别处可投，止有楚王是亲叔父，可以收养的。（《元曲选·金水桥陈琳抱妆盒杂剧》）

处所词在"V+处所词+来/去"这类构式中对整个构式的动词起牵制作用，它担当趋向动词的终点或者起点。虽然例（26）有连词"而"，其他两个例子没有"而"，但三例都是前面的动词与"来/去"一起控制

---

①　我们把"来/去"放在一起进行考察，主要是尝试从整体上了解这一构式在演化中存在的共性，这有助于把握其构式化规律。由于"来/去"受构式语境因素的影响，它们出现在句法环境中的时间不尽相同，导致了这一构式在历时演化中存在一些差异。我们认为虽然有一些差异性存在，但是不影响本研究对其总体路径和规律的考察。

整个构式，共同表达具有"先—后"构式义的两个连续动作。如果在此处不用连词"而"，构式的表达也不会受到影响，它只起到承接的功能。例（26）和例（28）的处所词是趋向动词"去"的起点，而例（27）的处所词是趋向动词"来"的终点。在古汉语中，若省掉这类构式中的处所词，我们就很难明白构式表达的具体意义。

然而，大量"V +处所词+来/去"的构式也出现在近现代汉语中，这并不是说此类构式系统的成分没有进行演化。例如：

（29）她经常周末坐火车来北京玩。

就历时角度而言，"来"作为承接义构式可以承接前面一个小句的话题，担当动词或连词的功能。

在汉代时期，"来"作为主要动词承接前面话题小句的用法就已经出现了。例如：

（30）晋之大夫栾逞作乱于晋，来奔齐，齐庄公厚客之。晏婴与田文子谏，庄公弗听。文子卒，生桓子无宇。（《史记·田敬仲完世家》）

本书认为，前后两个小句的动词的语义特征决定了"来"从主要动词向连词演化。一般情况下，前面一个小句的动词要强调做某个具体事件的动作，而前面一个小句的构式地位与后一个小句动词的动作事件的地位是相等的。"来"位于两个小句动词之间，两个小句的动词吸收或融合了其动词义的特征，因此淡化了"来"的构式义，使其演化为具有目的意义的连词。

"来"演化为连词的另外一种情况是与"以"或"用"组成固定的构式，即"以……来"或"用……来"。例如：

（31）唯禹之功为大，披九山，通九泽，决九河，定九州，各以其职来贡，不失厥宜。方五千里，至于荒服。（《史记·五帝本纪》）

（32）或人云，此石人有神，能治病，愈者以饼来谢之。（《抱朴子内篇·道意》）

（33）谁知黛玉见宝玉此番果断而去，故以寻袭人为由，来视动

静。袭人笑回："已经睡了。"(《红楼梦》第二十二回)

"去"演化为连词的时间比"来"要晚些，"以……去"的用法在近代时期才出现，例如：

(34) 因此自己只装作不耐烦，把诗社便不起，也不以外事去勾引他。探春宝钗二人每日也临一篇楷书字与宝玉。(《红楼梦》第七十回)

(35) 难道就不知道酒性最热，若热吃下去，发散的就快；若冷吃下去，便凝结在内，以五脏去暖他，岂不受害？从此还不快不要吃那冷的呢。(《红楼梦》第八回)

本书认为，"去"作为连词很晚才出现，这与"去"语义的历时演化有关。秦汉时期的"去"有"离开"的含义，它就不能为"去"演化为连词提供适合的语义条件。到了宋代，"去"与"往"的意义较为接近，可能的例证有苏轼《超然台记》中"以见余之无所往而不乐者，盖游于物之外也"。换句话说，只有当"去"产生了"往"之义，才能将其看作连词的语义基础。连词的含义为："连接词、词组和句子，表示某种逻辑关系的词。"(汉语大字典编纂处，2014：456)即连词连接两个成分表示二者之间的关系，不承担句子成分，没有实际的词汇意义，但可用来表达一定的语法意义。那么，"来/去"在现代汉语趋向连动式中作为连词具有承接的功能也属于这种情形。我们用下面的例子来说明：

(36) 按正常的逻辑来考虑，即使想做也会被可怕的麻烦所吓退，但小人是不怕麻烦的，怕麻烦做不了小人，小人就在麻烦中找事。

(37) 这番千古幽情，现在要由张謇来实现了。他正站在狼山山顶，山顶上，有一副石刻对联。

(38) 凭着这种高贵，人们可以在生死存亡线的边缘上吟诗作赋，可以用自己的一点温暖去化开别人心头的冰雪，继而，可以用屈辱之身去点燃文明的火种。

关于"来/去"是作为连词还是动词的争议问题，我们统一用承接功能的说法来替代，因为它们作为连词或动词使用时，我们很难区分它们的词汇意义和语法意义。只有它们在构式中担当了承接功能，我们称它们具有承接的构式功能才是合理的。

4.3.2　目的标记的构式演化

带有"来/去"的趋向连动式的演化构式在古汉语中具有目的标记的作用，而"来/去"的动作不是为了表达位移的行为，而是为了引出它们后面的动词性结构，侧重于动作发出者的主观感受或愿望。

"来/去"在现代汉语中与后面的动词短语组合时，就构成了"来/去+VP"构式，如"咱们来谈下个人的想法""我们不想管了，让他自己去解决吧"。学界认为这类构式中的"来/去"仍然是动词，其主要的功能是表示目的（赵元任，1979），表示要开始某个活动（吕叔湘，1980）以及表达动作主体的某种想法（刘月华等，2001；李明，2004）。张伯江（2000）认为，这种构式已经演化成单动构式，"来/去"主要是目的意义的标记。古汉语中的"来/去+VP"构式表达动作主体离开或去往某地做某事，两个动词之间呈现目的关系，例如：

（39）楚人有献鱼楚王者，曰："今日渔获，食之不尽，卖之不售，弃之又惜，故来献也。"左右曰："鄙哉，辞也。"（《新序·杂事》）

（40）奴家绩麻才罢，采桑稍闲，不免唤过大婆，厮伴去采茶。［叫］婆婆。［净在戏房内应］谁谁？（南戏《张协状元》第四十一出）

以上例子中的"来/去"都是典型的趋向动词，其目的是凸显动作的位移性。但"来/去"在不同的语境中表达的意义是不同的。这些不同的表达意义不仅涉及话语中说话人参照点的选择，还涉及在使用过程中"来/去"的虚化问题，即我们讨论的"来/去"演化为目的标记的情况。例如：

（41）相比较而言曹操就高明多了，曹操他不换皇帝，他利用这个现成的皇帝，而且把这个皇帝客客气气地供奉起来，利用皇

帝这张牌来号令天下、号召诸侯，这个就是我们通常所说的
"挟天子以令诸侯"。

（42）那么，我就随便找个地方去当丫头吧，反正倒马桶，洗地板
一类工作，我相信是可以胜任的。

从中古时期到近现代时期，"来/去+VP"构式作为目的标记没有
继续虚化，梁银峰（2007）认为，主要是由于 VP 是此构式的语义重
心，在一定程度上限制了"来/去"的演化，它们的语义功能被保存了
下来。VP 既是该构式的语义重心也是该构式的焦点信息，"来/去"的
主观性一直没有得到说话人的加强。

4.3.3　事态助词的构式演化

在近现代汉语中，"来/去"通常放在句末。其主要的语法功能是
明确已发生事态的变化，表明某一个事件是过去发生的或曾经发生的，
同时具有汉语时态的作用（曹广顺，1995；梁银峰，2004）。对于事态助
词"来/去"的产生与形成过程，太田辰夫（1987）探究了"来"的演
化，认为在唐五代它就出现了，它主要是由趋向动词演化而来的。孙锡
信（1992）指出，"来"在晚唐五代时期具有已然和未然事态的用法。
梁银峰（2004）指出，在南北朝时期事态助词"来"就已产生，它是
由趋向连动式中趋向动词"来"演化而来的。刘坚等（1992）、曹广顺
（1995）、吴福祥（1996）等认为，"来"作为事态助词最早出现在唐五
代时期，应该是在初唐这一阶段就已形成，其大致的演化过程为"独
立动词→连动式_{来后项}→动词→附加成分→事态助词"。"去"和"来"
经历的过程大致相似。观众人之言，难以准确地对事态助词"来/去"
产生的时间以及演化的全过程做出结论，这为本书对其做出整体的描写
创造了尝试的机会。

就构式中"来/去"出现的位置而言，"来/去"作为事态助词主要
有"V+NP+来/去"和"V+来"这两种构式。在汉魏六朝时期，人们
广泛地使用"V+NP+来/去"这类构式。例如：

（43）欲进与单于，单于见此人，必大好爱之；爱之，则阏氏日以

远疏，不如及其未到，令汉得脱去，去，亦不持女来矣。阏

氏妇女，有妒媚之性，必憎恶而事去之。（《新论·述策》）

例（43）中的"来"与前面的动词"持"有平等的句法地位，都是句中的主要动词，表示具有较高及物性的趋向运动。但是在下面的例（44）中，"去"与前面的动词存在地位上的差异（梁银峰，2007：142）。

（44）a. 寿掘楼下合埋，妾在下，婢在上。取财物去，杀牛，烧

车，车钉及牛骨贮亭东空井中。（《搜神记》卷十六）

b. 凡有所作，举动行止，先白父母；白父母已，便取水去。

时梵摩达王，游猎而行见鹿饮水。（《杂宝藏经》卷一）

虽然例（44）a 和例（44）b 都是"取+NP+去"构式，但是它们的构式语义关系有较大的差别。例（44）a 中"取财物"的动作在"去"的动作之前发生，可以把"取财物去"理解为"取财物而去"，构式中的两个动词有平等的语义地位，两个动词都是句子的中心。而在例（44）b 中，我们可以把"去"的动作理解成发生在前面，"取水"的动作发生在后面，构式中的"取水去"可以理解为"去取水"，两个动词在语义上的地位是不平等的，表现为"主次型"构式。这种构式中语义地位的不平等为事态助词"来/去"提供了出现的条件。

构式的演化路径为从具体到抽象、从实体性构式到程序性构式。事态助词"来/去"的构式演化大致经历了这样的发展过程：后项的趋向连动式→单个动词→趋向补语→结果补语→事态助词。

从例（44）b 中可以看出，两个动词在语义地位上的不平等使"去"有可能演化为单个动词。只有首先突破"V+NP+来/去"构式中 V 的限制，"来/去"才可以作为单个的独立动词使用。在前面的内容中我们提到"V+NP+来/去"构式在时间上具有先后的关系，构式中的"V+NP"是实施者位移前所完成的动作，而"来/去"只用来描述实施位移的运动趋向。这种构式中实施者携带某人或某物的动作行为使 V 具有携带的含义。同时，"V+NP"和"来/去"具有目的关系，"V+NP"表示实施位移后发生的动作行为，"来/去"只表示实施位移的运

动趋向（梁银峰，2007：109）。

　　必须独立地表达事件的完成性，具备语义上的完整性和自足性，一个新构式才可能出现。"来"用作事态助词时，可单独位于句末且后面不跟描述性小句，只表达某一事件是过去曾经发生的。这被看作事态助词形式和意义的组合表达。例如：

　　（45）抚州刺史便问圆长老："只如国王、大臣未曾见有小福，未审
　　　　　曾供养什摩人来？"长老云："曾供养佛。"（《祖堂集》卷八）
"来"只表明"供养"这个动作是过去发生的而且已经完成，没有趋向的含义。

　　与"来"相比，对于时态助词"去"，同样可以从句法环境中探讨它的语义特征，充分地证明它的演化过程。例如：

　　（46）长拢出猎马，数换打球衣。晓日寻花去，春风带酒归。青楼
　　　　　无昼夜，歌舞歇时稀。（李廓《长乐少年行》其二，《全唐
　　　　　诗》卷二十四）

　　（47）曲成虚忆青蛾敛，调急遥怜玉指寒。银锁重关听未辟，不如
　　　　　眠去梦中看。（徐安贞《闻邻家理筝》，《全唐诗》卷一百二
　　　　　十四）
以上两例中的动词"寻""眠"目的性较强，凸显要实施具体动作的行为。这些动词共同的语义特征可以概括为［＋持续性］和［＋自主性］。同样地，两例中的"去"有较强的意愿性，其目的意义和趋向意义很明显，是趋向连动式。反过来说，只要"去"前面的动词的语义特征为［－持续性］和［－自主性］，且"去"已经消失目的义和趋向义，就有可能转变为事态助词。例如：

　　（48）师曰："苦哉！苦哉！诚如第三座所言，舌根硬去也。"言讫
　　　　　而寂，谥绍隆大师。（《五灯会元》卷六）
例（48）中的"去"的目的义和趋向义消失，表示一个完整的事件且只表示该事件的一种状态。本书认为"去"是一个独立的构式，因为它用来表征一个事件的语法单位。同样，现代汉语中也有类似例（48）的用法，如"老去""死去""落去"等。近现代汉语中的事态助词

"来""去"与"了"用法相同，表示曾经发生或已经完成的事件。"来"和"去"向事态助词演化的过程，是说话人主观性的运用和构式演化的过程。

综上，我们对汉语主观趋向连动式的构式演化类型进行了研究，而这些类型为汉语主观趋向连动式的表征提供了共时层面的理据。主观趋向连动式中的承接功能的构式演化为目的标记的构式演化和事态助词的构式演化提供了句法语境、语义条件等准备。目的标记的构式演化处于承接功能的构式演化和事态助词的构式演化的过渡语境时期，我们称为临界语境阶段，也可以称为使成语境（enabling contexts）阶段。事态助词的构式演化是主观趋向连动式的后构式演化阶段，在这一阶段滞留性和能产性表现得较为突出。这三个维度为下一节讨论主观趋向连动式的构式化机制打下了坚实的基础。

4.4 主观趋向连动式的构式化机制

上一节讨论了主观趋向连动式"V 来/去"从空间的趋向意义演化为非空间的趋向意义的构式演化过程，主要有三种演化类型：承接功能的构式演化、目的标记的构式演化和事态助词的构式演化。形成这三种构式演化的机制是什么呢？本节尝试通过自主-依存机制、类比化机制和主观化机制这三种机制进行解释。

4.4.1 自主-依存机制

认知语法中自主-依存的概念可以运用于音位层面和语义层面，构式状态呈现出单极成分和双极成分。当然，我们不容易判断汉语主观趋向连动式的单极成分和双极成分，但我们探讨的是构式演化的程度问题，所以至少可以合理地阐释构式演化的方向。在多数情况下，依存结构要与类似的其他结构相联系，才会在一定程度上体现出一定的图式性结构。依存结构的阐释适用于构式中形式与意义的演化，而不只局限于语义层面和音位层面。双极成分在配价关系中相互整合，它们不仅是形式的，而且是意义的。Langacker（1987：300）认为，每当两个结构在配价关系中结合时，人们便会去思考两个结构之间是不是依存的关系。牛保义（2008）认为，自主和依存的组合关系正是语言运用配价关系或语义关系在语言使用者大脑中产生的一种意象，可以认为是配价关系或语义关系概念化的一种方式。这种概念化主要利用储存在语言运用者大脑中的意象及意象图式知识，把语法构式的配价关系或语义关系理解为自主-依存关系，进而比较合理地解释语法构式的配价关系或语义关系的动因和机制。配价关系里的结构不会一一对应，二者表现出来的不对称性很强。如果我们可以断定一个构式在语言结构中有自主成分，那么它就也可能有依存成分。例如，我们可以在主观趋向连动式中预设 V_1 是自主的，V_2 中的"来/去"是依存的。因为就构式意义主导的作用而言，构式中 V_1V_2 存在一定的联系，V_2 在多数情况下主导构式发生的时间、空间关系。这种预设似乎与连动式的定义不一致。既然连动式中两个动词具有平等的地位，那么它们之间应该只存在自主的成分关系，而不应该有依存的关系。例如：

> （49）好像吃过齐心酒的，见陛下起身出宫去了，三四百名却齐齐跪倒阶前奏道……（《隋唐演义》）

> （50）念与世间辞，千万不复全。府吏还家去，上堂拜阿母。今日大风寒，寒风摧树木，严霜结庭兰。（《孔雀东南飞·古诗为焦仲卿妻作》）

例（49）中的"出"和"去"是相继发生的两个动作，意为"出了皇宫后再离开"，处所词"宫"是"去"的出发点，而例（50）中"家"是"去"的终点。类似的表达式在现代汉语中有很多，如"回单位去"。例（50）中的趋向动词基本上失去了句法的独立性，成了依存成分，用来表达趋向意义。动趋式和动补式都是按照这种自主和依存的运作机制由连动式衍生出来的。

Langacker（1987：448）把这种双极依存的关系看作自主依存连接（Autonomous-Dependent Alignment），即结构 D 依存于结构 A。如果结构

A 在结构 D 中形成凸显次结构的具体化（elaboration）①，那么双极依存之间存在等级性的关系。双极依存的等级关系目的是表现出"阐释"和"凸显"这两个核心的概念，多个自主成分可以填充到具体化的空位（elaboration site）中。本质上，这种双极依存关系体现了构式中的图式性网络，有利于我们探究语言结构中复杂范畴的涌现、连贯与互动。内外因素都会制约一个构式范畴的涌现。内部因素是构式本身具有的扩展程度和图式化所感知到的相似性，而外部因素是构式具有特定的认知行为共性且在相似的维度上可以作为范畴进行理解，从而说话人可以做出最优的选择。我们用例（49）和例（50）来描写自主–依存机制的具体化和具体化空位（见图4-1）。

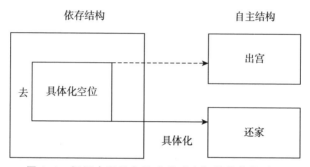

图4-1　汉语主观趋向连动式"去"的具体化过程

在构式表达中，"去"要预设出一个趋向动作，其具有典型的依存成分。它可以激活一个内在的凸显性次结构，具体由自主成分"V+处所词"来承担。如图4-1中带虚线和实线的箭头所示，虚线箭头表示紧接着发生了自主成分和依存成分之间的关系，强调动作发生的先后关系，趋向连动式中的"去"不能省略；而实线箭头表明自主成分中的

---

① "elaboration"有多种译法，如"精细化描写"（王寅，2006；郭霞，2013）、"具体体现"（徐盛桓，2007）、"详述或阐释"（牛保义，2011）。由于这一术语主要强调自主结构和依存结构之间的对应关系，而它的空位（site）又是多个语言成分融合的构式路径，是一种具体化（specification）（Langacker，2008：198），图式性较强，具有多重层级性的特征，本研究采用"具体化"这一译法，elaboration site 译为"具体化空位"。

"还家"与依存成分中的"去"构式有较高的融合度，表达的不是一种先后发生的关系，而是强调整个事件的发生。"去"在构式中已经与"还家"在语义上高度融合，构式化为动趋式。连动式向动趋式的构式化遵循了构式化中的整合原则，而这种原则不是简单地把构式内部成分进行相加，而是以联结的形式整合构式内部结构和成分。也就是说，自主-依存关系的构式意义并不完全按照"1+1=2"的运算原则，而更倾向于按照"1+1>2"的整合原则进行构式表征。语言的多个层面都存在"自主-依存关系"，自主-依存已成为构式化的一个主要机制。这一机制对连动式向动趋式的构式演化发挥了作用。依存成分"去"在内部有一个具体化空位，并且和自主成分的凸显性次结构形成一个"共享次结构"。因此，一旦丧失整个构式描绘出的"关系"，"去"的语义就会从"离开"义演化为"到""往"义，表达整个趋向事件。这充分说明，在构式中"去"的构式演化具有"激活因子"的效果，本质上它与自主成分的具体化是两个构式成分的组构，并只有通过联结的方式才有可能构式化。"去"这一趋向事件的形成可以看作将表达成分之间的关系整合为表达一个完整事件的构式化过程。

就自主-依存关系而言，在表达时趋向连动式通常体现出双重的、不可分离的语义关系，一个成分是自主性的，另一个成分则是依存性的。说话人与听话人对这两个成分关注的角度不同，就会导致空位位置关系识解上的差异。说话人与听话人在交流过程中要表达的意愿或交际意图不同，对空间成分的关注也存在差异，有时可能对自主成分有偏爱，有时可能对依存成分有明显倾向，这就造成了只侧重其中一个成分，偏移了整个构式的形式或意义，为构式化的出现提供了前提。

就构式的形成过程而言，交际的过程是一个共享合作的过程（Tomasello，2008），既可以显性地表述说话人的交际手段，也可以隐性地表述。徐盛桓（2007）认为，隐性表述可以体现出显性表述，而显性表述以隐性表述为出发点和落脚点，二者之间具有互相作用、紧密联系的关系。如果我们把隐性表述看作表现自主成分的一个因素，而自主成分又以交际的意向性和相邻或相似关系为主要的表述方式，就可以推出与之相联系的依存成分。自主成分对依存成分起着牵制或整合的作用。基于自主成分的意向表达，构式中的依存成分才会出现和发生作用。在多数情况下，依存成分的构式表征能够体现自主成分的意向表达。在一定的构式语境中，构式中的依存成分可以对自主成分的语义特征进行反馈（见图4-2）。

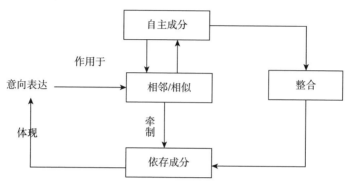

图4-2　自主成分与依存成分之间的相互关系

如要表达"李四开车回家去了"这一典型的趋向连动式，依据话语事件的发生情况，听话人会在大脑中产生一些隐性表达，例如"李四平时是坐校车或地铁回家的"，通过相似或邻近事件的处理，此构式的话语要表达的意向被整合为典型的动趋式，如"李四回家去了"，变成了一种显性表达。我们尝试运用"自主-依存"的运作机制来解释汉语主观趋向连动式演化为动趋式的构式化过程。

首先，次范畴制约着构式化产生的过程。这种"自主-依存"的运作机制可以用来分析依存成分是如何通过演化类型的依存成分的自主-依存关系来建构语言表达式的。演化类型的依存成分很可能已涉及前构式化的过程，依存成分受到自主成分的整合或牵制，发生构式化。本书认为，学界一直争论的是否存在语义中心的问题不应该是趋向连动式向动趋式的构式化问题，而应该是把构式中的依存成分看作自主成分的一个次范畴，也可以说是具有层级的次范畴。如例（50）中的"还家去"可看成例（49）中的"出宫去"的一个次范畴。由于二例中的"去"都是依存成分，"去"的含义从之前的"离开"义演化为"到""往"

的含义，再加上从自主成分推导出依存成分，可以把主观趋向连动式的演化看作动趋式的一个构式化机制。

其次，意向性因素也制约着构式化产生的过程。构式的表征属于一种意识活动，而意向性是意识活动的主导载体，不仅是语言活动的起点，也是语言事件表征的终点（徐盛桓，2013）。日常话语表征出来的空间、时间上的维度体现了人类的知觉与经验，是心智意识导航的结果。汉语主观趋向连动式中的"来/去"所表示的原本是一个水平位移的事件，但根据说话人对移动事件、结果事件以及状态事件的主观意向的感知和判断的不同，自主成分和依存成分之间的关系发生了演化。例如之前"来"是主要的趋向动词，表示一种主观的位移方向，其自主成分较强，组成了典型的趋向连动式。但之后"来"演化为表示"完成""以来""后来"等含义，暗含"过去"或"曾经"时间事件的心理意向。也就是说，基于自主成分向依存成分演化，构式演化始终要以自主成分为起点，源于意向性，还得归于意向性。因为有意向性的制约，通常情况下，自主成分意向维度会支配和规约从自主成分演化而来的依存成分。

最后，相邻或相似关系同样会制约构式化产生的过程。从自主成分演化出依存成分主要通过自主成分与依存成分之间的相邻或相似关系实现，这是因为依存成分在某些范畴中与自主成分有相同点。人们对事物的感知主要是依据邻近原则或相似原则。以"来/去"所表征的事件为例，它们都具有空间、时间等较多维度的分布特征。趋向连动式表现出的趋向位移义、结果义甚至状态义的语义特征都存在相邻或相似的关系，它们之间彼此都是互容的。因此，趋向连动式表征的事件类型包含了事件空间位置的移动、主体与客体之间的关系或地位的变化以及事件所处状态的持续或变化（郭霞，2013：186）。

4.4.2　类比化机制

本书探讨的"类比"概念与 Meillet（1958）强调的语法化"类比"概念存在一些区别。在很大程度上，Meillet 的类比模式仅局限于以特定实例匹配形式为基础，未把类比这一机制概念化并作为可概括的规则进行扩展（Kiparsky，2012）。Fischer（2007）指出在语言演化过程中类比的思维方式具有重要的作用，认为它在聚合关系层面和组合关系维度都可以起作用。她提出语言在线加工的过程胜于语言使用，并认为类比是语法化的主要机制（De Smet，2009）。本书运用 Traugott 和 Trousdale（2013：38）提出的类比化机制①进行阐释。这一机制主要观察构式的发生、发展和演化过程中产生的尚未出现过的构式的形式和意义的匹配。Traugott 和 Trousdale（2013）已发现，现有研究认为类比只是一种简单的语言演化机制，"规则即类推"的思维模式并没有被发现。类比化是构式化的主要机制，既关注人类思维对构式产生的影响，也关注隐喻思维与构式演化之间的关系。在历时层面和共时层面上，类比化可以看作构式形式和意义匹配的一把尺子，对构式的形成和演化起着关键的作用。

　　两个构式在类比化机制中通常要有相容性。语义上的相容性是汉语主观趋向连动式向动趋式演化的主要因素。朱彦（2011）认为，语义类比化指，在一个包含词语 A、B、C 的聚合体中，在某种构式意义上 A、B、C 之间存在聚合关系，其中在类推作用下 B、C 又依照 A 的意义模式（如多义、同形异义等）得到其他新的构式意义。构式之间包含相似的构式义关系，特定的聚合关系与特定的概念域是紧密联系的，它们的语义关系具有相容性。这种相容性的语义推导过程涉及跨域的系统投射，不同概念域中具有同构性的构式义关系是引起投射的主要因素。即语义类推是由构式义关系的同构性触发的。

　　语义类推属于范畴问题。它的中心集中在构式义的辐射网络上，即图式性。一个构式的语义可能有典型意义和边缘意义，甚至还会产生语

---

①　此处没有采用新分析机制的原因在于新分析主要运用于句法组合的层面，而类比化可以更好地阐释句法在组合和聚合层面上的变化。类比化更侧重于原有构式没有发生改变，但由于运用了某个语法规则，类推出不同于原来的构式，新构式的表层与原有构式存在差异，但二者的底层意义可以通过层级关系观察出来，其底层意义具有同源性。

义扩展或语义滞留的现象。一般情况下，语义类推通过构式辐射网络的形式使构式的意义扩展、泛化并形成一个相互关联的、具有整体性的意义网络。语义类推通常会模糊构式之间的边界，这主要是因为语义类推与构式义的扩展可能是相邻或相似的两个原型范畴。构式之间边界模糊的主要因素是范畴成员有一定的层级性，并具有一定的图式性。核心范畴通常是图式构式中最具代表性的成员，占据构式的中心地位，我们把它称为原型构式。图式构式中不具代表性的成员往往处于边缘范畴，我们称之为非典型构式。原型构式的语义类推强调网络节点的功能，它不但可以促进新构式的产生，而且可以追溯原有构式形式和意义的起源。我们可以通过能产性、图式性和组构性等因素来观察构式之间的扩展、引申关系。

上古汉语既是动词型结构，又是均等型结构，前者主要是单动式，而后者主要是连动式。总的来看，上古汉语主要为动词框架语。伴随着连动式中两个动词地位的变化，近代汉语演化为较强的卫星框架语，而卫星框架语在现代汉语中更加明显。这一演化历程说明构式化是一个有层级的连续性的演化，其逐渐由动词型构式向卫星型构式演化。"V 来/去"的构式化主要表现了构式要素的分离，它们由典型的趋向连动式演化为词汇性的动趋式，然后又继续构式化为承接功能的构式、目的标记功能的构式以及事态助词功能的构式。恰恰是类比化机制所起的作用促成了趋向连动式向动趋式的构式化，进而一系列具有层级性的卫星框架语结构被演化出来了。

4.4.3　主观化机制

语言的主观化表达式普遍存在。语言研究中的主观化主要涉及语义变化和语法演化（Traugott & Dasher，2002：30）。主观化有共时和历时两个层面的概念，在不同时期和在多种构式语境下，一个表达主观性的语言结构不断被使用并演化出其他构式的形式或意义（文旭、伍倩，2007）。在历时层面上，主观化主要是由语义和语用因素的影响引起的构式演化，因此，构式的意义越来越依赖于说话人对命题内容的主观信念和态度（Traugott，1995：31）。主观化的呈现形式主要有命题功能向言谈功能转化，客观意义向主观意义转化，非认识情态向认识情态转化，非句子主语向句子主语转化，句子主语向言者主语转化，自由形式向黏着形式转化（Traugott，1995；陈前瑞，2005）。Finegan（1995：4）认为，主观化对语言结构的使用和变化的影响主要体现在说话人的视角、情感和态度这三个方面。刘正光（2011）基于 Finegan 的研究归纳了主观化对句法进行限制与消解的方式，其主要包括三个方面：说话人视角、说话人情感和说话人认识。在语用方面"来"和"去"是具有指称意义的趋向动词，它们之间是对立互补的。由于主观化机制的作用，说话人以听话人的视角来认知整个事件，这有助于消解"来"和"去"在句法上的对立。马庆株（1997）认为，"来"和"去"表示的动作是一种主观范畴的形式，与说话人的认知和主观判断有关，表示说话人主观视角方位的移动。

说话人的视角在主观趋向连动式的"V 来"和"V 去"中会被消解。"V 来"和"V 去"表达出现词汇构式空缺，是因为受到了说话人主观化视角的影响。"V 来"的构式语境复制功能较强，可以替换"V 去"出现在相关的构式语境中。这种情况一般是说话人主观上希望听话人到达他所处的位置，此时说话人就会把自我的位置看作参照点，表达个人的主观意愿。因为构式语境的牵制和复制的作用，当听话人离开自己当前所在的位置靠近说话人期望的位置时，构式语境中的"V 来"就会得到复制，而一般情况下不用"V 去"。例如：

（51）a. 我发动车等你，你赶快出来吧。

b. 好的，我马上出来。

在例（51）b 中，听话人要离开自己所在的位置，靠近说话人期望的位置。就听话人视角而言，他做的是远离自身所在位置的运动，因为他离开了当前位置朝目的地方向移动。根据"来"和"去"的构式语义，听话人本应该用"出去"，然而，听话人在构式语境的牵制和复制作用下选用了"出来"。由于礼貌原则或说话人之间的亲密情感，听话人通常使用"来"靠近说话人，以便表现出与说话人之间的积极情感互通。

　　在构式语境和说话人视角的影响下，相比于"V去"，人们更侧重于使用"V来"，表面上这种偏重不会影响构式意义的表达，实际上，在语法化初期这种表达是语义上的重新调配（Hopper & Traugott，1993：88）。这在一定程度上减弱了构式中"来"和"去"的趋向意义，但本质上强化了说话人的主观期望、情感、态度的构式语义。"来"和"去"新产生的意义往往会有趋向意义演化的烙印，趋向义制约着新产生的构式意义（李明，2004：307）。构式向多个图式构式演化的趋势总是由构式演化的层级性决定的，"来"和"去"构式中会消退和滞留构式意义。主观趋向连动式中的"来"和"去"主要由表达趋向意义的动词向表示承接功能的构式、表达目的标记功能的构式以及表达事态助词功能的构式等多个图式构式演化。"来"和"去"的构式链表现出其基本趋向意义已经得到扩展或产生衰退。

　　综上所述，可以从自主-依存机制、类比化机制和主观化机制三个方面考察汉语主观趋向连动式的构式化机制，这有利于更好地了解其演化是怎样运行的。自主-依存机制制约着主观趋向连动式的构式演化，在其构式化过程中依存成分具有激活因子的作用。同时，自主-依存机制运作的主要因素是说话双方的共享意图和构式中邻近或相似的构式关系。为了让主观趋向连动式在构式语义上相容，人们通常会使用类比思维的方式，而类比思维又促进了主观趋向连动式成为一个具有辐射性的图式构式网络。因此，类比化机制影响着主观趋向连动式的构式化，使其呈现出层级性的特征。主观趋向连动式是加强说话人的主观视角、说话人的情感和态度后而产生的构式化。因此，主观化机制为主观趋向连动式从自由形式向黏着形式的逐渐演化创造了机会，最终为主观趋向连动式的构式化提供了前提条件。

4.5　小结

　　本章主要探究了汉语主观趋向连动式的构式化。首先，以"V来/

去"为个案考察汉语主观趋向连动式的构式化过程。说话人赋予了它们在构式上的趋向意义，这主要是说话人的身体结构、空间特性和知觉环境相互作用的结果。其次，探讨了汉语主观趋向连动式共时层面的构式化表征手段，它是说话人对趋向空间的选择和参照点的主观化，并受到话语中说话人的参照点、事件编码中的时序原则、事件表达中的交互主观性以及语篇中视点选择的制约条件等因素的影响，从而在历时层面上为汉语主观趋向连动式的演化类型奠定了触发的基础。再次，本书认为，承接功能的构式演化、目的标记的构式演化以及事态助词的构式演化都属于汉语主观趋向连动式在历时层面的构式演化。最后，本书认为，自主-依存、类比化机制以及主观化机制是汉语主观趋向连动式构式化的主要机制。

第5章 ▸▸▸
汉语客观趋向连动式的构式化

5.1 客观趋向连动式的三种表现形式

在汉语语言系统中，汉语客观趋向连动式使用普遍，表达类型多样。其中，通常情况下，第一个动词为运动行为动词，第二个动词则为客观趋向动词。一般而言，前者表示"位移怎样进行"，后者表示"位移向哪里"；当二者组构起来时，共同表达整个事件的完成或者实现。汉语客观趋向连动式一般有以下三种表现形式（梁银峰，2007：5）。

第一，如果运动行为动词与客观趋向动词作为不及物动词使用，那么二者使用同一个主语。有时，处所词表示移动的终点、起点或者路径，位于两个动词之后。因此，三者构成的构式形式为："运动行为动词+客观趋向动词+处所词"。例如：

（1）韩厥执絷马前，再拜稽首，奉觞加璧以进，曰："寡君使群臣为鲁、卫请，曰无令舆师陷入君地。下臣不幸，属当戎行，无所逃隐。"（《左传·成公二年》）

（2）鄢之役，荆压晋军，军吏患之，将谋。范匄自公族趋过之，曰："夷灶堙井，非退而何？"（《国语·晋语六》）

在时间上，运动行为动词和客观趋向动词的关系是先后相承的，故二者遵循时序原则。戴浩一（1988）认为："两个句法单位的相对次序决定于它们所表示的概念领域里的状态的时间顺序。"因此，运动行为动词和客观趋向动词在时间上的关系和戴浩一的观点是一致的。连词

"而"可以放在二者之间。例如：

> （3）子路趋而出，改服而入，盖犹若也。孔子曰："志之，吾语
> 女。奋于言者华，奋于行者伐，色知而有能者，小人也。"
> （《荀子·子道》）

在构式中，运动行为动词和客观趋向动词同是核心动词，"而"的存在与否并不会使构式的内部关系发生改变。即使"而"省去，二者的句法地位也是平等的。就形式而言，这类构式与现代汉语中的动趋式相同，然而构式内部的关系存在较大的差异。

第二，若运动行为动词是及物动词，客观趋向动词是不及物动词，受事论元位于二者之间，则该论元有双重角色：一方面，它是运动行为动词的宾语；另一方面，它又是客观趋向动词的主语。因此，构成的构式形式为"运动行为动词+宾语+客观趋向动词"。例如：

> （4）会天寒，士卒饥渴，饮酒醉，西南陬卒皆卧，司马夜引袁盎
> 起，曰："君可以去矣，吴王期旦日斩君。"（《史记·袁盎晁
> 错列传》）
> （5）因求铜盘贮水，以竹竿饵钓于盘中，须臾引一鲈鱼出。操大
> 拊掌笑，会者皆惊。操曰："一鱼不周坐席，可更得乎？"
> （《后汉书·方术列传下·左慈》）

其中，例（4）中"司马夜引袁盎起"的意思是趁着夜里，司马领袁盎起身，其中，"引袁盎起"也可以理解为"引袁盎，袁盎起"；例（5）中，"引一鲈鱼出"意思是用钓饵诱引鲈鱼，不一会儿鲈鱼便上钩了，故"引一鲈鱼出"也可以理解为"引一鲈鱼，鲈鱼出"。在学界，这种构式也称为"兼语式"①。

第三，当运动行为动词和客观趋向动词都是及物动词时，二者共用一个宾语，因此，受事论元不再居于中间的位置，而是作为运动行为动词和客观趋向动词的共用宾语，其构式形式为"运动行为动词+客观趋

---

① 朱德熙（1982：162）把兼语式看作连动式的一个次类，正是基于对这一语言
现象的观察。

向动词+宾语"。例如：

> （6）穆公归，至于王城，合大夫而谋曰："杀晋君与逐出之，与以归之，与复之，孰利？"（《国语·晋语三》）

> （7）徽拜侍中，与董昭同寮。昭尝枕则膝卧，则推下之，曰："苏则之膝，非佞人之枕也。"（《三国志·魏书》）

> （8）燕将攻下聊城，聊城人或谗之燕，燕将惧诛，因保守聊城，不敢归。齐田单攻聊城岁余，士卒多死而聊城不下。（《史记·鲁仲连邹阳列传》）

在例（6）、例（7）和例（8）中，客观趋向动词都可以单独使用，其不是动趋式，而是典型的连动式。然而，它们并非都表示动作的位移。比如，例（8）中的"下"不表示动作的趋向，而表示在趋向意义基础上的引申义，其构式意义是"使受事从原来所属的关系中脱离"。

上述三种构式形式都属于客观趋向连动式。在一定意义上，我们可以从客观趋向连动式中获得研究人类认知方式和空间构式表征演化的新视角。在认知语言学中，语言的空间认知扮演着重要的角色并占有重要的位置，起着"元概念"（meta-concept）的功能。人们常常根据空间的关系去认知和理解事物关系，即"理解其他概念的概念"（Lakoff，1980：14）。在人们的思维认知上，空间隐喻是一种重要的手段。根据自身身体的结构和对空间的感知，人们会产生对事物的范畴化、概念化和推理的过程。语言空间作为一种认知空间，是人们利用特定的语言结构形式表达出来的，也可以说是在语言中现实化了的认知空间（文旭、匡芳涛，2004）。汉语客观趋向连动式是人类在构式中具体化了的认知空间，本章将探讨它在漫漫历史长河中如何产生、如何表征空间关系以及如何发生构式化这三个主要问题。汉语趋向动词数量众多、产生时间不尽相同，并且动词与构式之间的匹配关系也类型多样。因此，针对汉语客观趋向连动式构式化的研究，我们只能采取个案考察的方法。"V上/下"是较为典型的客观趋向连动式，将其作为个案进行考察、分析与研究对揭示汉语客观趋向连动式构式化的共性以及深入了解汉语趋向连动式构式化的基本特征与规律会有很大的帮助。

5.2　客观趋向动词"上/下"进入连动式的考察

语言的空间语义结构作为一种空间表达式，是由视觉意象（visual imagery）触发的，这体现的是派基效应（Perky Effects）①。语言的认知与加工是一个过程，是对构式中的关系和语义在心理或视觉意象上的再加工过程。空间概念的建构也是一样的（Langacker，1987；Talmy，2000a；Bergen，2007）。在汉语中，"上"和"下"的构式表达式体现的是动作和空间的物理特性，无论在心理还是视觉上，二者都具有很强的内在关联性。

上古时期，"上"构式和"下"构式使用的实例差别并不是很大；隋唐以后，二者使用的实例出现了差别。在历时语料中，这种情况是有证据可以印证的。一方面，在上古时期，"上"构式和"下"构式基本出现在同一个时间段，在周朝，二者均已普遍使用。另一方面，动补式和动趋式在隋唐五代和元明时期的使用率最高，"上"和"下"不仅作为动词使用，还可以作名词和形容词。

"上"构式和"下"构式的使用实例总体上呈增多趋势，其构式的层级性也较强。然而，值得一提的是，我们只能在宏观层面上对这种变化趋势进行观察，在考察构式演化的共性和个性上还存在一定难度。因此，在现有语料的基础上，我们主要对"V上/下"构式的演化历程进

---

① 这一效应是美国心理学家 Perky 于 1910 年提出的，他认为正常人身体上的意象和知觉可能具有模糊性，容易混淆。因此，他做实验拟证实这一论断。在实验中，他要求被试注视屏幕，并想象在屏幕上有一个西红柿，同时，主试在屏幕上投射出一个较模糊的但是真实的西红柿的图像。这种投射出来的西红柿图像在一般情况下是可以被觉察到的，但此时被试却不能发现屏幕上的西红柿是投射出来的，反而认为那是他们的意象，是他们自己想象的结果。Bergen（2007）和 Richardson 等（2003）认为产生这一现象的可能原因是视觉意象与真实的视觉过程归属于同一个神经元。

行考察。

5.2.1　客观趋向连动式"上"构式追溯

在甲骨文中，"上"的写法是"〓"，上面较短的横线表示天的北端，指示着天或朝天的方位。《说文解字》曰："⊥，高也。此古文上。指事也。""上"作为动词时，是"进献"和"呈现"的意思，例如，《战国策·齐策一》中的"上书谏寡人者，受中赏；能谤议于市朝，闻寡人之耳者，受下赏"、《史记·廉颇蔺相如列传》中的"今大王亦宜斋戒五日，设九宾于廷，臣乃敢上璧"等。此外，"上"作为趋向动词时，表示由低处向高处的位移，有"攀"和"登"之义，如《广韵·养韵》中的"上，登也，升也"、《诗经·邶风·燕燕》中的"燕燕于飞，下上其音。之子于归，远送于南"、《孔雀东南飞·古诗为焦仲卿妻作》中的"上堂拜阿母，阿母怒不止。昔作女儿时，生小出野里"、《游褒禅山记》中的"由山以上五六里，有穴窈然，入之甚寒，问其深，则其好游者不能穷也，谓之后洞"等。

根据上古时期"上"作趋向动词的情况看，在甲骨文中，"上"没有作动词的用法，西周时亦是如此。然而，根据刘信芳（1996）、崔达送（2005）的考察，"上"作为趋向动词的用法在西周的金文文献中已出现，如《鄂君启舟节》中"自鄂往：逾沽（湖）……上江，内（入）湘"。这个时期，"上"作为趋向动词的使用率不高。而到了汉代，"V 上"构式才出现了新的变化。

在先秦阶段，"上"作为趋向动词的使用频率并不高。到了西汉，"上"作为趋向动词的使用频率逐渐增多，使用范围逐渐变广，这无疑是相较于先秦阶段出现的较大变化。对《左传》和《孟子》中"上"构式的考察发现，"上"主要与描绘河流、山川之类的处所有关，并且通常和"下"相连使用。在《史记》中，"上"的施事主体有有生命的，也有无生命的。在处所成分的选择上，"上"具有多样性，构式语境对它的约束较弱。本书认为，构式语境"登"和"升"对"上"表示从低处向高处的物理空间位移的用法产生了一定的影响。例如，在

《论语》中，没有见到"上"作为趋向动词的用法，"升"则有 7 例，如《乡党》中"升车，必正立执绥。车中，不内顾，不疾言，不亲指"。在《孟子》中，出现了 1 例"上"的用法，而"登"则出现了 4 例，如"孔子登东山而小鲁，登泰山而小天下"。在《左传》中，有 2 例"上"的用法，"登"却出现了 70 例，如《昭公十八年》中"城下之人，伍列登城"。在《史记》中，"上"出现 66 例，"登"有 86 例，如《五帝本纪》中"东至于海，登丸山，及岱宗。西至于空桐，登鸡头。南至于江，登熊、湘"，《孔子世家》中"孔子趋而进，历阶而登，不尽一等"。根据考察，可以看出"升"和"登"的构式意义影响着"上"作为趋向动词的使用。"升"和"登"表示从低处向高处的物理空间的位移，所以在一定程度上符合人们身体感知经验的相似性，它们的功能为"上"从名词转化为动词提供了契机，也为"上"提供了适合的构式语境。

相较于上古时期，中古时期"上"的使用情况有很大的变化。上古时期，进入趋向连动式的构式为 225 例，到了中古时期，则为 444 例。

中古时期，"上"作为趋向动词进入构式的用例数量在逐渐增加。由此可以推断出，在中古时期，"上"作为趋向动词的使用发展比较快；同时，其使用频率也在逐渐增加。在中古汉语语法体系中，"上"作为趋向动词的用法发挥着重要的作用，扮演着重要的角色。随着时间的推移和使用频率的增加，在很大程度上，"登"和"升"的构式语境逐渐纳入"上"，并且"上"渐渐取代了它们的构式位置。其原因是，在很多构式中，"登"和"升"的构式义与"上"的构式义相近，而且可以互相替用。这一时期，"上"已由原来的构式义转化为新的构式义，即作为趋向动作或移动状态的构式义。随着使用频率的增加，"上"趋向动作的地位增强，紧接着"上"的构式义发生变化，例如构式义项的增加、进入连动式和动补式的构式实例增多等。

一般而言，"上"进入连动式后，通常会组合成两种构式：一种为"上 V"构式，另一种为"V 上"构式。然而，根据相关的语料，"上"在这两种构式中的使用仅仅是"上"作为方位词使用的一部分实例。

因为构式具有允准和整合的作用，其重构具有趋向意义的动词的方式是主要动词的构式义和复合补语中趋向意义的类推。根据上古时期到中古时期的语料，通常情况下，"上 V"构式后要接处所词，在单动式中，"上"出现的频率比较高，在连动式中则并不多见。例如：

（9）汉主亦当上封，上封则能仙登天矣。黄帝时万诸侯，而神灵之封居七千。（《史记·孝武本纪》）

（10）上因东上泰山，泰山草木未生，乃令人上石立之泰山颠。（《汉书·郊祀志上》）

然而，"V 上"构式作为连动式的用例比较多。根据语料，我们发现"V 上"构式中的"上"具有较强的趋向意义，然而部分例子已具有一定的补语性质。例如：

（11）范匄少于中行偃而上之，使佐中军。（《左传·襄公九年》）

（12）雒阳城中之道无水，水工激上雒中之水。日夜驰流，水工之功也。（《论衡·率性》）

（13）桓公入蜀，至三峡中，部伍中有得猿子者，其母缘岸哀号，行百余里不去，遂跳上船，至便即绝。破视其腹中，肠皆寸寸断。（《世说新语·黜免》）

在例（11）的趋向连动式中，"上"与其前面的动词"偃"具有平等的句法地位，并且"上"表示典型的趋向动作。然而，在例（12）和例（13）中，"上"的趋向意义发生了改变，变得空灵，它的主要意义附着在前面的动词上，可以看作趋向补语的雏形。再观察例（12）和例（13），如果用"了""及""起""着""到"等替换"上"，前面动词的基本意义并不发生改变，因此可以推断出"上"仅仅是一种构式标记，其趋向移动的构式意义已经基本淡化。为何"上"会出现这样的演化？可能原因是"V 上"构式中 V 的功能是表示空间移动变化，而"上"至多表示动作发生的某个方向。"上"演化为动补式或趋向补语的条件是当且仅当其用在表示空间移动的动词之后。

在中古后期，虽然趋向补语已完全成熟，并且作为一种稳定的句法结构被普遍运用于大量的文献中，然而它并没有对趋向连动式的整个结构系统产生影响。从中古时期至近代时期，"V 上"构式被越来越多地使用，它演化出来的趋向补语只是其构式的一个次类。随着时间的推移，"V 上"构式的使用频率以及使用范围一直处于变化当中，其使用频率和使用范围是渐变发展的。

在趋向连动式中，"上"一直处于渐变发展和演化的状态中，它产生了"向上"或"上升"的构式意义的原因是"登"和"升"动词构式义的触发。渐渐地，"V 上"构式成为一种固化构式，并且"V"与"上"二者的语义融合度比较高，呈现出多重层级的构式演化意义。

5.2.2　客观趋向连动式"下"构式的追溯

在甲骨文中，"下"标写为"⌒"。《说文解字》中为："丅，底也。指事。"然而，《广韵·马韵》对其释义为"贱也，去也，后也，底也，降也"。该解释包括了"下"的多种含义。"下"的本义其实是方位名词①，其他词性则是由其名词用法派生出来的。作为趋向动词，"下"的构式意义是"往下""下来"，如《左传》中的"下视其辙，登轼而望之"，《世说新语》中的"下车引之"，柳宗元《至小丘西小石潭记》中的"下见小潭"等。因此，"下"作为趋向动词，其用法意义类型多样。我们以上古时期和中古时期的语料考察"下"作为趋向动词和进入趋向连动式的用法。

在上古早期语料中，"下"作为动词出现的频率较低。陈年福（2001：14）考察了甲骨文中 41 个动作行为类的动词，然而，就"下"作为动词的用法，文献中并没有相关的记载。同时，本研究也统计了上古时期"下"使用最多的文献，它们分别是《汉书》《史记》《太平

---

①　王力（1982：442）认为，"下"具有形容词的功能，意为"下面的""下级的"，其引申义为低，它应该是从《说文解字》中"底"派生而来。《汉语大词典》使用"高"和"低（底）"的形容词来表达，也解释为"位置在低处"。《现代汉语词典》解释为"位置在低处的"。以上说法既包括了方位词的基本意义，也涵盖了形容词的用法。

经》《周易》。通过考察这些文献中"V下"的具体用法发现,《汉书》《史记》中的用例最多,而《太平经》和《周易》中的用例则较少。

对上古时期"下"进入趋向连动式的考察发现,"V下"构式和"下V"构式使用的频率是大致相等的。在这一时期,"下"作为趋向动词使用频率已较高,无论是其用于前项的情况还是用于后项的情况。

(14) 令儿皆和习之。高祖乃起舞,慷慨伤怀,泣数行下。谓沛父兄曰:"游子悲故乡。吾虽都关中,万岁后吾魂魄犹乐思沛。"(《史记·高祖本纪》)

(15) 望见冯妇,趋而迎之,冯妇攘臂下车,众皆悦之,其为士者笑之。(《孟子·尽心下》)

(16) 刿曰:"未可。"下视其辙,登轼而望之,曰:"可矣。"遂逐齐师。(《左传·庄公十年》)

(17) 自始合,苟有险,余必下推车,子岂识之?然子病矣!(《左传·成公二年》)

整体而言,在上古时期,二者的使用情况存在对称性因素,其构式意义的出现、历时维度上使用的实例和发展方面均具有相似性。

"下"作为趋向动词时,意义与"降""堕"之类的移动动词的意义联系甚大。如在《左传》中,表示从上到下的空间位移的"降"有35例。"降"是指通过朝下的位移离开某个地方,例如:"公子降,拜,稽首,公降一级而辞焉。衰曰:'君称所以佐天子者命重耳,重耳敢不拜?'"(《左传·僖公二十三年》)"降"还与"登""升"构成对举的句式,例如:"俭而有度,登降有数。文物以纪之,声明以发之,以临照百官,百官于是乎戒惧,而不敢易纪律。"(《左传·桓公二年》)此外,"降"还可以用来描述自然灾害的发生或者降临,如《左传·昭公十八年》中"敝邑失政,天降之灾,又惧谗慝之间谋之,以启贪人,荐为弊邑不利,以重君之忧"。因此,可以把"下""降""堕"看作趋向动词这一大范畴之下的同一个成员,其特征是具有朝下位移至某地的家族相似性。通过分析"下"位移意义的使用以及同一范畴成员之间的关系,可以看出"下"在趋向动词的系统中扮演着重要的角色。

尽管本研究考察的是"V下"构式的使用情况，但是在手工统计语料时，仍然发现了"下V"构式的使用情况。下面对此展开论述。

"下"和V后面都可以出现宾语，构式的形式主要有"下而V""下V""下（O）V""下V（O）""下（O）V（O）"，例如：

（18）子曰："君子无所争，必也射乎！揖让而升，下而饮，其争也君子。"（《论语·八佾》）

（19）王使宰孔赐齐侯胙，曰："天子有事于文武，使孔赐伯舅胙。"齐侯将下拜。孔曰："且有后命。"（《左传·僖公九年》）

（20）乃谓亭长曰："吾知公长者。吾骑此马五岁，所当无敌，尝一日行千里，不忍杀之，以赐公。"乃令骑皆下马步行，持短兵接战。独籍所杀汉军数百人。（《史记·项羽本纪》）

（21）自始合，苟有险，余必下推车，子岂识之？然子病矣！（《左传·成公二年》）

（22）未到匈奴阵二里所，止，令曰："皆下马解鞍！"其骑曰："虏多且近，即有急，奈何？"（《史记·李将军列传》）

根据已统计的语料，在中古时期，"下"作为趋向动词的使用频率和范围均有明显增加。

根据中古时期的语料统计，"下（O）V"和"下（O）V（O）"是最常见的构式，这说明相较于上古时期，中古时期的"下"构式带宾语的能力增强，同时，该构式的能产性和图式性也在日益增强。下面以相关的构式实例进行说明。

（23）欢喜踊跃，不知何神，太子知其所念，便下道坐树下，人民围绕，欢喜观视，时国王瓶沙，即问臣吏："国中何以寂默，了无音声？"（《修行本起经》卷下）

（24）时炎热，因下马入水中，枕石眠。马断走归，从人悉追马，至暮不返。（《搜神记》卷四）

根据"下"进入连动式中前项的情况看，"下"的主要功能是凸显V事件发生之前整个构式是如何产生的，因此"下"不可能把其后面V的成分变成补语。在中古时期，"下（O）V"和"下（O）V（O）"

的构式表达式逐渐稳定下来，它们的语义也在该时期和近代时期得到发展，紧接着产生了构式化，即"V＋下来/去＋VO"。在中古时期，该构式并没有适宜其自身的句法环境，因为当且仅当"下"允准到其后面V的句法环境中，才有可能让"V下"和"V下来/去"构式持续、稳定发展。

下面谈"V下"构式的发展历程。宾语均可以出现在"V"和"下"之后。在上古时期，"V下"构式的用例在《汉书》和《史记》中较多出现，其他文献也稍有涉及。如下面两例：

（25）太守客出下车，类犴反杀其仇于车上而去。（《史记·梁孝王世家》）

（26）魏武侯浮西河而下，中流顾谓吴起曰："美哉乎！河山之固也，此魏国之宝也。"（《说苑·贵德》）

在中古时期，带"而"的趋向连动式逐渐减少，除了在《三国志》中找到类似于"泛舟而下"的较典型的句式外，其他文献中基本上出现的是"V下"构式，例如：

（27）孔雀飞下，啄吞其蛇。有鹰飞来，搏取孔雀。（《修行本起经》卷下）

（28）又行征西护军，督徐晃击太原贼，攻下二十余屯，斩贼帅商曜，屠其城。（《三国志·魏书》）

例（27）和例（28）可以看作趋向连动式的一个次类，在学界，甚至有人将其看成动补式。因此，从上古时期到中古时期，"V下"有两种演化方向，一种是通过新分析的机制演化为状中式，如"泛舟而下"，是用来表示路径方式的自移义的，可以将其看成只有一个动词核心；另一种是"下"与前面动词的构式义融合，缩减其语义上的差别，最终成为动补式，如例（27）和例（28）中的"飞下"和"攻下"。在近代，这类构式在形式上没有变化，然而V与"下"之间却有多种多样的构式意义。

在使用实例上，"V下"构式并没有太大的变化，表面上看是稳定的。然而，虽然在形式和使用的数量上"V下"构式没有大的变化，但并不意味着它一成不变。统计语料时发现，"V下"构式在中古时期已经演化出不同的构式意义，到了近代，这些构式意义却是稳定的。这些意义来源于人们身体发出向下的动作和对垂直物理空间的认知。

综上所述，"V上/下"构式影响着人们对空间方位的体验与感知，其根源是人们对自然物理空间及物理空间中物质和运动之间相互关系的认知。这种方式投射到语言结构中后，形成了一个关于构式的形式和意义的总体框架，最终成为一种在心理上固化的构式。认知语言学的观点是，在构式中，语义是一种心理现象和认知结构，它植根于说话人的知识、信仰系统，而不是存在于语言系统内部的聚合与组合关系之中，最终描写它的方式是心理现象（文旭，2014：40）。由于"V上/下"空间关系的表达使用较多，这种构式已成为固化的一种空间表达式，下一节将探讨这类表达式所包含的具体的构式化手段或方式。

5.3 客观趋向连动式的构式化表征

在认知语言学中，空间隐喻是其研究和关注的一个重要课题。在生活中，我们可以利用空间隐喻的表达式去理解和认知许多抽象概念。汉语趋向动词"上/下"的语言空间结构作为实现空间概念的表征，是建立空间维度的重要手段。一般意义上，我们可以将空间隐喻视为意象图式的一种认知手段，它可以将存在于始源域中的空间概念投射到相关的目标域中。然而，这种投射方式会把空间意象及其内在的逻辑关系以特定表达式的形式进行固化（Lakoff & Johnson，1980）。Lakoff（1987）认为意象图式是源于我们日常生活经验的一种认知结构，它会概括出诸如"容器""路径""平衡""动力"等概念。也就是说，这种认知结构是一种概念结构，是在人们基于经验对事物之间基本关系感知的基础上形成的。意象图式作为一种组织结构，既联系抽象关系，又实现具体意象的表达。百科知识是意象图式作为认知方式进行认知的主要手段。它可以帮助人们更好地认识抽象、复杂和难解的概念结构（赵艳芳，

2001)。意象图式是以人们的感知和经验为基础的一种动态的认知过程，它与直觉所观察到的静态模式无关。在已有图式的基础上，人们可以重新组织并建构出新的图式。该动态的意象图式集中体现在三个要素之中，即 Langacker 宣称的射体、坐标和路径。同时，空间关系和位置受这三个因素的制约。空间隐喻的产生是因为人们对空间方位的感知存在一个完整的概念系统，并且可以从空间关系（始源域）向非空间关系（目标域）进行映射、转化。许多抽象概念可以被空间隐喻具体化，人们从而可以在空间思维的基础上认识、建构非空间关系。所以，对于语言空间概念的形成，空间隐喻起着重要作用和扮演着重要角色。在宏观视角下，文旭、匡芳涛（2004）将空间分为三个层面，即物理空间、认知空间和语言空间，并且阐释了三者之间的关系，即物理空间是客观的，它不以人的主观意志为转移，只是客观世界存在的一种空间形式；认知空间是主观的，它是人们对物理空间进行感知的结果；语言空间是一种认知空间，是人们运用特定的语言结构表征出来的，其语言形式是以物理空间的内在化为基础的。这一关系如图 5-1 所示。

图 5-1　物理空间、认知空间及语言空间之间的关系
资料来源：文旭、匡芳涛（2004）。

根据图 5-1 中物理空间、认知空间和语言空间三者的关系，我们对汉语趋向动词中的"上/下"意象图式做出阐释。"上/下"构式表征作为空间隐喻的一种表达形式，其意象图式源于人们的生活经验和对事物的感知，二者都可以实现由空间隐喻向非空间隐喻的映射。"上/下"表征时间概念是通过隐喻的方式实现的，如"上周""下星期"等。这样的时间表达式是根据日出、日落的自然现象，以及人们认识自然现象的经验形成的（蓝纯，1999）。在"近取诸身，远取诸物"的实践活动中，人们学会了垂直维度的方向表达式。因此，空间隐喻是在人们直接实践经验的基础上形成的。为什么"上/下"构式表达式会存在差异呢？原因在于人们对万有引力的经验建构，同时人体在垂直维度上不对称的特性也会决定这种差异的出现（文旭、匡芳涛，2004）。人们运用抽象程度较高的意象图式勾勒、细化出垂直维度上的空间表达式，并使其形成对应的、具体的概念内容，也就是说，要在"上/下"构式语义的框架内运行。空间垂直关系语义若想实现，还需要置入参考因素，例如一定的射体、坐标和路径。"上/下"构式勾勒和细化出的空间语义关系的意象图式见图 5-2。

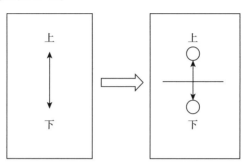

图 5-2　"上/下"构式垂直维度的意象图式

在图 5-2 中，垂直的箭头表示在空间维度方向上的延展性，右框中的横线表示界标，上下两个小圆圈则表示射体。右框中的"上/下"意象图式是在左框的基础上细化出来的，最后再建立具体的概念内容，而左框中的"上/下"意象图式更抽象。相比左框中的意象图式，右框中意象图式的内容进一步具体化，呈现出具有层级性的构式网络。在日常生活中，我们常用空间概念来建构商品的价格、质量和数量等概念。例如：

（29）a. 中国房地产虽有泡沫，但没有想象中的那么大，二线城市
　　　　的房价在短期内不会很快下跌。

　　　b.《北上广不相信眼泪》播出后，其收视率迅速上升，其广
　　　　受好评。

例（29）a 和例（29）b 中的"下"和"上"表示物理空间领域中价格和数量的变化，而不是一般垂直空间的表达式。像物体在空间位置上的变化一样，人们对抽象的价格和数量关系进行加工，使其表达内容具体化。因此，"下跌"和"上升"的表达式就可以用来描写价格和数量

关系。"上/下"构式的表达式关乎"空间标记"①的形式与意义，是人们在认识空间和建构空间关系时必需的认知因素。因此，本节先在共时视角下探讨现代汉语"上/下"空间标记构式的形式和意义进行表征的方式，接着在历时视角下深化其在趋向连动式中的构式化研究。

5.3.1　"V 上/下"空间标记构式形式的表征

作为人们的认知思维在语言结构上的重要表现形式，空间表达式的建构是人们感知外部世界的结果。文旭、匡芳涛（2004）认为，空间标记构式的形式关涉两个维度，分别是构式的内部结构和话语中其他构式的成分。两个维度的变化在整个构式网络体系中紧密联系，既不是单方面发生的，也不是独立存在的。现代汉语中，"V 上/下"构式作为空间标记的构式形式，既是单语素形式，又是组构性复杂、能产性较强的多语素的空间标记构式。该构式表达较强的趋向空间意义，若不使用该空间标记构式进行表征，那么构式在形式上组构出的意义很难实现整体的表达效果。例如：

（30）半途，我从火车上逃了下来，他又把我拉上火车，像押犯人似的把我押到他亲戚家里住了一个多月。

（31）他乘的列车停靠杭州车站，他从餐车上跳下站台，见站台上停着一辆给餐车送餐料的三轮车，便飞身上车，骑着它在站台上横冲直闯……

从例（30）和例（31）中可以看出，"上/下"体现出多语素的趋向空间标记，并且其内部结构复杂，因而表达明确的趋向空间意义。该构式占有重要的地位，一方面它指示了主体如何进行空间移动、空间移动要向着哪里去这两个主要问题，另一方面它实现了空间移动事件的整体表

---

① 虽然在现代汉语中空间标记也称为"方位词"，但是文旭（2014）认为，"方位词"在有些语言中并不是一个词，而是词组甚至是词缀。他的这一说法符合本书的研究意图，即空间标记不局限在词的层面，它还有句法、语用、语义等功能。所以本书也把 V+趋向动词"上/下"统一称作"空间标记构式"。

征。在例（30）和例（31）中，"拉上"和"跳下"要放在较高的构式融合语境的框架内，另外，"拉"和"跳"更凸显了主体动作在趋向空间上的变化。这说明，空间标记关系在认知上的多样性是通过"上／下"空间标记构式的复杂性反映出来的。可以从简单的表达式、复杂的表达式两个方面对空间标记构式的内部关系进行区分。前者就是我们常常提及的拓扑关系，例如附着关系和包容关系；而后者主要是构式成分的投射关系，也就是说话人可以利用一个物体当前的位置及状态来确定其与另一物体的关系。空间标记构式的内部成分是相互制约、相互依存的。根据空间标记构式与话语中其他成分的相互作用，文旭、匡芳涛（2004）建构出了空间标记构式的融合（fusion）模式。在他们看来，空间标记构式在空间变化上表现出一种融合连续体（continuum of fusion）模式（见图5-3）。

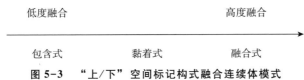

图5-3　"上／下"空间标记构式融合连续体模式
资料来源：文旭、匡芳涛（2004）。

　　我们借助图5-3的包含式来理解"V上／下"的成分。在趋向连动式中，"上／下"构式的形式比较简单，通常意义上是表示趋向动作的动词。"上／下"的单语素比较灵活，可以是自由的，也可以是不自由的。在书面语中，"上／下"通常被看作不自由的、黏着的语素，并且可以作为单音动词使用。此外，"上／下"融合式主要是V与"上／下"构式的搭配使用，二者无论在形式还是意义上，都是一个相互依存的整体。这种模式被运用在"上／下"成分关系（constituency）中，它们与其他动词搭配后，产生了较高融合度的空间意义，它的句法、语用、语义以及语境等因素在一定程度上都较强。通常，动词的用法和百科知识是分不开的，"上／下"构式作为一种空间标记，自然集中反映了百科知识的语义观。"上／下"与动词的融合度是比较高的，以下我们以"跳上"构式使用的实例对此进行阐释。

（32）a. 紧急情况下，他赶紧跳上车，也不管别人下来没有。现场
　　　　乱哄哄的。

　　　b. 她非常努力，坚信自己终有一天能跳上梦想的舞台。

　　　c. 只要音乐不停，阿芳能跳上一两个钟头，沉浸在自己的音
　　　　乐中。①

例（32）中的"跳"和"上"，在形式和语义上都具有极高的融合度，是具有多重层级的构式，而不再具备趋向连动式的语义功能。单单基于"跳"和"上"的不同义项进行分析的话，我们几乎不可能从构式的形式上判定其表达的意义。然而，如果我们换一个角度，依据认知参照点去分析"跳上"这一用法，会发现例（32）a中的"跳上"融合了"动作方式＋动作趋向"的特征，强调整个事件的发生方式，即在特定空间域内的位置变化。例（32）b中，"跳"和"上"整合为"动作＋结果/目的"的核心要素，该句的核心语义或焦点是"实现人生理想的新旅程"，并且这一事件实现或者结束的方式是运用空间隐喻的表达方式来说明的。例（32）c中，"跳上"则侧重于在特定的时间段内"某一动作的持续进行"，其焦点是"跳舞"事件的持续性状态。郭霞（2013）把这三种语义类型概括为：说话人在感知外部事件时，将事件的过程、结果以及持续性状态作为自身认知的参照点，它们之间还构成一个连续体的图式构式。

5.3.2　"V 上/下"空间标记构式意义的表征

人们对外部世界进行感知后，接着形成的具体语言表达式就是构式成分之间的关系。"上/下"构式作为能标记空间意义的一种表达式，是说话人基于自身身体构造对空间成分关系进行认识、理解的结果。对于垂直维度方位的感知，人们的感知观念是整体性的，而非单一的存在，并且符合格式塔感知效应。所以，"上/下"空间标记构式是以一个完整的格式塔的组建形式相互联系着的，其形成不是一个孤立的过程

---

① 例（32）转引自郭霞（2013：129—130）。

（蓝纯，2005；李维滨，2015；吴念阳，2014）。"上/下"组构的关系作为一个图式构式，其各要素组成一个相互依存的整体。这种整体的意象图式，无论其中哪一方在整个图式中得以凸显，另一方都作为依存的一方而相伴相随。若"上"构式得以凸显，那么也能够以此预设"下"构式的可能，"下"构式得到凸显同样也会预设"上"构式的可能。也就是说，"上/下"意象图式之间的关系构成一种层级网络（见图5-4）。

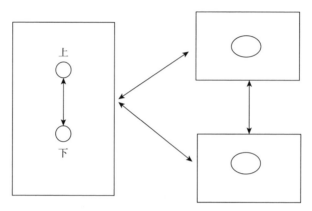

图5-4　"上/下"空间标记构式意义的整体网络

通过观察图5-4中构式的层级网络关系，可以阐释趋向连动式中"上/下"图式网络的构式意义。"上/下"作为空间标记构式意义的整体网络，其图式构式发展出来的所有意义都是整体的、具有连续性的构式网络，例如趋向意义、完成意义、获取意义、包含意义等。下面简要阐述这些构式意义的表征手段。

5.3.2.1　趋向意义

"上"表示朝向意义，既能表征静态的位置关系，同时也可以引申出表达趋向空间位置的动态变化关系。例如可以把"沿着楼梯往上走"表达为"走上楼"，在这里，"走上"就具有趋向动作的意义。"走上楼"表达了在垂直方向上的趋向动作。但是，"走上楼"这一类的构式表达式没有凸显趋向动作的起点和终点，仅仅表达了趋向动作的路径。"走上"表示一种由低处向高处的趋向运动，同时表征趋向空间的意义。

　　然而，人们在对趋向事件动作进行描述时，总会伴随事件的开始与结束的认知过程。那么，在进行表征时，这样的认知过程就会对应相关事件的起点和终点。在意象图式构式的表达上，"上"具有兼备起点和终点的位移义。若是其中任何一个对象在构式语境中被凸显或激活，"上"表达的动作就成为这个对象的焦点，趋向运动的终点成为核心意义。"走上楼"表示一种趋向动作的变化过程，即从较低的楼层向较高的楼层移动；然而，射体不一定一直到达最高楼层，所以趋向动作可以在高于起点动作的任何一个位置结束。尽管"走上楼顶"意味着趋向动作的终点，也可以说是标志着趋向动作的结束，然而射体可以停留在比起点动作高的任何一个位置作为其终点。即只有射体到达的既定位置才是真正意义上的终点位置。若是趋向动作的终点不断凸显、激活，它的构式意义就会渐渐地强化，最后就会有新的构式意义被分化出来。同时，也可以通过淡化趋向路径的动作来凸显趋向动作的终点。

　　"上"不仅仅具有表达空间垂直方向的功能，还具有表达非垂直方向的功能。例如：

　　（33）游行当天，学生们喊着口号，不断涌上街头。

在例（33）中，"上"不具有表达垂直方向的功能，而是强调说话人把视角投射到"街头"这一既定的目标上来，该构式的主要意义是"到达"街头这一终点目标。另外，"上"也表达了一种趋向意义。

　　趋向意义是"下"最基本的构式义，作为动态的认知方式，它表示趋向动作从上往下的变化。然而，通常情况下，"下"凸显趋向动作发生的起点，而不强调动作的终点。例如：

　　（34）战士们一个个跳下马，挥舞着大刀砍向敌人。

　　在例（34）中，"跳下马"表示"从马背上跳下来"，依据其构式语境，其趋向动作的起点恰巧在其宾语位置。如果趋向动作的起点被凸显出来，不仅投射出一种构式，而且表达新的构式意义，且不再表示垂直空间的方向变化，那么，语义要素就会被分化出多种非垂直的空间变化意义。最终，其表达的趋向路径隐退，转而直接表达非垂直空间的构式意义。例如：

（35）由于路面结冰，一大早就有几辆轿车驶下320国道。

在例（35）中，"下"的构式意义是"离开"，因此"下"在该句中可以阐释为轿车开下了国道或离开了国道。"下"表示的趋向路径隐退了，其构式的主要意义表达的是"车祸"事件这一负面信息。尽管在此事件中，"驶下"还承载着一定的垂直趋向意义，然而它已扩展为表达非垂直空间的构式意义。

趋向空间特征的变化是通过"上/下"构式意义的扩展体现出来的，其基本构式意义凸显出垂直空间的趋向动作事件，这种趋向动作事件是一个从起点到终点的完整的运动事件。趋向动作事件中构式意义的表征可以依据构式中起点、路径以及终点等因素的凸显程度来判断。人们认知方式上的凸显、构式语境以及构式语用经济性原则会对上述因素起制约作用，从而引起"上/下"构式意义从垂直趋向意义向非垂直趋向意义扩展。

5.3.2.2　完成意义

在趋向空间基本意义的基础上，"V上"构式的意义进一步扩展，具备了辐射型的特征。它具有"完成"意义，表达从一个空间延伸到另一个空间，即从物理层面的趋向空间延伸到趋向事件发生变化的空间。从表达趋向空间事件转变到表示趋向事件变化的终结，体现出了从一种具体的趋向空间向一种比较抽象的非趋向空间的变化。构式中的射体主要表现为由一种状态进入另一种状态，即从原有的状态进入新的状态，构式的意义是原因或条件因素进行一系列整合的结果。例如：

（36）a. 这两天突然发现屋里的门被虫子钻上几个洞，真是把我吓了一大跳。

b. 清风说："好！我四人也不挪店了，瞧一天回来，还住这里吧。"店内小伙计送来茶水，四个吃完了晚饭，点上灯，又谈了几句话，才各自安歇。次日清晨起来，吃完了早饭，四人进了庆阳府南门，一直往北，只见街上人烟稠密，男女老少甚多。

在例（36）a中，可以把"钻上几个洞"理解为由于"钻"这个动作，门上才出现了几个洞，在该语境下，"上"表达的是整个事件的完成。在例（36）b中，同样，"点上灯"可以理解为由于"点"这个动作，灯才亮起来。也就是说，由于"点"这个动作条件的完成，"灯"的亮光才经历了一个从无到有的过程。

"下"构式的义项变化大致与"上"构式的义项变化相同，即从基本的趋向空间意义向"完成"意义扩展，二者都可以表示一种运动事件或事件状态发生变化后具有"完成"的意义，强调这种状态变化是从没有的状态转化为存在的状态。例如：

（37）a. 天已很晚，老廖想找个旅馆请客人住下，明天好继续谈。

　　　 b. "水牛肚子"走了之后，人们先是称赞郭亮有胆量，是初生的牛犊不怕虎，说的痛快，给大家出了气；但后来又有人为郭亮担心，说他是手拿竹竿捅马蜂窝，惹下了乱子，闯下了祸。

在例（37）a中，"住下"表示一个动作行为，即找到旅馆这个事件之后，客人完成进入旅馆休息的整个过程。客人经历了从一种状态向另一种状态的转变，从最开始没有旅馆居住的状态转化为有旅馆居住的状态，所以完成了成功入住这一事件。在例（37）b中，在完成了"惹下"这个动作事件的前提下，才会有"乱子"事件的出现。所以，"下"表示动作事件的完成，即从没有"乱子"到有"乱子"变化的过程。

在"完成"意义的表达上，"上/下"存在差异。在构式语义中，"下"表达趋向动作的终点除了具有"完成"这一语义要素之外，它表征出的射体轨迹可以停留在任何一个固有的位置上，而这种位置上的空间事件既不表达趋向动作的发生，也没有产生新的趋向意义。此外，射体有可能停留在终点上，这就隐含了其他的"完成"意义，在趋向空间表达的基础上，这种意义还涉及时间因素。射体还与时间因素相连接，随着时间的推移，引起"下"构式"完成"意义导致某一个动作行为发生的结果。"下"表达的构式意义主要凸显时间维度上的结果。通常情况下，一个新构式的出现与特定的构式语境相关，时间因素是制约这一构式的一个主要条件。"下"构式表达"完成"的意义，因为要满足语义表达的需要，还需要时间因素参与到"下"构式的表达中，所以除了表示趋向的动作外，它还包含隐性的时间轨迹。在认知语法的框架下，一个时间轴上语义变化的过程与动词性成分抽象出的语义成分具有较强的认知动态性，它既可以在不同的认知域中进行表征，还能强调事件的不同侧面。所以，这就造成了"上"和"下"在"完成"意义上存在差异。一般而言，在时间认知域的侧面表征"下"构式是比较容易的，然而在时间认知域的侧面表征"上"构式则是相对困难的。在很多情况下，"上"和"下"构式不能替换。例如：

（38）我童年时，年迈的奶奶和爷爷相继患病卧床不起，由于欠下的债一年比一年多，大人们经常一天只吃两顿饭。8岁那年，家里勉强送我进了学校。

（39）亲戚们都说，借钱读书，万一孩子考不上，欠上债，将来媳妇都讨不到，读书有什么用？

在例（38）和例（39）中，"欠债"构式可以分别和"下""上"搭配使用，但是构式语境因素会对其形成制约，所以二者不能相互替换。如在例（38）中，由于构式中的语境受时间高度因素的影响，"欠下"不能改为"欠上"。我们都知道债务会随着时间的推移而不断增加，在这里主要凸显的是时间因素，故"欠下"在语义上就会有一个在时间上递增的过程。在例（39）中，使用的是"上"而不是"下"，是因为其强调的是"完成意义"，是从原有的状态进入新的状态，是从表达趋向空间的事件转变到表示趋向事件变化的终结。

5.3.2.3　获取意义

实体的目标物进行抽象化后，就会成为人们想实现的某种愿望或想达到的某种标准，这就实现了"V上"构式的获取意义。通常情况下，构式"V上"的目标物的抽象化程度很高，其目标物通常是行为主体抽象的心理预期目标、想实现的愿望或想拥有的关系，因此带有较强的个人主观性。其构式意义表达的是"获取"或"拥有"。例如：

（40）土改以后，我有了房子又有了地，凭着我这点本事，做了两年小买卖就买上了牲口，拴上了胶轮大车！

（41）记得，有一回，是夏天里第一次卖冰棍，他兴冲冲地出门了，想给家里的人每人买上一支。

（42）原打算收了秋就把秀妮娶过来，让自己的老爹早些时候抱上孙子。

在例（40）中，"买上"说明说话人很想拥有牲口，甚至可以说拥有牲口是说话人的强烈愿望，并且这一愿望是通过自身努力实现的。因此，"买上"具有"获得"或"拥有"的构式意义。同样，在例（41）中，"买上"也表明"他"很想让家人吃上夏天里的第一根冰棍。至于结果是否买上了，构式意义并不关注，只是关注整个构式语境所要表达的意义以及实现的形式。在例（42）中，"抱上"也具有很强的主观意义，即说话人很想让自己的老爹早些抱上孙子。

随着时间的推移，"V下"构式的获取意义逐渐从趋向空间的移动意义中分化出来。其表达射体的动作投射到既定的事物之上或者"停留"在某一个既定的位置上，因此这一位置具有稳定的形式。同时，它也可以表征动作事件的获取关系，这种关系强调所属关系的转移，往往是一种所属关系转换成另一种所属关系。例如：

（43）他还节衣缩食购买碑帖等，甚至买下了原为清朝达官端方所私的珍品。

（44）厨师们每人各收下一块毛巾后，就一一端出菜肴，大家才开始饮酒用菜。

（45）往年种瓜，籽儿往地里一丢，便等着伸手往地里摘瓜，如今搞了生产责任制，我包下这十五亩瓜，再不出点力，不是自己和自己过不去？

例（43）中，"买下"表示一种所属关系，表示"他"拥有了句中的珍品；例（44）中，"收下"也表示所属关系；例（45）中，"包下"表示说话人拥有了地的使用权。三者都表示"获取"意义，并且主要涉及的是所属关系的转移，因此，"获取"这一构式的意义就更为抽象了。

根据例句，我们可以看出"V上/下"趋向动作所表示的构式意义是比较广阔的，它不仅仅局限在特定的物理空间内，还表示抽象的领属关系，即"获取"意义。这种关系意象图式化的空间概念结构是建立在趋向空间感知和认识的基础上的，最后构建出特定的语法结构（Lakoff & Johnson，1980）。

5.3.2.4　包含意义

在"V上"构式中，动词与"上"二者的语义关系是特殊的。在构式语境中，二者的语义融合程度较高、关系较紧密，凸显出特定的包含关系。在该构式中，射体与目标物紧密结合，最终形成的是整体与局部的关系。

（46）如果您在擦鞋时，往鞋油中滴上一二滴醋，可使皮鞋的光泽鲜亮持久。

在例（46）中，我们可以看出"醋"是射体，而"鞋油"是目标物，二者是在皮鞋上紧密结合的，构成了整体与局部的关系，具有"包含"的构式意义。

"V下"构式同样具有包含意义，其与"V上"的构式意义略有不同。"V上"构式的包含意义强调的是整体和部分的关系，或者是一种所属关系。而"V下"构式通常抽象为一个点的射体和一个三维的实体。点射体的变化会带动三维实体的变化，所以，自然而然地，点射体就成为三维实体的一部分。例如：

（47）地面陷下是楼房下水管道断裂所致。

（48）你的股骨头要看缺损多少，塌陷多少，就像乒乓球瘪下一片一样。

在例（47）和例（48）中，"陷下"和"瘪下"投射的都是三维实体。在变化趋向上，它们发生的是"自趋"变化；在变化方向上，是由外向内的变化。例（47）中"下水管道断裂"导致"地面陷下"，例（48）中"股骨头塌陷"必然导致身体受损，因此它们都具有致使的语义关系。这种致使变化导致在一个容器状的三维实体内，点射体成为其一部分，因此，"下"自然在构式中具有"包含"的意义。

综上所述，"上/下"空间标记构式的形式是一个连续体的图式构式，它作为一个参照点，可以帮助说话人在感知外部事件时，描述事件的过程、结果以及持续性状态。"上/下"空间标记构式的意义最初无疑是描述具体的、物理的趋向空间意义的，随着时间的推移，它被抽象出来并表征为趋向意义、完成意义、获取意义以及包含意义，它们是作为整体的构式网络存在的。本节只是从共时角度梳理了趋向连动式中"上/下"构式的形式和意义的表征手段，下一节将从历时角度对其构式演化以及构式化路径做出尝试性的阐释。

5.4　客观趋向连动式的构式演化

我们可以从两个层面来观察构式演化，即形式层面和意义层面。本节主要以名称学（Onomasiology）和语义学（Semasiology）两个部分来分析构式成分。名称学主要研究的是关于特定概念的不同的指派形式，正如 Traugott 和 Dasher（2002：25）指出的，名称学主要关注在特定域中已编码构式表征的发展情况或重构的形式。然而，语义学关注的是某一个词项如何获取新意义，它将一个构式多义性的发展状况作为其研究的焦点。在形式和意义上，通过空间构式的表征可以观察其在历时维度上是如何发展和演化的。作为趋向连动式中的一个范畴，"上/下"构式一直备受学者们的关注。关于"上"构式作为趋向动词的性质、语义、结构形式以及语法化路径，吕叔湘（1984b），李临定（1990），陈昌来（1994），胡裕树、范晓（1995），刘月华（1998），胡晓慧（2012）等都做过深入的探讨，并且他们的见解也都大同小异。"下"构式作为趋向动词的用法，也同样受到了学界的重视。依据不同的视角，学界也对"下"构式进行了探讨（太田辰夫，1987；邱广君，1997；史锡尧，1993；梁银峰，2007）。目前，学界就动词后带趋向动词"上/下"表达趋向意义、结果意义和时体意义达成了共识。然而，目前仍然存在尚未达成共识的问题。例如，在趋向连动式中，"上/下"的构式意义是如何演化而来的，其构式演化路径又是怎样的，学界目前还没有一个确切的定论。所以，本节以构式演化为视角，根据"上/下"在趋向连动式中的形式演化和意义演化，探讨这类趋向动词是依据怎样的构式路径演化而来的以及其构式化机制。

5.4.1 "V 上/下"构式形式演化的路径及动因

远在先秦时期，在趋向连动式中，"上/下"构式的形式为"V+而+上/下"。在时间上，V 与"上/下"二者的动作是同时发生或者一前一后的关系，连词"而"在这类构式中起到桥梁的作用。在构式形式上，二者地位同等，并且共用一个主语，只是表示两个独立的动作。虽然其构式简单，然而意义的演化却是多种多样的。

5.4.1.1 "V 上"构式形式的演化

在上古时期，物体以高处的终点为目标，通过自身的运动向其移动或靠近，这种运动方式在构式形式上为"V+而+上"，"而"可以将两个动词连接起来，表达趋向移动。例如：

（49）行十余里，广详死，睨其旁有一胡儿骑善马，广暂腾而上胡
　　　儿马，因推堕儿，取其弓，鞭马南驰数十里，复得其余军，
　　　因引而入塞。（《史记·李将军列传》）

例（49）中，"腾"和"上"是句中的两个主要动词，"李广"是二者共同的主语或施事主体。可以理解该句为"李广突然腾身而起跳上胡人的马"。此句中，"李广"自身的空间位置发生了转移，从"地上"到"马上"。同时的语料中也有"而"在构式中脱落的情况，"上"的动词性则有所减弱。例如：

（50）鲁桓公知之，怒夫人，夫人以告齐襄公。齐襄公与鲁君饮，
　　　醉之，使力士彭生抱上鲁君车，因拉杀鲁桓公，桓公下车则
　　　死矣。（《史记·齐太公世家》）

在例（50）中，"抱"和"上"之间没有连词"而"。相比动词"抱"，"上"的动词性没有那么强，但仍然表示空间上的位移动作。在语义上，"上"对前面的动词的依附会导致语义的重心前移，即读者在阅读此句时，会更多地关注"抱"这个动词，或者说"抱"的语义更强一

些。根据例（49）到例（50）的变化轨迹，可以看出，"V+而+上+处所词"的构式形式逐渐演变为"V+上+处所词"的构式形式。根据历时语料可知，这类构式在演化过程中逐渐向其他构式类型演变。最初，构式中的"上"是作为主要动词出现的，但是，随着时间的推移，它逐渐演化为后置成分的动词。在趋向意义上，它的演化逐渐经历了先秦的萌芽、两汉的发展和唐代的完成（胡晓慧，2012）。在形式上，虽然"V+而+上+处所词"演化为"V+上+处所词"，但是其构式意义没有发生变化，仅仅是构式内部维度的演化。

在先秦文献中，并没有出现"V+上+处所词"构式的案例，汉代文献中却出现了几例。相比"V+而+上+处所词"构式，"V+上+处所词"构式逐渐增多。在汉代，这两个构式处于不断融合和交替中，虽然"上"的语义和语用功能有了新的发展，但它仍然具有较强的动词性和表示较强的趋向意义。

到了唐代，连词"而"完全脱落了，并且该构式可以带上处所宾语，"上"逐渐失去了部分动词性的功能，而扩展出了抽象的趋向空间意义。《敦煌变文集》中，"大王便唤上殿"可理解为"大王唤目连，目连上殿"，"唤"与"上"是独立的两个行为动作，在语义上是平等的。在现代汉语中，不同学者对"唤上殿"的理解存在差异。胡晓慧（2012：44）认为，可以把"唤上殿"理解为偏正关系，由于有处所词"殿"的存在，"唤"和"上殿"二者在语义上是不平等的，它们已不再是两个独立的行为动作，而是一种"前重后轻"的语义关系。所以，二者的关系从以往的并列关系转化为偏正关系。对于为什么并列关系会转化为偏正关系，学界也进行过探讨。冯胜利（1996，2009）以韵律词为视角对这一转移进行了探讨。在他看来，通常情况下，一个句子中有一个重音，并且此重音经常会落在句子的核心动词上；另外，该动词对其邻近的成分也会产生一定的影响。在"V+上+处所词"构式中，受事宾语或者处所宾语一般会担任普通重音的角色，"上"没有担任普通重音的资格，只能与核心动词组成一个韵律单位，仅仅作为一个要素附着在核心动词后面。董秀芳（2004）认为，汉语动词性复合词的使用是有一定的优势的，它可以抽象出"方式或路径+行为或结果"的语义形式。因此，在"V+上+处所词"构式中，其内部语义会有一定的融合，会反映出趋向动作是如何发生的以及趋向行为会产生什么样的结果。"上"与前面的动词紧密融合或者说"上"附着在该动词后，正是构式成分之间的一种"牵制"（coercion），它引起了语义要素的融合或兼并，促进了构式的语义演化。此外，这种牵制也可以引起构式中表达方式相近或邻近的事件产生更大限度的趋同；因此，"V 上"这一构式逐渐成为一种固化的构式标记。至于"V+而+上+处所词"构式会演化为"V+上+处所词"构式，原因是人们新分析出来一种构式化机制，即韵律制约构式和构式牵制语义成分促使其发生了构式化。

在上古汉语中，在外力作用的影响下，受事主体产生了"由低处到高处"的趋向移动，所以构式的形式为"NP_1+V+……+上+处所词"。在该构式中，V 所带的宾语是受事客体。并且受事客体的位置比较灵活，可以位于"V 上"构式的前面、后面甚至是中间，即如"NP_2+V+上""V+ NP_2+上""V+上+ NP_2"的构式表达式。例如：

(51) 鲁人从君战，三战三北。仲尼问其故，对曰："吾有老父，身死，莫之养也。"仲尼以为孝，举而上之。以是观之，夫父之孝子，君之背臣也。（《韩非子·五蠹》）

(52) 兹郑子引辇上高梁而不能支；兹郑踞辕而歌，前者止，后者趋，辇乃上。（《韩非子·外储说右下》）

(53) 邓通，蜀郡南安人也，以濯船为黄头郎。孝文帝梦欲上天，不能，有一黄头郎从后推之上天，顾见其衣裻带后穿。（《史记·佞幸列传》）①

胡晓慧（2012）认为，施事主体执行的动作影响受事客体，结果是导致受事客体产生"向上"的空间移动。她把例（51）、例（52）、例（53）分别分解为对应的构式表达式，即例（51）的构式表达式为"NP_1+V+而+上+ NP_2"，例（52）的构式表达式为"NP_1+V+ NP_2+上+

---

① 例（51）、例（52）和例（53）转引自胡晓慧（2012：45）。

处所词"，例（53）的构式表达式为"NP₁+V+ NP₂+上+处所词"。

从上述构式的表达式可以看出，V 与"上"在构式地位上是平等的，不存在一方依附另一方的关系。在趋向连动式中，V 与"上"之间的语义关系不紧密，二者之间可以带受事宾语和连词"而"，表示一种在空间上的"从低处向高处"的趋向移动。

人们对事物的认知不是无序的，而是一个从具体到抽象的图式化过程。而"上"构式的演化恰恰遵循人们的认知规律，是从具体的趋向动作演化为抽象的非趋向动作的过程。在该构式中，V 与"上"的构式义不再是简单的物理空间上的趋向移动义，而是表示事物动作或状态的完成。在具体的构式语境中，说话双方对于空间位移的终点是心照不宣的，故它在构式中不直接表达出来，即位移终点在话语中逐渐丢失，故"上"也逐渐失去其独立的构式地位，最终的构式形式为"NP₁+V+上+ NP₂"。该构式起源于汉代，在唐代得到长足发展，明清时期已经比较成熟了。为什么"NP₁+V+ NP₂+上+处所词"构式会演化为"NP₁+V+上+NP₂"构式？我们以杜牧的《赠别二首》为例加以阐释。在该诗中，有两句为"春风十里扬州路，卷上珠帘总不如"，其中有"卷上"二字。通过上文的分析可以看出，"珠帘"是"卷"和"上"共同的受事宾语。此外，"上"的语义较弱，附着在"卷"的后面，与受事宾语"珠帘"不直接关联，只是充当一个补充成分。这一构式之所以会发生这样的演化，主要原因有两个：一是受事宾语提前或者丢失为"V 上"邻近成分的融合提供了一个构式语境，从而为说话人创造新的分析提供了可能；二是在"V 上"构式中，处所词逐渐脱落，终点目标的表达在整个构式中显得没那么重要。而且，"上"只是一个依附在 V 之后的成分，表达抽象的意义，强调某个事件的完成；在构式语境中，其被说话人新分析为动趋构式或动补构式。

利用隐喻，"V 上"构式的趋向空间义扩展到数量域、时间域之中，从而表达数量的变化和时间的位移。受事客体在外力的作用下，实现了这种变化，构式形式为"NP₁+V+上+时间/数量"。例如：

（54）隔上五日八日见凤姐一面，那凤姐却是和容悦色，满嘴里姐

姐不离口。又说："倘有下人不到之处，你降不住他们，只管告诉我，我打他们。"（《红楼梦》第六十八回）

（55）纵再省上二三百银子，失了大体统也不像。所以如此一行，外头账房里一年少出四五百银子，也不觉得很艰啬了，他们里头却也得些小补。（《红楼梦》第五十六回）

在《红楼梦》和《金瓶梅》中，这类构式屡见不鲜。胡晓慧（2012：48）认为，在明清时期，这类构式已经得到广泛应用。然而在唐宋以前，这类构式在文献中的使用几乎是找不到的。若"V上"构式表示一个事件动作的开始，并在时间上进行延续，即表达的是一种时体意义，则构式的形式为"NP_1+V+上+时体助词+NP_2"。如：

（56）这里是"属人的自然界"，显然是指进入人的实践活动范围内的自然界，只有在这个范围内，自然才会被打上了自我意识的烙印。

（57）但竞争回报人们的并不都是甜蜜的硕果，有的人在竞争中前进了，为自己塑造了发光的形象；有的人却堕落了，走上了毁灭的道路。

在例（56）和例（57）中，"V上"后的"了"是时体助词，即表示的是时体意义的构式。然而，在构式的形式和意义的理解上，构式"NP_1+V+上+时体助词+NP_2"与趋向连动式的"NP_1+V+上+NP_2"存在差异，胡晓慧（2012）以"穿上"和"试上"这两个构式为例对其进行对比。

（58）穿上衣服，他就出去了。

（59）回到家，他又试上了衣服。

在例（58）中，"衣服"是受事论元。在一定程度上，"穿上"具有空间位移的特征；在施事主语的影响下，"衣服"发生了空间位移，因此要"重读"。在例（59）中，在构式"试上"中，语义中心落在"试"上，其表示的是动作的开始或延续，故"试"要重读。"衣服"是受事论元，在特定的语境中，可以弱化或者消失，从而演化为"NP_1+V+上+零成分"构式。

综上所述，趋向连动式中"V 上"构式形式的演化大致的路径为"V+而+上"→"NP₁+V+……+上+处所词"→"NP₁+V+ NP₂+上+处所词"→"NP₁+V+上+ NP₂"→"NP₁+V+上+时间/数量"→"NP₁+V+上+零成分"。

5.4.1.2 "V 下"构式的形式演化

在先秦文献中，趋向连动式"V 下"已在较多文献中出现。V 与"下"的关系不够紧密，它们之间通常有连词"而"。形成的构式形式为"V+而+下+处所词"。例如：

（60）蜀地之甲，轻船浮于汶，乘夏水而下江，五日而至郢。汉中之甲，乘船出于巴，乘夏水而下汉，四日而至五渚。（《史记·苏秦列传》）

到了这一时期，"下"在句法形式上和语义功能上具有较强的构式意义。其动词性之强主要体现在施事主体通过趋向动词从高处向低处移动，或者使受事客体从高处向低处移动。如例（60）中，V 与"下"的后面都可以加处所词，二者比较独立，并没有主次和上下之分，它的构式义是在空间上向下移动的"趋向义"。动词和"下"共用同一个主语，在语义上，两个动词是平等的，表示这一动作发出之后施事主体或受事客体到达某个低处的空间位置，是一种物理空间位置上的转移。

本书统计了《史记》中"V+而+下+处所词"和"V+下+处所词"构式出现的情况，前者一共出现了 4 例，后者一共出现了 5 例。这说明，在汉代，两种构式使用的频率相当。而到了唐代，二者使用的频率却大相径庭。胡晓慧（2012）统计了《敦煌变文集》中"V+而+下+处所词"和"V+下+处所词"的出现频率和使用次数。结果表明，此文献中没有出现"V+而+下+处所词"构式，而连词脱落的现象即"V+下+处所词"构式共有 8 例。

汉代以后，兴起了双音化趋势，它是构式内部语义关系发生变化的主要原因。通常情况下，一个句子只能有一个重音，句中的核心动词会担任这个角色。所以，在构式"V 下"中，"下"失去了重音资格，只能附着在充当重音的动词后面，最终为动趋式的产生创造了条件。

就语言而言，结构和边界是统一的，构式符合语法规则表达的认知基础是语言结构的有界化。构式在边界上的融合遵守构式内部运作机制（新分析）和相邻吸引的演化规律，同时结构边界变动会导致构式进行创新。在构式形式-意义重构中，结构边界的移动是人类完型认知特征在语言结构演化中的具体体现，是推动构式演化的主要动力（刘辰诞，2008，2015）。V 和"下"之间的有界化最终形成了动趋构式。

综上所述，"V+而+下+处所词"演化为"V+下+处所词"的主要原因是韵律因素的制约和结构-边界的新分析。V 与"下"之间融合度较高、关系较紧密，这为新构式的出现创造了条件。

在上古汉语中，在施事主体的动作施为下，受事主体会表现出"从高处向低处"的趋向位移，这种构式的基本形式为"NP₁+V+……+下+处所词"。受事客体就是 V 后的宾语，它的位置比较灵活，可以位于"V 下"的前面或后面。我们借用胡晓慧（2012：66）列举的例子进行阐释。

（61）汉四年冬，项王与汉王相距荥阳，彭越攻下睢阳、外黄十七城。项王闻之，乃使曹咎守城皋，自东收彭越所下城邑，皆复为楚。（《史记·魏豹彭越列传》）

从例（61）可以看出，物理空间上的位移或者"从高处向低处"的趋向构式义在句中并不是很明显。它的构式义逐渐从较强的空间移动的构式义演化为"脱离"和"留存"的构式义。构式中的终点目标脱落的原因是说话人对构式的焦点信息关注的差异。说话人只是把关注的焦点置于受事客体"脱离"某处或"留存"的某个位置。在特定的构式语境中，说话双方都可以推导出位移的终点目标，因而不需要直接说出论元。这导致了"NP₁+V+……+下+处所词"构式演化为"NP₁+V+下+NP₂"构式。在汉代，这种构式已经存在，在唐宋时期得到了广泛应用。根据胡晓慧（2012：67）的统计，在汉代时期的《史记》中，这种构式一共有 16 例；在唐代的《敦煌变文集》中，这种构式一共有 12 例；在宋代的《五灯会元》中，有 24 例。从数量上看，该构式在这三个时期的使用量差别不是很大。从语料的观察来看，在汉代，"NP₁+V

+下+ NP₂"构式主要表达"攻克"的含义较多一些，如"其后二十余年，燕将攻下聊城"，这与当时的战事环境有关。

"NP₁+V+下+ NP₂"构式中的"NP₂"可以充当受事客体，也可以充当非受事客体。在外力作用下，"NP₂"可以表示受事客体产生移动的终点目标。例如：

（62）尚书令可与执法以下，就讯众狱，使冤讼洗遂，困弊昭苏。

颁下州郡，咸令无壅。（《宋书·后废帝纪》）

相比之前"V下"构式表示物理空间的位移，宋代《五灯会元》中"NP₁+V+下+NP₂"构式中"V下"则表示"脱离"和"留存"的构式义。因此，"NP₁+V+下+NP₂"构式在宋代发生了构式化，并且出现了新的形式和意义。例如：

（63）觉曰："这瞎汉来这里纳败缺，脱下衲衣，痛打一顿。"师于言下荐得临济先师于黄檗处吃棒底道理。（《五灯会元·临济玄禅师法嗣》）

在例（63）中，"脱下"是一个典型的趋向连动式，"脱"与"下"共同的受事宾语是"衲衣"。另外，我们也可以把"脱下"理解和分析为动趋构式，"下"逐渐演变为附着在"脱"后的成分，它的动词性减弱，与"脱"构成偏正结构。并且，"下"与受事宾语"衲衣"不发生直接的联系或者说联系不紧密（胡晓慧，2012：68）。

"V下"发生构式化主要是因为受事宾语的边界移动为构式的新分析提供了可能。"V下"不再表示具体的空间位移，其语义产生了抽象化。"下"成为V的附着要素，这是语义要素融合的结果，"V下"逐渐演化为趋向连动式的一个次范畴。

综上所述，"V上/下"构式在形式上的演化路径大致是相同的。因此，本书使用图5-5描述其演化路径。

图5-5中的A为基本的空间构式，即"V上/下"构式。其是一个图式构式，具有继承性。A构式的形式从 A₁ 开始向 A₂ 演化，又从 A₂ 继续向 A₃ 演化，一直继续向 A₄ 演化下去。这种演化模式是构式链和节点进行组合并联系起来的。因此，我们把"V上/下"构式形式的演化

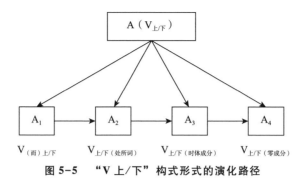

图 5-5　"V 上/下"构式形式的演化路径

路径称为链状型的演化路径。

5.4.2　"V 上/下"构式意义演化的路径及动因

构式语法学家认为，语言是一种规约单位，由表达多样、类型不同的构式组成。词汇是组成语言的基本要素，然而在构式的形式中，词汇意义只能提供部分的意义，而不是全部。在构式语境中，同一个构式表现出不同的构式意义，其中共性和差异性与其他因素无关，是由构式自身引起的，因为构式发展、演化的特征与规律体现了构式整合的意义。Goldberg（1995）认为，一个构式的意义通常是与动词结合的意义，接着才可以比较清晰地表达整个句子的完整意义。构式意义的核心是构式和动词关系的整合。典型动词的意义会反映构式意义。除了典型动词外，表达方式、途径、条件等的动词也可以进入构式，其构式意义会对邻近动词产生影响。接着，邻近构式就会产生新的构式意义，推动构式演化，最终导致构式化产生。在不同的历史时期，"上/下"构式的意义与不同的动词融合，接着会有新的构式意义产生。在新的构式意义形成的过程中，"上/下"构式同样有其自身的构式意义，其演化是多种多样的。根据相关的文献，下面对其构式演化路径做出阐释。

5.4.2.1　"V 上"构式的意义演化

先秦时期，在趋向连动式中，"V 上"构式表示主语通过某个动作"从低处向高处"发生空间位移，"而"在该构式中起到桥梁的作用，将 V 和"上"连接起来，构成了平等的语义关系。此外，在动作的发生顺序上，V 和"上"二者的动作发生是前后继承的。例如《穀梁传》中的"历阶而上"、《庄子》中的"腾跃而上"。"上"表达的是"从低处向高处"的物理空间位移，其构式意义清晰、明确，"上"在这里是一个典型的实义动词。

到了汉代，"上"最初的"从低处向高处"移动的构式意义发生了变化，构式中连词"而"脱落，在"上"后出现处所词，表达位移的终点或目标。构式的语义重心改变了，"V 上"呈现出前重后轻的语义现象，"上"成为附着在 V 后面的成分，逐渐从独立性构式演化为依附性构式。例如《史记》中的"抱上鲁君车"、《太平经》中的"飞上天"。在原有的基础上，"V 上"已成为一种动补构式，具有"从低处向高处"的趋向意义。在唐代，"上"的趋向意义发展得已经比较成熟，并且有越来越多的人使用，其构式意义已经比较稳定。例如：

（64）a. 目连将饭并钵奉上，阿娘恐被侵夺，举眼连看四畔，左手障钵，右手团食。食未入口，变为猛火。（《敦煌变文集新书》卷四）

b. 受他考（拷）楚，文案既成，招伏惩罪，领上法场，看看是死。（《敦煌变文集新书》卷六）①

在例（64）b"领上法场"中，构式"上"是该构式中的一个后项构式，它的内部语义关系可以分解为两个部分的构式：

构式 A：领+上法场

构式 B：领上+法场

我们都知道"上"的基本意义是"从低处向高处"移动。但是，构式 A 新分析为构式 B 之后，"法场"成了"领上"的受事论元。在该构式中，"领"表示具体的动作方式，而"上"只是成为"领"后的一个表示方向的附着成分，其动词意义在逐渐淡化。马云霞（2008：124）将"上"解释为路径意义，若"上"带上处所词，则凸显"到达"的意义。显然，该解释把"上"理解为表示动作的方向。

---

① 例（64）转引自胡晓慧（2012：34）。

"上"还拥有"空间扩展义"，指的是其除了表示"从低处向高处"移动的意义外，还投射到其他空间域。"上"的空间扩展义主要是指在外力因素或者某一个动作的影响下，事物向某个特定方向移动，主要凸显"到达"的意义。在语言中，"上"的空间投射义已扩展为以下几种构式意义。

第一，"V上"表示"恭敬"，一般而言，受事客体与后面宾语存在等级尊卑的关系，"V上"主要是指受事客体以某种方式实现一种从下级向上级的趋向行为事件。例如：

（65）光登正位，为先人休，不堪喜豫，谨奏上二十六物以贺。

（《全汉文》）

在例（65）中，"上"构式不表示空间的位移，而是表示向尊贵、地位"高"的社会阶层移动，其构式意义已投射到社会地位领域。到唐宋时期，与"上"搭配且具有"恭敬义"的动词比较多，如"呈、拜、供、献、奉"等。到了近代，在原有基础上，与"上"搭配的动词进一步增多，如"送、交、递、盛、倒、捧"等。如今，我们倡导"自由、平等、公正"的社会价值观，过去根深蒂固的等级观念已经渐渐淡化，所以，许多表示"恭敬"意义的一般动词逐渐退出历史舞台和语言系统。由于实际需要，最初一部分表示事物在外力作用下产生空间位移的动词保留了下来。

第二，"V上"表达"到达"终点的构式意义，即事物在外力的影响下，产生空间位移，到达目标终点。在中古时期的文献中，这样的构式实例屡见不鲜。例如：

（66）每私房有人客来，则自办饮食，引上大厅，请尊长伴三盏后，却回私房，别置酒。（《朱子语类》卷九）

（67）宰臣某官已下起居，拜毕，引上殿奏事。（《辽史》卷五十一）

在例（66）和例（67）中，"上"的构式意义就属于空间意义的投射，本来是空间上的"高处"，此处被投射到心理上的"高处"。并且投射过后的位移终点在位置和级别上都是"上位"或"上等"，或者其具有美好、高尚的含义。例如，"大厅"指的是宽敞、明亮和装饰考究的房间，一般高贵的客人才可以使用，经常用于会客、宴会、行礼、展览等。再比如，"上座"在古代也是一种身份的象征，一般身份尊贵、德高望重的人才可以位居上座。在例（67）中，"殿"在古时特指帝王举行朝会或者供奉神佛的地方，其尊贵程度可想而知。总之，"V上"的扩展意义主要投射到人心理认知层面的"高处"。

第三，"V上"同样具有"状态变化"的构式意义，即主体从起点到达位移的终点。明代以后，这种构式意义已经比较普遍了。例如：

（68）老妈儿怠慢了他，他暗把阴沟内堵上块砖。落后天下雨，积的满院子都是水。（《金瓶梅》第十二回）

在例（68）中，"堵上"就指的是客体在外力因素的影响下，从起点到达终点的物体位置或者状态的变化。"上"此时是"堵"的附着要素，只有与"堵"的语义要素结合，其构式意义才能凸显出来。然而，在一定程度上，这种"状态变化"会滞留"趋向移动"的具体语义，故"上"的语义存在一定的滞留性。

在构式化意义上，"上"从趋向意义演化为空间扩展意义，它的构式义就会进一步泛化，导致其实在意义在原有基础上抽象和扩展。因此，构式实词的具体要素丧失，构式的词义运用范围进一步扩大，且以演化为抽象义为主。"上"作为一个构式，最初的核心义是物理性位移，即"从低处向高处"和"物理空间位移"两个构式义项。随着时代的进步和人们认知程度的加深，"上"的核心义要素在逐渐消失，演化和扩张为抽象的构式要素，这种抽象的构式要素带有更强的社会性和心理性。这符合认知语言学中"现实—认知—语言"的主要原理。

在近代汉语中，相比"V上"的空间构式义，其非空间构式义使用的情况居多。"V上"的非空间构式义主要是认知主体利用隐喻或转喻的认知手段，将"上"的空间构式义投射到其非空间构式义上，如表示非空间的关系构式、时间构式、数量构式以及性状构式等，即从表示客体通过某个动作向特定的终点移动演化为表达客体之间在关系轴、时间轴、数量轴、性状轴上的完成和实现的状态。

第一，"V上"具有表达某种特定关系实现的构式意义。即受事客体通过特定的动作方式被包含到特定的社会关系中，趋向终点由之前的物理位置演化为抽象位置，以抽象的社会关系为主，凸显说话人心理上的预见或实现。例如：

（69）今日这六包银子三百两，你拿去搭上个主管，在家门首开酒店，月间寻些利息孝顺我，也是好处。（《金瓶梅》第二十六回）

在例（69）中，"V上"构式的意义赋予了关系实现的终点，"搭上个主管"主要指的是受事客体"主管"已与说话人产生一定的社会关系或联系。V与"上"二者的构式融合度较高，"上"失去了构式的趋向意义，成为一种表达非空间关系意义的抽象构式。

第二，"V上"具有表示时间的构式意义。类似于表达特定关系实现的构式意义，"上"的时间意义由趋向意义映射到时间域，表示客体通过某种动作或某种方式到达特定的时间终点，或者致使特定持续时间的完成。在该构式中，若是空间位移终点与时间位移终点相对应，并且施事主体的动作又靠向时间轴的某一点，那么这一时间点有可能是受事宾语所处的时间，或者是某事件发生的时间（胡晓慧，2012：39）。例如：

（70）即使赶上兵荒马乱，他也自有办法：最值得说的是他的家里老存着全家够吃三个月的粮食与咸菜。

在例（70）中，"赶上兵荒马乱"是一个典型的"V上"表示时间意义的构式。"赶上兵荒马乱"指的是施事主体在向特定事件发生的时间点靠近，我们可以将其理解为"恰逢兵荒马乱之时"。因此，"上"的构式意义表达了施事主体向事件中特定的时间点靠近。原本"上"表示的是空间位移的终点，此时空间位移的终点同样被映射到时间终点上，指施事主体动作的开始、持续，并在时间位移终点处结束的过程。"上"的构式意义体现了事物状态或动作在持续时间段内的实现。例如：

（71）又兼贾母爱惜，也时常地留下秦钟，住上三天五日，与自己

的重孙一般疼爱。(《红楼梦》第九回)

第三,"V 上"具有表示数量的构式意义。同理,"V 上"的数量构式意义是指借助隐喻,原来的趋向意义映射到表达数量的构式上,强调主体通过动作或者某种方式达成数量上的实现。例如:

(72) 他觉得只要进了冠家,说上三句哈哈,两句笑话的,他便必定得到安慰与镇定。不管瑞宣是不是下了地狱,他反正必须上天堂。

在例(72)中,"说上"一方面指数量上的实现,另一方面指在达成数量上的要求后所产生的变化或结果。然而,就其构式本身而言,它需要借助引起"结果义"的后续成分来表达完整的构式意义,所以其单独的构式意义是不完整的。通常情况下,此类构式中需要附加成分来说明这种"结果"的构式义。在例(72)中,"得到安慰与镇定"是"说上三句哈哈,两句笑话"的结果。因此,"V 上"一方面表示数量上的实现,另一方面也具备一定的篇章功能,对数量实现后产生的作用或效应有一定的连接作用。在这一点上,其与其他表示数量实现的构式是有差别的。例如,"说了三句话"和"说上三句话"在构式语义、语用功能上是存在差异的。

第四,"V 上"具有表示性状的构式意义。同理,"上"表达的性状义是其由趋向意义映射到表示性状的意义上得来的。空间位移的终点与性状位移的终点是相对应的,表示主体通过某个动作或者某种方式到达特定性状位移的终点,从而完成事物状态的变化,如"走上社会主义道路"。此外,它也可以表示某件事的发生、变化和运行与说话人的期盼或者愿望是符合的,如"考上大学"。由于事件状态的变化与说话人的主观愿望有很大的联系,构式的意义主观性往往比较强,并且构式语义的虚化程度也比较高。在近代的文献中,"V 上"的性状构式意义的使用是比较普遍的,如在《金瓶梅》《红楼梦》中就有不少的用例。在现代汉语的文献中,也有大量这样的构式,其表达的意义是多种多样的。

"上"从表达趋向空间意义演化为表达非趋向空间意义,构式意义产生了分化。通过扩展或引申的形式，构式中的词汇意义产生了新的义项，而构式中的两个义项，只要其中一个不断使用并被激活，它就会脱离原构式的义项，形成新的构式义项。在"V 上"构式中，核心语义为终点目标时，可以把"上"理解为"获得"或"实现"的构式要素。在语言表征上，人们具有隐喻思维，因此这一构式要素被抽象化，导致"V 上"的构式意义从趋向空间构式意义扩展到非趋向空间构式意义，表达了"关系、时间、数量和性状"的构式意义。

在现代汉语中，"V 上"构式还表达时体意义，其主要描述的是事件在时间进程中存在的方式。在汉语中，时体标记通常有"了""着""过""上""起来"等。"V 上"的时体意义可以用来表示动作的开始或者实现（刘月华，1998）。胡晓慧（2012）认为"V 上"的时体意义主要是动作从位于时间轴上的某一点开始顺着时间轴反复和持续的一种状态。所以，其组配的动词具有持续、反复的含义。例如：

（73）白苹穿着藏青红纹的呢旗袍，站在门口，一只手慢慢拉上了门。

（74）潘旺师傅平生第一回抱上了孙子，而且一条胳膊。

在例（73）和例（74）中，"V 上"所表达的时体意义主要是通过动作产生的新状态体现出来的。"V 上"所表达的趋向空间意义已完全丧失，转而表示"状态开始"的意义，表示新状态的开始、延续。"上"已从之前的趋向动词演化为时体助词，表达一种时体意义。

5.4.2.2 "V 下"构式的意义演化

"V 下"构式的原型是"V+而+下"，属于上古汉语中趋向连动式中的一个次范畴，表示"从高处向低处"的物理空间移动。例如：

（75）吴起至于岸门，止车而望西河，泣数行而下。（《吕氏春秋·长见》）

（76）身衡陷而下沉兮，不可获而复登。不顾身之卑贱兮，惜皇舆之不兴。（《楚辞·九叹·离世》）

在例（75）和例（76）中，"下"是一个典型的实义动词，表示"从高处向低处"的物理空间移动。句中连词"而"将"下"及其前面的动词连接起来，并且根据动作发生的先后顺序或者时间关系，二者构成一个整体且共用一个主语，在语义上没有主次之分。

到了汉代，"下"已有表达趋向意义的功能，在《汉书》中有"飞下"1例、"走下"3例，表达一种自移意义。例如：

（77） a. 三月辛丑，鸾凤又集长乐宫东阙中树上，飞下止地，文章五色，留十余刻，吏民并观。朕之不敏，惧不能任。（《汉书·宣帝纪》）

b. 夫万民之从利也，如水之走下，不以教化堤防之，不能止也。是故教化立而奸邪皆止者，其堤防完也；教化废而奸邪并出，刑罚不能胜者，其堤防坏也。（《汉书·董仲舒传》）

到了六朝时期，"下"所表达的趋向意义持续发展。相比以往，构式实例不断增加，与动词搭配的类型也在朝着丰富多样的方向发展。例如：

（78） a. 璋不听，竟遣使迎先主，出权为广汉长。及先主袭取益州，将帅分下郡县，郡县望风景附，权闭城坚守，须刘璋稽服，乃诣降先主。（《三国志·蜀书》）

b. 石滂在西溪之东，从县南入九里，两面峻峭数十丈，水自上飞下。北至外溪，封燧十数里，皆飞流迅激，左右岩壁绿竹。（谢灵运《山居赋》自注）

到了唐宋时期，"下"的趋向意义趋于成熟，在唐诗和宋词中出现的频率比较高，V 和"下"结合表达的趋向意义相比之前是比较清晰的。例如：

（79） a. 叟用妻言，遗舜泥，知母意，手持双笠上舍。叟从后放火烧之，舜乃与雨（以两）腋挟笠投身飞下，不损毫毛。（《敦煌变文集·孝子传》）

b. 雪然飞下立苍苔，应伴江鸥拒我来。见欲扁舟摇荡去，倩君先作水云媒。（陆龟蒙《白鹭》，《全唐诗》卷六百二十九）

"V 下"的趋向意义即客体在外力的影响下做出的从高处到低处的

空间位移，这类位移的主语通常是无生物体或施事主体，在物理空间上
具有较强的变化。例如：

（80）a. 从天降下，若天花乱雨于乾坤；初出魔宫，似仙娥芬霏于
宇宙。（《敦煌变文集·维摩诘经讲经文》）

b. 师跳下床，提起净瓶曰："这个是浊是净？"事无语，师
乃扑破。（《五灯会元》卷八）

在例（80）a 中，"降下"是从高处到低处的空间位移；在例（80）b
中，"跳下"就是施事主体通过"跳"这一具体动作实现了空间位移。
此外，"V 下"趋向构式意义的来源还与施事主体的身体或者身体部位
有关，其所搭配的动词经常有"趴、躺、坐、俯"等。例如：

（81）美人急将纤纤玉手一把拽将起来道："你休惧怕，且与我同
坐着。"挽着程宰之手，双双南面坐下。那两个美人，一个
向西，一个向东。相对侍坐。（《二刻拍案惊奇》卷三十七）

"V 下"的构式意义是：受事客体在外力作用下产生物理空间位移
的过程。"下"搭配的动词一般有两类：既可以是造成受事客体产生空
间位移变化的行为动作，如"推、拉、踢"等；也可以是引起受事客体
在施事主体的身体内部发生下移的行为动作，如"吞、服、咽"等。

"V 下"从基本趋向空间的构式意义逐渐演化为表示"到达"或
"完成"的位移终点意义。就"V 下"构式意义的扩展而言，其包括以
下情况。

首先，"V 下"的位移终点由空间上的"低处点"演化为心理认知
或心理感知上的"低处点"，对应的是社会地位较低的阶层，表示从上
级向下级的移动。

（82）a. 如大路看不见，只行下偏蹊曲径去。（《朱子语类》卷一
百二十五）

b. 圣旨恼怒，拿下南牢监禁，会同三法司审问。其门下亲族
用事人等，俱照例发边卫充军。（《金瓶梅》第十七回）

例（82）a 中，"偏蹊曲径"是"行下"的位移终点。与"大路"比
较，它自然是低处，即空间位移终点的低处，引申为人心理感知上的

"低处"。例（82）b中，"南牢"指社会地位较低之所。古人以北为尊，通常有"坐北朝南"之说。古代监狱一般都建在城市的南区，人们往往称其为"南狱"或"南牢"。在这里，"V下"指向位移终点的语义逐渐分化，产生了事物"置放某处"或"到达某处"的语义，该语义主要由动词承担，表示事物到达某个具体位置。胡晓慧（2012）认为，"下"的语义侧重于描述受事客体到达某一抽象位移的终点，即"留存"在某处。此外，这种"留存"的语义可以引申为被某一个处所或容器内所包含的关系，指受事客体在外力作用下被置于空间中的某一个点上，这种包含关系可以是抽象的，也可以是具体的：抽象的空间包含关系如"眼里揉不下沙子"，具体的空间包含关系主要用具体的包含动词如"住、装、藏"等表示。

其次，"V下"还表示施事主体通过某种手段或者策略"拥有"某个事物的所属权。该事物即受事客体脱离原来的拥有者，与施事主体构成新的所属关系。在汉代的《史记》中，这一用法已经存在，如"攻下聊城"。到了宋代之后，其使用范围变得愈加广泛，"下"主要与"接受"类动词和"租买"类动词共同使用，如"收下、揽下"和"买下、定下、订下、租下"等。这类动词中的绝大部分改变了之前的所属关系。

最后，"V下"表示受事客体在外力作用下脱离原有事物，它的构式意义是比较特殊的，指向动作位移的起点，表示受事客体对起点位置的背离。尽管位移的"具体终点位置"在渐渐弱化，向着表达"脱离"的义项靠拢，但是，其具体语义还是有部分的滞留，"下"仍然有趋向意义，如"抛下、撂下、放下"等。

"V下"从趋向空间意义映射到非趋向空间意义的类型是多种多样的，既可以表达数量关系，也可以表达性状关系，分别指事件在数量和性状上的完成、实现。

从数量关系来看，"V下"表示受事客体在外力作用下在数量上完成或实现的状态。例如：

（83）a. 应当节省，好积攒下结婚费。

　　b. 她必须赶快搂下老本儿，使自己经济独立。①

在例（83）a和例（83）b中，"结婚费"和"老本儿"都表示一定抽象的数量，"下"在这里表示事物数量已经积攒到一定的程度，足以引起某种结果或状态，是数量意义泛化后的抽象概念。它不再仅仅注重具体的数量，而是强调施事主体在主观期盼上所达到的数量。

　　从表达某种性状的意义来看，"V下"表示受事客体在外力影响下原有状态发生变化的过程。针对"状态意义"的表达，学界还存有较大的争议。胡晓慧（2012）认为，"V下"的状态意义表达在性状终点产生性状变化，但还没有完全具有事件"状态"的时体意义，所以其状态意义并没有完全淡化。梁银峰（2007）认为，这仅仅是"心态"情绪"等认知上的改变。戴耀晶（1997）则认为"V下"的状态意义包括静态和动态两种。刘月华（1998）用"动态进入静态"的变化阐释"状态意义"。本书则认为，一旦事件的性状发生变化，即在一定程度上达成了"实现"或"完成"的语义，其构式意义就会从具体演化为抽象，V和"下"之间是带有先后继承性的。"V下"作为具有时体意义的构式只是其表示性状变化的一个子图式，表达某个动作或状态的完成。

　　综上所述，"上/下"构式的意义演化经历了一个独特的构式演化路径，即趋向意义→趋向空间扩展意义→非趋向空间扩展意义→时体意义。整体而言，构式化的演化路径是从具体到抽象的演化，也是从实体性构式向程序性构式的演化。其演化过程具有一定的渐变性。

　　"V上"构式最初的构式义为"从低处点向高处点"的位移，其典型的构式义有两个："移动"和"到达"。随着时代的进步和人们认知程度的加深，"V上"的构式义经历了不断的分化，逐渐表达新的构式意义。"V上"从"实现状态"的构式意义中扩展出表达"动作开始并持续"的时体意义。

　　"V下"构式最初的意义为"从高处点向低处点"的位移。"趋向

---

　　① 例（83）转引自胡晓慧（2012：61）。

移动"是该构式的核心意义。"趋向移动"的意义从原有义项中又分离出来，扩展为"留存、置于某处、脱离"的构式意义。同时，"V下"又向非空间认知域扩展，表示数量和性状的构式意义。在数量上，即达到主体所期望的数量；在性状上，即性状在原有状态上的改变。然而，"下"的时体意义尚未完成构式演化，部分意义仍旧滞留在性状意义上。"V上／下"构式的演化为其构式化的形成提供了路径。

5.4.3 "V上／下"构式的两种构式化类型

我们可以从微观、宏观的构式演化两个方面去认识"V上／下"的构式化。"V上／下"的微观构式化主要是动词的词汇构式化，构式中的V会在一定程度上驱动语义和触发语境。句法方面的扩展一般不包括词汇构式化，其只在新的句法语境中使用，或附着在新的句法功能上。在宏观层面上，构式化主要是说话人在句法语义的框架下对空间位移点的概念化。通常情况下，"V上／下"的语法构式化主要是通过词汇意义的丧失来体现的，而且其构式化的过程也只能通过句法、语义上的演化来观察。"V上／下"的构式化可以分为词汇构式化和语法构式化两种类型。

5.4.3.1 "V上／下"构式的词汇构式化

前面讨论了"V上／下"构式形式和意义演化的路径，从微观层面暂时厘清了"V上／下"构式的词汇构式化特征，它可以分为自移构式化的扩展和致移构式化的扩展两个方面。

5.4.3.1.1 自移构式化的扩展

朱德熙（1982）认为，在现代汉语中，通常情况下，自移动词不与处所词直接搭配，而是在趋向动词组构的基础上才能带处所词。在这类构式中，处所词既可以是实在的，也可以是抽象的，如"往事不断涌上心头"就是通过隐喻的方式建构出来的，因此其是抽象的。在此处，抽象词"往事"只有借助趋向动词"上"进行表达，其词汇意义才能是完整的。在上古时期，V与"上／下"构式的动词性较强，词汇意义比较独立，因此构式语义是并列关系。到了中古时期，"V上／下"

构式之后的处所词范围在原有基础上不断扩大，与"上/下"构式连用的动词数量也在持续增加，造成 V 与"上/下"构式之间的词汇构式发生了变化，例如，这一时期"跳上船"的词汇构式化可以分析为"跳"［动作+方式］和"上"［动作+路径］，最后又被重新分析为"跳上"［动作方式+路径］的词汇构式表达式。同理，《论衡》"有星坠下，至地为石"中的"坠下"，其词汇构式化路径可以分析为"坠+下=坠下"。根据相关的语料可知，该时期的趋向连动式已有两条构式化路径：一条为已固化的趋向连动式，另一条是动趋构式。在近现代汉语中，前者没有发生构式演化，一直以一种稳定的结构存在；后者的"上/下"已构式演化为补语，充当的是路径卫星成分，整个结构演化为动趋构式或者动补构式。该构式演化路径符合汉语史的实际情况。马云霞（2008：156）认为，对于整个趋向连动式来说，当此构式中的动词由一类动词扩展到其他类动词时，整个构式会发生渐变演化，趋向动词所表示的构式意义同样会发生演化，路径卫星成分的作用逐渐得以展现。

5.4.3.1.2　致移构式化的扩展

"V 上/下"构式中的"上/下"的构式演化与"上/下"的致移性相联系，V 为致移类动词时，"上/下"是一种致使构式。"V 上"在上古时期尚未出现致使的意义，直到中古时期才出现了"奉上""送上"的致使义。"V 下"作为致使构式出现的时间比"V 上"早一些，在西汉时期就有表达"攻下""投降"的致使义。到了唐代时期，"V 上/下"构式在数量上大大增加，构式中 V 的类别进一步扩展。"V 上"具有"献上""奏上""进上"的构式义，"V 上"中 V 明确了具体的动作方式，"上"相应凸显了动作的结果意义（马云霞，2008：126）。其构式化则通过构式的语义整合凝固而成。"V 下"在中古时期具有"颁布""发布"的词汇构式，"下"与"上"一样，凸显了动作的结果。不同的是，自移构式中的"V 上"组构起来的构式，其构式演化的机制是新分析（neo-analysis）；而在致使构式"V 上"中，V 的具体动作使"上"的及物性受到压制，主要凸显方向意义。在趋向连动式的构式演化过程中，"上/下"所表示的意义伴随 V 词汇构式类型的差异而有所区别，但"上/下"主要通过与 V 在词汇构式上的相似点凝固成一种动趋构式，其总体的演化趋势是趋向的、结果的和状态的词汇构式。这三种趋势之间具有一定的层级性和继承性，体现了构式演化从具体构式到抽象构式的过程。图 5-6 说明了 V 与"上/下"之间在词汇构式化上是链状的。

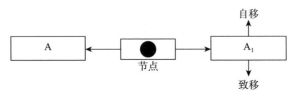

图 5-6　"V 上/下"构式的词汇构式化路径

图 5-6 中的 A 为"V 上/下"的词汇构式，构式的节点就是空间的位移。A 构式通过节点连接产生 A₁ 的自移构式和致移构式，它们都处于同一个构式链上，都具有相应词汇构式的位移性。词汇构式化的链状图有助于我们观察"V 上/下"构式能产性增强、图式性增加和组构性降低的演化特征。

5.4.3.2　"V 上/下"构式的语法构式化

在前面论述的基础上，本小节对"V 上/下"的语法构式化路径从宏观方面加以概括，这种路径一方面主要涉及构式类型和使用范围的扩展，另一方面关注构式在形式上的组块和固化构式的形成。

从"V 上/下"的构式类型和使用范围来看，趋向连动式中的"上/下"由主要动词虚化为其他词类，这引起"V 上/下"语法构式的使用范围进一步扩展。其扩展的主要形式是由具体图式构式域向抽象图式构式域映射。"上/下"构式除了受前面 V 的制约之外，还受后面处所词的制约。人类的认知能力最初是通过对空间处所的感知获取的。空间处所为基本的概念，其抽象的概念是在此基础上形成的，并以空间隐喻构式的表达式建构出来。由于人们的空间抽象思维的作用，整个"V 上/下"构式意义发生虚化，处所词也随之发生变化。处所词可以是具体

的事物，也可以是抽象的事物，如"走上不归路"中的"不归路"隐
喻为一种图式构式，意指"不能后退的无法选择的道路"。"V上/下"
构式在演化过程中，其基本意义日益淡化，向其他构式意义扩展，或者
由于隐喻、转喻的作用而产生抽象的构式意义，但新产生的构式意义是
有理据的，从其演化的轨迹可以追溯原有构式的基本意义。就"V上/
下"构式而言，它的语法构式化扩展之后，会为原有构式的演化路径
提供部分路径或方向，因为我们可以从构式的能产性、图式性和组构性
来判断。在演化过程中，"V上/下"构式的能产性和图式性不断增强，
而组构性既有增强的可能，也有降低的可能。我们把"V上/下"的构
式化路径大致归纳为从基本构式意义出发，渐变地向空间构式域扩张，
进而继续向非空间构式域演化，最后形成具有时体性意义的构式。"V
上/下"的语法构式化路径既有链状型的形式，也有辐射型的形式（见
图5-7）。

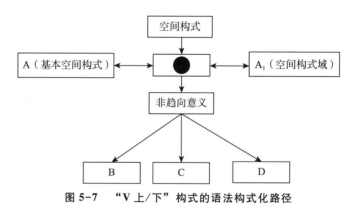

图5-7　"V上/下"构式的语法构式化路径

从图5-7中可知，基本构式意义到空间构式域之间存在空间构式
这一节点，即A→A_1的构式网络节点，它们是空间链状型的构式网络。
因此，空间构式域是链状型的演化形式。"V上/下"构式从基本空间
构式A向非基本空间构式B、C或D扩展，则呈现辐射型的演化模式。

构式在形式上的重复使用和组块作为记忆中固化的感知模式可以使
构式不断扩展。对于如何衡量一个构式的演化路径和演化程度，Heine
等（1991）认为可以观察一个构式的音位弱化（phonetic attrition）、语

义泛化（generalization）以及去范畴化（decategorialization）的情况。从"V 上/下"构式演化的历程来看，其音位都有一定程度的弱化，尤其是表示时体意义时，"上"的弱化程度最高；在语义泛化上，"上/下"表示空间移动的构式意义较为具体，泛化程度不高，表示非空间构式意义的搭配类型较多，语义很广泛；在语法范畴上，"上/下"构式从表示趋向意义的动词向表示完成意义和时体意义的动词演化，其语法范畴逐渐降低。

综上所述，客观趋向连动式"V 上/下"的构式演化路径在构式形式上主要呈现链状型的模式；从构式意义演化的角度来看，V 上/下"构式的演化路径则有链状型和辐射型的演化模式。"V 上/下"构式演化的能产性、图式性都有所增强，而组构性有增强或降低的可能。

5.5　客观趋向连动式的构式化机制

前面几节探讨了客观趋向连动式的形式、意义的表征和演化问题。客观趋向连动式的"V 上/下"构式演化路径具有链状型和辐射型两种形式，那么其产生这样的构式演化路径的机制是什么呢？本书认为，这种构式化路径主要是人们认知事物的范畴化机制和隐喻化机制起作用的结果。

5.5.1　范畴化机制

人们对事物进行分类的心理过程可称为范畴化（Ungerer & Schmid，2001：2）。范畴要依据人们的经验才能建构出来。同样，语言结构是人们在现实世界中形成的认知范畴的映射形式（文旭、江晓红，2001）。一个构式的形成源于人们对现实生活的认知加工与体验，而一个构式的演化在很大程度上是人们对范畴概念的认知发生变化引起的。事件结构如何被表征为构式的形式－意义呢？构式的形式－意义又如何体现事件结构呢？这两个问题是构式语法的主要议题。构式化从其本质来讲，是对构式的形式-意义进行新的范畴化。这种新的范畴化的实现需要既定构式的使成语境因素。人们通常运用构式凸显和构式整合的认知手段实现范畴化。在新范畴化完成之后，原有构式的形式-意义由于自主化的因素产生新的构式的形式-意义，进而实现构式化。

当然，并不是所有的构式都可以发生构式化，一个构式在发生构式化之前需要满足构式化的使成语境因素。这种使成语境因素在构式化发生之前主要表现为语用上的复制、调适，在后构式化演化阶段表现为新的微观构式倾向于扩展、强化甚至有固化的可能。当然，后构式化演化的使成因素对新构式的制约作用相对较大，因为一旦某个构式的形式或意义得以扩展或泛化，就会使原来的构式渐变产生新的构式，从而使构式形成新的形式-意义，实现构式化。

首先，构式化的使成语境引起趋向连动式中"V 上/下"发生构式的扩展和泛化。例如，"V 上/下"原来的基本意义在句法上是独立的，表示空间的移动意义，这一意义在历时的演化中表现出向结果意义、状态意义的构式演化过程。这些构式意义的扩展不是任意的，而是有理据的，"V 上/下"构式在构式演化过程中，总是遵循人们的认知方式和经验模式，人们对空间观察视角不同会引起构式意义的扩展和泛化。构式意义的扩展和泛化在一定程度上引起构式形式的演化，"V 上/下"构式意义的泛化使原有趋向连动式中 V 和"上/下"的构式地位发生变化，由并列的构式关系向附着的构式关系转变，为趋向连动式向动趋式或动补式的演化创造条件。

其次，构式化的使成语境促使说话人在原型构式和非原型构式之间做出有意向性的构式表达式，引起人们使用非范畴化的认知手段认识世界。某些构式中的范畴成员渐渐失去范畴中部分典型的特征，它们在非范畴化后且进入新的范畴之前，处于一种模糊的中间节点状态，即在原有构式范畴和即将产生的新构式范畴之间存在一种模糊的节点范畴。这类节点范畴会滞留原有范畴的某些典型特征，同时也可能获取新范畴的部分特征。如前面讨论的"唤上殿"，说话人和听话人在构式使成语境的触发下识解出"大王唤目连，目连上殿"这样两个事件。同时，说话人和听话人也会识解出"大王唤目连上殿"这样的单一事件。"唤"和"上"构式范畴之间存在一个模糊的节点范畴，这就引起"唤上"构式呈现一定层级的构式范畴。再如例（64）b 中"领上法场"可以识解为两个事件（领＋上法场）和单一事件（领上＋法场）。因此，构式化的使成语境为说话人在"V 上/下"构式的表达上呈现有层级性的构式范畴，它引起趋向连动式"V 上/下"构式从原型构式范畴向非原型构式范畴的扩展，具有连续体的演化模式。

最后，构式化的使成语境引起趋向连动式中"V 上/下"发生构式演化的机制还与人们对空间认知的凸显过程有关。认知语法认为，一个表达式的语义值不是仅仅存在于基体，也不是仅仅存在于侧面，而是基体和侧面两者的结合。这样，表达式的语义值可由一个特定实体的标示推导出来，而这个实体是通过其在更大构型中的位置得以识别和描述的（Langacker，2013：188）。运用基体和侧面的关系分析趋向连动式的演化之原因在于，基体就是趋向空间的认知背景，而侧面是趋向空间凸显的构式意义。说话人可以根据构式表达的需要选择所关注的侧面，因此被关注的侧面就会得以凸显（张有军，2009）。构式的意义虽然在演化中有部分意义存在滞留或消失的现象，但其图式性或范畴性的总体特征没有改变，也就是说，在特定的构式语境下，某些构式的意义由于作为侧面得到凸显，重新获得了范畴化的特征。例如，"V 上/下"构式的"移动意义""结果意义""状态意义"之间的差异，反映了说话人在空间感知中认知侧面的变化。如果说话人把移动事件的过程、路径作为侧面来凸显，那么"V 上/下"就倾向于移动意义；如果说话人把事件的完成或结束作为侧面来表达，那么"V 上/下"就出现了"结果意义"；如果说话人把事件的后续状态的结果作为凸显的部分，那么"V 上/下"就具有"状态意义"（郭霞，2013：140）。

5.5.2 隐喻化机制

空间隐喻是人们按照空间方位建构起来的抽象概念，如人们可以运用"上/下"表达的空间概念来组构其他概念系统。这些空间概念的产生与我们身体的结构、发出的动作、行为的方式密切相关。空间隐喻概念的产生不是人们主观臆想的结果，而是人们在特定的生活环境、文化因素的基础上形成的，如下弯的动作与沮丧的情绪相关，而上升的动作与愉快的心情相关（段芸，2014：65）。隐喻表达得以成立的基础是事物间的相似性，而人们对事物感知的相似性又为隐喻的表达创造相似的感知经验提供了无限的动力。这样的相似性主要存在于两个事物所共有的相同点。空间的相似性既有物理空间的相似性，也有心理空间的相似性。感知相似性体现了杜世洪（2015）所强调的"感觉-资料"，它既是人们感知到的内容，又是人们通过对事物的感觉形成的命题或判断的"终极主体"。

趋向连动式的空间感知是物理空间和心理空间不断融合从而建构出来的。"V 上/下"构式的演化不是仅仅局限于空间的认知域，还以感知相似性的方式投射到其他认知域。例如，"V 上/下"构式可以通过隐喻的方式从空间意义向表达社会等级的非空间意义投射。这种投射关系映射的社会关系为地位较高的为上、地位较低的为下，"交上税收""拨下扶贫款"这类的构式表达较为普遍。这些构式意义的形成过程是人们在物理空间和心理认知空间上建起来相似点，进而实现地位高、权力大为"上"的表达式，同样，地位低、权力小就对应"下"的表达式。

人们还对事物活动状态的感知方式进行投射，投射关系可以在静态和动态两个层面的认知域中发生。"V 上"可以产生由静态向动态投射的构式意义，如"他俩又闹上了"；而"V 下"可以产生由动态向静态投射的构式意义，如"静下心来好好休息"。这些构式意义都是"上/下"的趋向意义向其他认知域投射的结果，都体现了隐喻在感知上的物理空间相似性和心理空间相似性。

5.6 小结

本章以"V 上/下"构式为个案探讨了客观趋向连动式的构式化历

程。首先，探讨了"V 上/下"构式的归属问题。趋向连动式中的"V 上/下"构式来源于人们对空间图式的感知并映射到语言结构中，进而形成了构式的形式和意义的图式结构，并成为一种在心理上固化的构式。其次，梳理了"V 上/下"构式的演化历程。"V 上/下"构式的演化历程可以从形式和意义两个方面进行阐释，"V 上/下"构式从最初的趋向空间意义表征出抽象的趋向意义、完成意义、获取意义以及包含意义。这些意义呈现出的是一个构式网络，其构式演化不仅在形式上和意义上发生演化，而且在形式与意义映射的关系上发生演化，它们的构式演化路径有链状型、辐射型两种形式。"V 上/下"构式的形式演化较单一，主要以链状的形式展开。最后，分析了引起"V 上/下"构式演化的机制是人们事物认知上的范畴化机制和隐喻化机制。

第 6 章

汉语复合趋向连动式的构式化

复合趋向连动式是由客观趋向连动式和主观趋向连动式组合而成的一种构式。这种构式在语序上比较固定，其形式表征为"运动行为动词+客观趋向动词+主观趋向动词"。如《史记》中有"遁出去"的用例，《汉书》中有"飞上去"的构式表达式。这样的表达式在先秦时期没有发现复合趋向动词后带处所词的情况。直到魏晋南北朝时期，这种构式才出现带有处所词的表达式。复合趋向连动式吸收了客观趋向连动式和主观趋向连动式的形式与意义的特点。因此，对复合趋向连动式的历时研究不仅可以深入了解复合趋向连动式的构式演化规律，而且可以触及整个趋向连动式系统的内部演化轨迹以及制约因素。本章以"上来、上去、下来、下去"为个案进行历时考察和分析。通过动态的方式对其构式演化的总体规律和特征进行研究，有助于深入了解人们认识事物、感知事物的认知方式。

首先，对复合趋向连动式中"上来、上去、下来、下去"构式的产生和发展进行梳理。其次，从共时层面研究这类构式是如何进行表征的。再次，分析在表征的过程中这类构式的形式和意义是如何演化的。最后，尝试分析复合趋向连动式的构式演化的动因和机制。

6.1　复合趋向连动式的产生与发展

虽然汉语的复合趋向连动式可以从客观和主观两个方面加以区分，但是在具体构式的形式和意义上，经常出现多种构式的形式和意义交融的情况，而且运动行为动词与主、客观趋向动词搭配的构式类型多样，意义较为丰富。如运动行为动词后面可以搭配"上来、上去、下来、下去、出来、出去、入来、归来、过去、起来"等复合趋向动词。这些动词构成的构式的形式和意义并不是自古就存在的，而是有其自身发展演化特征。本书采取个案研究的方法可以了解这类动词产生和发展的规律，从而有助于深入了解这类动词的整个系统。基于此，本节主要考察"上来、上去、下来、下去"这四个较为典型的复合趋向动词的产生与发展的大体情况。

6.1.1　"上来/上去"构式的产生与发展

"上来"构式表达从低处向高处移动和从远处向近处移动的含义。"上去"构式则表达从低处向高处移动和从近处向远处移动的含义。

6.1.1.1　上来

"上来"最早出现在魏晋六朝时期，共有 6 例，构式的形式主要为"从……上来"。例如：

(1) 晋孝武帝宁康元年三月戊申朔，暴风迅起，从丑上来，须史转从子上来，飞沙扬砾。(《宋书·五行志五》)

到隋唐五代时期，"上来"的用法基本形成，总共检索出 183 例。例 (2) 中出现了"V+上来"构式，"上来"具有较强的趋向性，表示 V 动作的趋向移动。例如：

(2) 日精自与月华合，有个明珠走上来。(吕岩《绝句》，《全唐诗》卷八百五十八)

到宋元时期，"上来"作为趋向成分的功能已经比较成熟，其前面搭配的行为动词的种类日益增多。构式中出现了从空间位移向抽象位移的变化。例如：

(3) 杨氏援引十件，也要做十件引上来。(《朱子语类》卷十九)

例 (3) 中的"V 上来"具有致移义，空间位移的性质不强，只表示一种抽象的空间位移，主观性强，语义上具有抽象的位移点和立足点。

宋元以来的"V 上来"出现了中间带助词"将"的情况，而且使用的实例较多，这可以说明"上来"与 V 之间的虚化程度较高。例如：

(4) a. 只见后面赶将上来，歇了轿子，一个妇人走出来，不是别人，便是秀秀，道："崔待诏，你如今去建康府，我却如何？"（《宋元话本》）

b. 只苦没个用印卷子，虽有个把不完卷的，递将上来，却也有一篇半篇，先写在上了，用不着的。（《初刻拍案惊奇》卷四十）

c. 看看天明了，那两个方才脚步走得急促，赶将上来。（《初刻拍案惊奇》卷十二）

d. 一条鞭、一口刀，飞也似冲将上来。（《粉妆楼》第二十九回）

在例（4）中，"上来"前面的 V 主要为运动行为动词，与"上来"一起搭配使用表达主体的空间位移。由于"将"在构式中起到缓解语气的作用，V 与"上来"之间的关系不紧密，而使用频率的增加为它们之间带上宾语创造了条件。"V+O+上来"构式在宋代时期开始出现，语料中有 2 例。元代使用的数量急剧上升，这可能是由"将"的类推作用导致的。"V+O+上来"构式在明清时期使用的频率较高。例如：

(5) a. 太守心里已自了然，便再唤那赵孝上来问道："你做中证，却是那里人？"（《初刻拍案惊奇》卷十）

b. 说罢，双手扶起小姐坐在旁边，叫丫鬟取茶上来。（《粉妆楼》第三十七回）

c. 如今却也奉旨无奈，左右，开箱取各房卷子上来。（《牡丹亭》第四十一出《耽试》）

d. 说话时已摆了果茶上来，熙凤亲自布让。（《红楼梦》第三回）

例（5）a 和例（5）b 都表示空间位移，在语义上都具有位移点和立足点，都是以说话人为参照点的空间位置变化。例（5）c 和例（5）d 表示抽象的位移，空间位置变化不明显，从构式中的语义来判断，它们具有结果义和立足点，主要表达抽象的结果意义。例（5）这类构式在现代汉语中是使用频率较高的一种构式。

与"V+O+上来"构式在语义和句法上相似的构式为"V+上+O+来"，因为这两个构式中的 O 既可以是处所宾语，也可以是受事宾语，它们在构式中与"上"调换，在语义表达上几乎没有区别。"V+上+O+来"构式在唐代已开始使用，如《祖堂集》中的"卷上帘来满天下"。这种构式在明清时期使用较为普遍，此处转引王国栓（2005：215）来自《红楼梦》的例子进行阐释。例如：

（6）a. 本房内的丫鬟忙捧上茶来。（《红楼梦》第三回）

　　b. 王夫人道："我的儿，你又吃多了酒，脸上滚热。你还只是揉搓，一会儿闹上酒来。还不在那里静静的倒一会子呢。"（《红楼梦》第二十五回）

　　c. 鲍二道："奴才在这里又说不上话来。"（《红楼梦》第八十八回）

例（6）a 中的"上茶来"表示空间位置的趋向移动，语义上既有位移点又有立足点。例（6）b 构式与例（6）a 构式在形式上完全相同，但例（6）b 表达说话人的主观看法，语义上的主观性较强，具有抽象位移点和立足点。例（6）c 表达一种否定的抽象结果，表达构式语义的一种可能性。可以把例（6）a 中的"捧上茶来"和例（6）b 中的"闹上酒来"表达为"捧茶上来"和"闹酒上来"，它们在构式意义上既有相似点也有不同点，对此将在下一节的构式化表征中再进行论述。

6.1.1.2　上去

"上去"最早出现于汉代时期，共有 3 例用法。例如：

（7）a. 征和二年春，涿郡铁官铸铁，铁销，皆飞上去，此火为变使之然也。其三月，涿郡太守刘屈氂为丞相。（《汉书·五行志》）

　　b. 成帝河平二年正月，沛郡铁官铸铁，铁不下，隆隆如雷声，又如鼓音，工十三人惊走。音止，还视地，地陷数尺，炉分为十，一炉中销铁散如流星，皆上去，与征和二年同象。（《汉书·五行志》）

c. 黄帝上骑，群臣后宫从上者七十余人，龙乃上去。(《史记·封禅书》)

这一时期的"上去"在句法和语义上是独立的，是典型的趋向连动式，意为"向高处升起，然后离开"。这里的"去"是表示实在意义的趋向移动。

到魏晋六朝时期，共检索到 5 例"上去"的用例，而真正作为趋向连动式使用的只有 1 例，说明这一构式内部的语义已开始变化。典型的例子如下：

（8）鼎既成，龙垂胡髯下迎黄帝，黄帝骑龙乃上去。(《昭明文选》卷二)

到唐五代时期，"上去"的用例虽然有所增多，检索到 36 例，但是真正作为趋向连动式的并不多见，只有几个例子表示动作的趋向移动，但不具备趋向连动式的特征。而且趋向连动式内部的关系发生了变化，语料中出现了"V+O +上去"构式的形式。例如：

（9）相约杏花坛上去，画阑红子斗撄蒱。(李群玉《湘妃庙》，《全唐诗》卷五百七十)

到宋代时期，V 和"上去"的句法地位发生了变化，V 作为核心动词、"上去"作为补语这一附加成分日益成熟，构式的语义类型多样。例如：

（10）跃是那不着地了，两脚跳上去底意思。(《朱子语类》卷六十八)

例（10）中的"跳上去"是以说话人为立足点，表示具体的空间位移，运动方向是从低向高。

（11）a. 时因见上，乘间微劝上去林甫。(《资治通鉴》卷二百一十五)

b. 圣人言语，自上说下来，也恁地；自下说上去，也恁地。(《朱子语类》卷二十一)

例（11）a、例（11）b 中的"劝上去""说上去"都表示抽象空间的移动，强调一种主观看法或感受，在语义上都具有抽象位移点和立足点，带有个人的主观情感。

宋代时期，"V+O+上去"的构式用例增多，而到了元朝时期其使用已经成熟，用例相当普遍。例如：

（12）a. 师遂指座曰："这棚子，若牵一头驴上去，他亦须就上屙在。汝诸人因甚么却不肯？"（《五灯会元》卷十八）

b. 只见大王向那地上拾些土块，抛向屋上去，里面便有人出来开门。（《宋元话本》）

在元朝末和明朝初期，"V+将+上去"构式得到普遍使用，用例不断增加。例如：

（13）a. 三步一拜，拜将上去，烧香祈祷：不论男女，求生一个，以续后代。（《初刻拍案惊奇》卷二十四）

b. 伯侄两人满心欢喜，到了家里，搬将上去。（《二刻拍案惊奇》卷二十六）

c. 爬起来，双手轮棒，没头没脸的打将上去。（《西游记》第五十三回）

例（13）中"将"作为助词在明末时期逐渐衰退，到清代初期被"了"替代。因此，清代文献中发现"V+了+上去"的大量用例，所有的文献中没有检索到"V+将+上去"构式，说明"V+上去"构式又有了新的发展。例如：

（14）a. 望着几十层阶级，走了上去，横过来又是几十层阶级，马二先生一气走上，不觉气喘。（《儒林外史》第十四回）

b. 正说着，只见傅试家两个女人过来请贾母的安，鸳鸯要陪了上去。（《红楼梦》第九十四回）

c. 主意打定，便东查西找，胡乱拼凑了一个条陈，匆匆递了上去。（《官场现形记》第五回）

例（14）中"V+了+上去"构式已成为一种凝固构式，它在现代汉语中一直没有发生变化，表示从低处向高处运动，强调整个动作或事件已完成。

在现代汉语中，"V+上去"构式在形式上的另一个演化就是产生了

"V+上去+O" 和 "V+上去+V" 构式，这引起 "V+上去" 新构式的形成，出现了构式化。然而，"V+上去+O" 构式的用例在书面语中并不多见，在841条有关 "上去" 的语料中，只检索到如例（15）的例子：

（15）小嘎子已是情急上火，不待小胖墩儿站稳，奇袭似的，蹿上去就是一腿。

王国栓（2005）认为这种构式只是在口语中使用，他引用刘月华（1998：127—128）举出的两个例子来说明。从语感上来判断，这种构式常常运用在叙事文中表示物体自身运动或物体位置的改变。例如：

（16）a. 只见从楼下蹿上去一个人。

　　　 b. 他吃力地扛上去一箱书。

在现代汉语中，使用较为普遍的是构式 "V+上去+V"。这种构式无论在书面语中还是口语中都随处可见，这与汉语是动词型语言相符。事实上，这种构式中多个动词连用就是我们所说的多动式，它属于连动式的一个范畴。例如：

（17）a. 鱼儿见了，以为是美味佳肴，便一拥而上，急不可待地扑上去品尝一番。

　　　 b. 宋一看到巡逻队，急中生智，就连声呼喊："土匪绑架！土匪绑架！救命！救命！" 巡逻队听到喊声，转过头来，见两个便衣拖着一个人，立即蜂拥上去进行干涉，问是哪个单位抓人。

　　　 c. 可是待我回来时候，我已经看到每个挑夫挑了两个箱子顺路急行，兵士们更如临大敌把枪架起来在一旁走，我走上去看到两三张封条，有的是国土局，有的是禁烟局，于是我恍然明白了；可是这更是我想不到的事。

例（17）a 和例（17）b 是表示目的关系的连动式，而例（17）c 是表示结果关系的连动式，这三个例子都表达了整个事件的空间位移，描述了多重事件的发生。

在明清时期 "V+上去" 日益使用，不过，从构式的内部产生了一种否定表达式，在 "上" 的前面加上否定词 "不"，指说话人对既定事件的主观推测，强调一种可能性。例如：

（18）a. 童奶奶道："一分银子添不上去。"（《醒世姻缘传》第五

十五回）

b. 进忠挤不上去，只抢了一个馒首。（《明珠缘》第十七回）

此外，"V+上去"还发展为"V+上+O+去"的用法，O既可以是受事宾语也可以是处所宾语。这种构式早就出现在《宋元话本》中，与王国栓（2005）的考察是一致的。例如：

（19）却说那小娘子，清早出了邻舍人家，挨上路去，行不上一二

里，早是脚疼走不动，坐在路旁。

总体来说，"V+上+O+去"构式在现代汉语中已发展成为一种稳定的构式，其构式的形式和意义没有变化。

6.1.2　"下来/下去"构式的产生与发展

"下来"在趋向连动式中表示从高处向低处的空间移动，其立足点通常为低处。"下来"作为一种表达趋向意义的构式，后面接处所词时，处所词既可以表示动作的起点，也可以表示动作的终点，这取决于说话人的视角。"下去"表示从高处向低处的空间移动，其立足点通常为高处。它与"下来"一样，后面接处所词时，处所词既可以指动作的起点，也可以指动作的终点，这主要以说话人的视角为参照点。

6.1.2.1　下来

"下来"的用法最早出现在《诗经》中，如"鸡栖于埘，日之夕矣，羊牛下来"。此处的"下"和"来"为两个句法上和语义上均等的构式，意指牛羊已经走下山坡归到栏中来。到汉代时期，出现了1例"下来"的用法：

（20）大官丞日晏下来，朔独拔剑割肉，谓其同官曰："伏日当蚤

归，请受赐。"（《汉书·东方朔传》）

在魏晋六朝时期，"下来"的用例逐渐增加，语料中共检索出11例，但用作趋向连动式的只有7例。例如：

（21）仙人玉女，下来翱游，骖驾六龙，饮玉浆，河水尽，不东

流。（《宋书·乐志三》）

从周朝至魏晋六朝这一时期，"下来"构式的形式和意义没有发生任何变化，处于稳定的构式语境中，表示从高处向低处的空间移动，"下"和"来"构式的意义处于平等地位。然而到了隋唐五代时期，"下来"构式发生了显著的演化，出现了构式化，"下来"在语义上开始演化为趋向补语，作为前面动词的一个附着成分，形成"V+下来"这一构式形式，表示一种趋向意义。例如：

（22）如何住在猿声里，却被蝉吟引下来。（曹松《荆南道中》，《全唐诗》卷七百十七）

（23）师忽然见有个猪母子从山上走下来，恰到师面前，师便指云："在猪母背上。"（《祖堂集》卷七）

到宋代时期，"V+下来"构式的用例也不多，但是构式的形式和意义有了新变化。构式的意义从表示客观的趋向空间意义延伸到表示主观的位移意义，同时也出现了表示结果的构式意义。例如：

（24）a. 自阴阳上看下来，仁礼属阳，义智属阴；仁礼是用，义智是体。（《朱子语类》卷六）

b. 便这个在存心上说下来，言君子所以异于小人者，以其存心不同耳。（《朱子语类》卷五十七）

c. 豪杰质美，生下来便见这道理，何用费力？（《朱子语类》卷八）

例（24）a 和例（24）b 中"看下来"和"说下来"表示说话人的一种主观判断与感受，强调一种抽象的主观位移，其构式中的立足点很难确定，要依据说话人视角和事件发生的情况而定。例（24）c 中"生下来"表示一种结果意义，但无法从构式表达中判断出它是否具有立足点。

在元代和明代时期，"V+下来"构式中间出现了使用助词"将"的情况，而且使用相当广泛。例如：

（25）a. 一伙公人暴雷也似答应一声，提了铁链，如鹰拿燕雀，把两人扣脰颈锁了，扭将下来。（《初刻拍案惊奇》卷三十九）

> b. 那大姓委实受冤，心里不伏，到上边监司处再告将下来，
>   仍发崇安县问理。晦翁越加嗔恼，道是大姓刁悍抗拒。（《二
>   刻拍案惊奇》卷十二）
>
> c. 金光圣母上台，将绳子揽住，拽起套来，现出镜子，发雷
>   振动，金光射将下来。（《封神演义》第四十六回）

例（25）中 3 个"V+将+下来"构式都表示事件的完成，构式通过"将"这一助词不再表示具体的趋向空间意义，而是主要强调事件的完成或动作的结果，具有较强的结果意义。这一时期还有助词"了"同时用于这种构式中，形成"V+了+下来"构式。例如：

> （26）刚下口，只见酒从头顶涌出，把一个小道士冠儿涌得歪在头
>   上，跌了下来。（《初刻拍案惊奇》卷七）

"V+将+下来"构式和"V+了+下来"构式在这一时期同时使用，但是到了明代末期，"V+将+下来"的构式用法逐渐衰退，在清代初期被"V+了+下来"构式替代，甚至在现代汉语中也很少见到"V+将+下来"构式，这说明其已逐渐衰退。曹广顺（1995）和翟燕（2007）对"将"的发展、变化和消亡进行了观察。他们都认为其衰退是助词系统内部各要素相互整合引起的。本书认为这种衰退的原因可能是，构式的语义和句法地位相似，二者之间形成了相互制约和限制的关系。两个构式之间存在竞争因素，常常会导致一个构式对另一个构式占位的情况，最终使高频使用构式成为典型构式。构式的使用频率使"V+了+下来"构式在现代汉语语言系统中一直占有重要的位置。

我们在现代汉语中没有检索到数量较多的"V+下来+O"或"V+下来+V"构式，这也许是因为在书面语料中"V+下来"构式完全可以表征某个事件的完成或结果。而在现代汉语口语中则使用较多"V+下来+O"或"V+下来+V"构式的表达式。

6.1.2.2　下去

在汉代时期，"下去"总共检索到 11 例，而魏晋六朝时期几乎没有很大变化，只检索到 6 例，有衰退的倾向。在唐五代时期，"下去"的用例增多，共检索到 36 例。这种巨大变化背后隐藏着"下去"构式

内部结构的演化，说明魏晋六朝时期是"下去"构式从趋向连动式向趋向补语过渡的时期，"V+下去"构式的内部语义关系开始有变化。这一时期"下去"的用法既有抽象的时空意义，也具有较强的个人主观期望的意义。例如：

> （27）一日作千年，不须流下去。（李贺《后园凿井歌》，《全唐诗》卷三百九十二）

例（27）中的"流"应解释为"落"和"沉"之义，作者期望悬挂在城头上的太阳常驻，但愿一天的时间就是一千年，太阳永远不要落下去。"流下去"这一表达式通过隐喻的方式映射了作者对时空变化的主观感受。

到元代和明代，"V+下去"构式继续被用来表示主观位移，但这一时期出现了"V+将+下去"和"V+了+下去"同时使用的情况，不过从使用的数量来看，"将"的使用大大超过"了"。例如：

> （28）a. 被李逵直把头按将下去，提起铁锤大小拳头，去那人脊梁上擂鼓也似打。（《水浒传》第三十八回）
>
> b. 妇人看见，嘻的一笑，急急走了下去。（《二刻拍案惊奇》卷十四）

在这一时期，"V+O+下去"构式使用的频率逐渐增多，例如：

> （29）在关前雇了两个大船，尽数搬了行李下去，一路相傍同行。
> （《初刻拍案惊奇》卷十八）

在这一时期，还出现了大量"V+不+下去"构式的用例，兹列举下面的例子进行说明。

> （30）a. 伯爵与希大整吃了一日，顶颡吃不下去，见西门庆在椅子上打盹，赶眼错把果碟儿都倒在袖子里，和韩道国就走了。（《金瓶梅》第四十六回）
>
> b. 见下面是街，跳不下去，心里正慌。（《水浒传》第二十六回）

例（30）a和例（30）b中这种否定可能式在现代汉语中普遍存在，具有较强的主观性。这种否定可能式的表达既受说话人主观条件的制约，同时也受客观条件的限制（黄晓琴，2005）。说话人的主观愿望是"下去"这个动作或结果发生，这对构式形式和意义的选择有制约作用。

到清代时期，"V+将+下去"构式的用例逐渐衰退，而"V+了+下去"构式的用例日益增加。现代汉语中，"V+将+下去"构式则基本消失。在清代时期，否定可能式"V+不+下去"继续使用，其在现代汉语中仍在使用，同时在这一时期也出现了肯定可能式，其构式的形式为"V+得+下去"，这一构式在现代汉语中仍在广泛运用。

在现代汉语中，"V+下去"衍生出了表示时间的意义，印证了时间意义是由空间意义发展而来的说法。例如：

（31）a. 于是，这场具有较浓政治色彩的"劳资纠纷"就旷日持久地拖下去了。

b. 接到这电话的一个月里，我什么事也没心思干，整天把自己关在房间里哭泣，身体一天天地消瘦下去。

例（31）a 和例（31）b 主要是从空间意义映射出了时间意义，"拖下去"和"消瘦下去"在一定程度上滞留了空间的趋向意义。相比较而言，这两个实例主要表达时间上的构式意义。

综上所述，复合趋向连动式中的"上来、上去、下来、下去"源于对趋向空间意义的感知，是人们根据物体方位和说话人所在位置进行表征的一种空间构式，这种构式既有客观趋向空间的移动，也有主观趋向空间的变化。在历时维度上，这四类构式的形式从表示具体的趋向空间到表示抽象的主观趋向空间，构式内部发生了不同程度的演化，形成新的构式形式和意义，即产生了构式化。

6.2 复合趋向连动式的构式化表征

从共时层面来看，复合趋向连动式的构式化表征形式遵循距离象似性原则和时间顺序象似性原则，它的构式化表征都存在一定的理据性，都是客观世界在语言结构中的反映。

6.2.1 距离象似性原则

象似性概念源于人们对物体空间的感知。空间思维观的形成与象似性概念的产生具有同一性。一切知识的获取都源于简单的感知，而感知的行为又伴随容纳感知行为的意识，由于意识的作用，感知行为通常就由注意的认知能力来完成（杜世洪，2009）。人们的感知行为是有意象的，因此，构式的产生是有理据的，构式的理据性在很大程度上归因于象似性。Ellestrom（2010）和 Ellestrom 等（2013）认为，如果语言具有形式，那么它就具有意义；如果语言具有意义，那么它肯定具有形式。语言的形式与意义在象似性上具有层级特征，在语言系统里具有可比性。象似性对构式的作用既可以概括为形式模仿意义和形式模仿形式，也可以概括为意义模仿形式和意义模仿意义（卢卫中，2011）。象似性一旦在句法上形成，就会按照既定的规则进行认知操作，而这种操作正是基于客观世界的反映（爱切生，1997）。复合趋向连动式的距离象似性关注的是空间距离在构式中是如何表征或编码的。构式空间编码的手段既有客观物体空间关系的因素，也渗透了说话人根据自身空间位置所概念化的主观因素。人们在大脑中建构起来的空间概念系统会通过空间隐喻的方式映射出现实生活中抽象的社会关系。如我们可以根据物理空间的距离关系抽象出诸如同学、亲人、朋友等表征社会距离的概念。语言结构表征的社会距离是经验的，但有现实性的认知基础。人们之间的社会距离是现实生活动态的反映，受说话人心理因素的制约并呈现多维的变化，而这样的社会距离体现了说话人较强的主观性，并受特定文化、环境因素的影响（张凤，2003）。兹以复合趋向连动式表达的实例分析象似性对该构式的表征的制约。例如：

（32）a. 我吸了几口清新的空气，一步一步地向前走着，正遇着几个少年穿着单衣，汗流浃背地挑着枝柴走下山来。

　　 *b. 我吸了几口清新的空气，一步一步地向前走着，正遇着

几个少年穿着单衣，汗流浃背地挑着枝柴走下来山。

（33）a. 正在这个时候，女子宿舍的女仆送晚饭上来。

　　　b. 正在这个时候，女子宿舍的女仆送上来晚饭。

　　　c. 正在这个时候，女子宿舍的女仆送上晚饭来。

例（32）a 成立的原因是处所宾语的距离象似性表征了空间性与事物性之间的关系。处所宾语在构式中既可以看成一个空间位置，也可以看成一个真实的物体。"下"强调了从山上往山下的空间移动，而"山"具有较强的空间性，它与"下"的语义关系较紧密。事物性与空间性的距离越近，人们在心理上的感知就越接近。这与人们对事物感知的凸显和注意分配相关，距离关系近的成分往往在构式的形式上相互靠近，构式的意义则表达已然事件。"走"和"下山"可以看作整个事件，动作主体的趋向已隐含在"下山"的表达中，两个构式的整合度较高，动作"走"和"下山"结合紧密，在构式意义整体的表达上不能分开。例（32）a 中的处所宾语"山"具有加强的空间性，构式中宾语位置对进入其中的语义成分具有较强的牵制或磨蚀作用，要求处所宾语与前面的动词在空间性和事物性上进行融合和平衡（邵建，2012），这就导致了"走下"和"山"之间在感知上必须具有语义上的靠近关系，形成合法的"走下山来"，所以例（32）b 中"走下来山"在构式表达中较为牵强，违反了距离象似性原则。

例（33）a 和例（33）b 都是合法的构式，但是它们凸显的信息内容不同。从信息增量的角度来看，词的位置越靠近整个构式的末端，其凸显的信息量就相对越大。虽然例（33）a、例（33）b 和例（33）c 三种构式的形式基本相同，但是它们表达的构式意义不同，主要体现在整个构式中说话人凸显的信息焦点不同。从宾语的位置来看，如果宾语位于趋向成分之后，宾语凸显的信息量往往大于趋向成分的内容。如果宾语位于趋向成分之前，宾语的信息量会小于趋向成分的内容。例（33）a 中的信息焦点为"送晚饭"这个动作，而例（33）b 的信息焦点为"晚饭"本身，例（33）c 趋向于已然事件，信息的焦点为"送上"这个已然的动作。

例（32）中的宾语"山"和例（33）中的宾语"晚饭"存在明显差别。"山"在构式中是一种定位关系，是无法移动的，而"晚饭"在构式中是一种非定位关系，是可以移动的。叶南（2005）把趋向成分与宾语的定位关系描述为趋向成分只有位移的起点和终点两个参照点，不涉及说话人的位置点，而且宾语是固定的、不可移动的物体；趋向成分与宾语的不定位关系主要是宾语必须是可移动的物体，而且趋向成分具有起点、终点和说话人位置等多个参照点。

从定位宾语的情况来看，它出现的条件为宾语是不可移动的，而且趋向成分不明确指出说话人的位置。在通常情况下，趋向成分和与说话人接近的原则有关，"来"表示向说话人靠近，"去"表示离开说话人所在的方位。当趋向成分不涉及以说话人为中心时，构式中的宾语就成为信息焦点，否则，信息焦点的位置可能会被说话人的位置所取代（叶南，2005），例如"留下一栋房子"，其补语成分只有起点和终点，不涉及说话人的位置，构式的焦点信息遵循"线性增量原则"，宾语"一栋房子"是信息焦点。如果我们说成"留了一栋房子下来"或"留下来了一栋房子"或"留下了一栋房子来"，那么构式中的"来"具有在心理感知上的接近性。与说话人最接近的构式意义通常被先提及，构式的焦点信息就是以"说话人为中心"的原则对世界进行感知的活动。

这种定位宾语体现出的距离象似性与说话人无关，它只是一种概念、语义关系（文旭，2001b）。语言距离越小，概念距离就越小，也就是说词语之间的语言距离反映了概念距离，概念距离随语言距离的变化而变化（Haiman，1985：118；文旭，2001b）。概念之间的距离与语言成分之间的距离是对应的，概念上与实体靠得越近，时空上的语码就会越近（文旭，2000）。由于定位宾语指示了不可移动的物理空间或特定的处所关系，无论说话人的主观参照点"来"和"去"出现与否，构式中宾语的位置都是不可改变的，是一种固定构式。这样的构式表征方式与人对现实世界的感知存在一致的地方，即现实世界中不可移动的处所宾语是固定的。客观存在的处所空间和物理空间都不以人的主观看法而改变，都必须遵循客观世界存在的规律进行认知活动。人们对现实世界的认知既源于对客观世界的认知，也是主观世界不断改造、加工的结果，是主客观活动相互统一的过程。

从无定位宾语使用的情况来看，这种构式的补语成分可以识解出说话人的位置参照点，宾语可以随着说话人视角的变化而发生位置上的改变。例（33）a中的"送"和"晚饭"之间具有支配关系。动作主体（女仆）首先对宾语（晚饭）执行"送"的动作，然后再有趋向动作的发生（此处的趋向动作主体包含动作主体和宾语）。从宾语（晚饭）的角度来说，"送"这个动作是它发生移动的直接原因。由于邻近原则的作用，"送"和"晚饭"的位置靠近，凸显的是动作主体对宾语处置后的位置变化，而不是凸显位置变化后产生的状态或结果。例（33）a中宾语（晚饭）由动词"送"处置，其趋向位置的变化由"上+来"完成。例（33）b中的"宾语"（晚饭）被放到整个句子后面，从整个构式来看，它是"送+上来"构式所带的宾语。与例（33）a一样，例（33）b表示动作主体对宾语的支配关系以及动作主体和宾语位置的变化。由于说话人要凸显事件中的宾语（晚饭），宾语的位置靠后成为信息焦点，动词"送"就无法单独先对受事宾语发生作用。由于构式之间整合的作用，这里形成了两个不同的概念动作——"送"和趋向动词"上来"，并整合为一个整体，共同作用于宾语（晚饭）。我们把例（33）a和例（33）b进行比较，例（33）a中"送"和"上来"之间是连动式关系，而例（33）b中的"送"和"上来"表示一种结果，类似于动补关系。

例（33）c分解为"送上+晚饭+来"构式，可以把整个"送上"构式作为动补式后带宾语的情况来考虑，此处"送上"充当一个固化的动词性成分，构式的融合程度很高，"送上"中间不能插入表示时体意义的成分，但其后可以带上表示时体意义的成分，即可以说成"女仆送上了晚饭来"，而不能说成"女仆送了上晚饭来"。例（33）c中的"来"用在句尾，表示以说话人为参照点的位移方向。"来"和"去"运用在句尾时更凸显说话人对趋向位置变化所反映的话语事件的认知，具有舒缓、调节语气的功能。"来"和"去"用于宾语前通常不突出说话人对发生事件的主观认识，倾向于表达动作及趋向位移的终点，只起着某种有界化的作用（杨凯荣，2006）。

6.2.2　时间顺序象似性原则

时间顺序概念是人类认知结构中的核心概念之一。由于人类语言的使用与认知只能通过时间轴逐一展开，语言的形式与意义无论是在共时角度上还是在历时角度上都对应于它所表达的概念顺序。语言研究中的"时间顺序象似性原则"早就引起人们的广泛关注（Haiman，1980；戴浩一，1988，1990；沈家煊，1993；谢信一，1994；袁毓林，1994；张敏，1998；文旭，2001c；杨德峰，2005；等等）。时间顺序象似性就是按照事件或动作发生的先后顺序映射到句法上的表现形式。文旭（2001c）把语言结构中的这种"自然顺序"概括为"句法成分的排列顺序直接映照其所表达的实际状态或事件发生的先后顺序"。句法上的时间顺序象似性主要体现在并列关系和承接关系上，在句法形式上表现为连动式和动补式。这些构式的形式都在一定程度上体现出事件在时间上的编码方式，都符合时间顺序原则。用戴浩一（1988）的话来说，结构句法上的相对次序决定于它们所表示的概念域中的时间次序。

本书认为，复合趋向连动式中表现出的语序规则可以用时间顺序象似性原则进行阐释，因为趋向动词除了具有空间移动的概念之外，同样具有表达时间概念的功能。例如：

（34）a. 啤酒端上来。

b. 飞机降下来。

例（34）a可以理解为"先端啤酒，然后再送上来"的时间先后顺序，即"端啤酒"这个事件发生在"上来"这个动作之前。"V+O+上来"这类构式的形式可以表述为"先……，再……"，具有时间的先后顺序，下文简称为"先后型"。如果没有V这个先发动作的引领，后面的复合趋向动词如"上来"就会出现指称不清楚的情况。例（34）b中"降下来"

可以看成两个同步进行或同步发生的事件，由"飞机降"和"飞机下来"两个事件整合而成，下文简称为"同步型"。

能否把"先后型"和"同步型"构式中的 V 与趋向动词的顺序进行颠倒呢？从语感和构式语境的因素来看，"先后型"构式中的 V 和趋向动词颠倒后是不是合法的构式呢？答案是否定的，因为时间上先后顺序的表达是人们对客观世界的临摹。"先后型"构式的时间顺序象似性表达主要取决于我们如何去理解 V 的起始动作，又如何去理解系列终点事件的整合的功能。下面从以下几个方面对这一现象进行认知阐释。

第一，"先后型"构式对构式中语境具有较强的依存性，可以通过吸收语境语义获取空间移动意义。汉语是典型的动词型语言，构式中的语境对表达句法和语义的动词具有较强的依存性，兹以下面的例子进行说明。

（35）a. 水兵们又放上去几个木箱，舢板全被遮挡起来了，木箱就像是堆在水面上似的。

b. 可是我觉得你们好像都有点高不可攀，我自己又是个自尊心很强的人，所以当我看见你们坐在桥头，心里真想上去听听你们的谈论，但又不敢大模大样地走过去。

c. 前台，从台下望上去，玲玉、小赵和若干演员正大卖气力地表演着，观众的反应无比之好。

在一般情况下，"放"、"想"和"望"都不表示施事主体的趋向移动，但是例（35）a"放"这个动作表示"从岸边到舢板上"这样一个趋向空间的语境变化过程。例（35）b"想"指示了说话人"从桥这头到桥那头"的空间语境，例（35）c 中的"望"暗含了"从台下到台上"的空间语境。例（35）中的"放"、"想"和"望"原本与施事主体趋向空间表达的关联性不大，但此处它们的构式语境表达了一定的趋向意义，在构式的形式上具有"先后关系"的功能，而在构式的意义上表达了时间的先后顺序。

第二，"先后型"构式依存于语境，而百科知识对语境具有激活的作用。从百科知识框架视角来看，构式知识与语境意义紧密相关，构式知识是一切事物认知的总和，语境意义对构式知识的形成起关键作用。一个构式的概念意义可分解为若干个构式义。某个构式义如果被焦点化或语境化，新构式义就会产生。新构式义在不断使用和类频率的作用下一旦固化下来，它的概念意义就会引申出具有家族相似性的中心意义（谭福民，2014）。例如：

> （36）a. 王叔叔明白我的意思，把玻璃瓶碎片扫起来，倒在一张白纸上包好，接着又安慰了奶奶几句，就告别回家了。
>
> b. 我们前后冲锋数十次，都被敌人架在桥塄的机关枪扫下来；我们的炮只命中了一次而敌人却把我们的炮震毁了，好炮手啦！

例（36）中"扫"的本义为"用笤帚、扫帚除去尘土、垃圾等"，只涉及受事宾语趋向空间的位移，没有施事主体的空间移动。但依据百科知识可知，"扫"这一动作不仅会导致受事宾语的空间移动，而且会引起施事主体的空间移动。在例（36）a中，基于百科知识，"扫"被识解为"拿扫帚去扫地上的玻璃碎片……"，伴随有施事主体的空间移动，"起来"则表示一种趋向行为或结果意义。应该把"扫起来"整个构式分解为"扫"是"起来"这样一个结果产生的原因，而不是分解为表示"起来"的手段或方式。在例（36）b中，"扫"在百科知识的基础上激活了它使用的语境，构式意义被进一步焦点化和语境化，从而引申出其他构式义项。"扫"不仅有施事主体的空间移动，还有受事宾语的空间移动。常识告诉我们，"机关枪"在扫射时，发出的动作是左右扫射，同样具有空间的位移动作。"扫"是"下来"结果出现的直接原因，具有"打下来"的结果意义。此处"扫"完成了从"扫射"的构式意义向"消除、灭完"的构式意义的扩展。

"同步型"构式主要表达 V 和趋向成分的动作是紧接着发生或者同时发生的，两个动作之间无法分辨出时间的先后顺序。这一构式表达在空间领域中某一个客体同时或接着向某一个目标发出动作或向某一个目标靠近。例如：

（37）有一次他在推一具男性老年遗体时，一个七八岁的小孩扑上去，边哭边喊："爷爷，你不要走，跟我回家去。"

（38）等到她到了地质队，我们已经出发，于是她也追了上来。

本书认为，在时间上表示同步发生的构式都必须有参照点，如例（37）中的"爷爷"和例（38）中的"地质队"。而且出现在构式中的 V 是有条件的，通常包含"向某一个目标靠近"的意义，如"追""迎""扑""冲"等动词。这里可以进一步追问："向某一个目标靠近"的意义是 V 赋予的还是趋向成分赋予的呢？可以认为这类构式中表现出的趋向意义具有较高的融合度。根据 Goldberg（1995：50）构式整合的核心观点，一个动词的参与者角色可以在语义上与论元结构构式的论元角色融合的前提条件是该动词是与构式规约紧密相关的某类动词的一个范畴。成军（2010）认为，构式角色融合遵循语义一致原则和对应原则。就语义一致原则而言，只有语义一致，角色才能融合，参与者的角色才能理解为论元角色的一个实体。例如"追"包含了"追上去"或"追过来"的参与者角色，它们可以与表示空间位移的施事角色融合，因为"上去"和"过来"可以看成施事角色的一个实例。例（37）中的"扑上去"和例（38）中的"追上来"具有空间语义一致的原则，表达了构式在时间上同时发生的动作，两个动作在形式和意义上存在共同的语义基础，具有较高的融合度。

综上所述，复合趋向连动式的构式化表征手段主要遵循两个原则：距离象似性原则和时间顺序象似性原则。距离象似性原则映射到复合趋向连动式中可以从定位宾语和无定位宾语两种构式来看其距离象似性的认知方式。时间顺序象似性原则映射到复合趋向连动式中可以从"先后型"构式和"同步型"构式的表征情况进行分析。

6.3 复合趋向连动式形式与意义的空缺

上一节讨论了汉语复合趋向连动式在共时层面的构式化表征手段，

本节则尝试探讨它在历时层面上演化出来的构式的形式与意义空缺①的总体情况。复合趋向连动式是由简单的趋向连动式组合而来，它作为在句法、语义范畴上表达趋向动作的句法性构式，既有别于简单趋向连动式演化的特点，也不同于趋向动词在句法上的表现形式。

从形式上看，组配空缺的一种情况是"上来、上去、下来、下去"呈现同义关系或近义关系的比例系列（proportional series），其所搭配的构式成分要有相对应的两个参照点，而且这两个参照点也要对应分布，否则空缺的现象就会出现；另外一种情况是"上来、上去、下来、下去"分别呈现反义关系的对立词（opposites），它们的两个参照点是相反的，所搭配的构式成分要与这两个表达相反方向的构式对应搭配使用，否则就会出现空缺。

从意义上看，构式意义上空缺的一种情况表现为构式义项的存在与消失，同义关系、近义关系中比例系列的"上来、上去、下来、下去"在构式义项分布上呈现出一方存在，另一方就消失的现象。从这个角度来看构式义项，它们是空缺的。另外一种情况是反义关系的对立词"上来、上去、下来、下去"在构式义项上的分布，假如一方存在，另一方会有跟它相反的构式义项出现，否则就出现空缺的现象。本节着重分析"上来/上去"和"下来/下去"构式的形式与意义空缺的问题②，旨在进一步了解其构式的形式和意义的演化过程。

---

① 这里所说的构式形式与意义的"空缺"不同于学界一直惯用的"不对称"说法。语言中表达式的不对称和对称只是相对的。沈家煊（1999：4）认为，不对称主要体现于"组配的不对称和功能的不对称。组配上对称不一定功能上也对称，而功能上的不对称总是跟组配上的不对称联系在一起的"。事实上，不对称的问题就是词汇空缺问题。文旭（2014：141）认为，引起词汇空缺的认知因素主要是心理凸显、感知凸显和典型性三个方面。这三种认知因素可以扩大词汇在形式和意义上的图式构式，因此本书采用构式形式与意义"空缺"的说法。

② 本节只探讨"上来/上去"和"下来/下去"构式的形式与意义空缺，不涉及"上来/上去"与"下来/下去"之间交叉使用上的空缺。

6.3.1 "上来/上去"构式的形式与意义空缺

我们把"上来/上去"构式形式与意义的空缺分为空间意义上的空缺和非空间意义上的空缺,这既是从历时层面推衍出来的,也是在共时层面的集中体现。

6.3.1.1 "上来/上去"构式在具体空间意义上的空缺

空间既包含具体的空间也包含抽象的空间,因此空间意义也就有具体的空间意义和抽象的空间意义。空间位移是主体行为动作发生的动态移动或趋向变化。空间位移是有方向的,通常分为垂直方向和水平方向,"上来/上去"在构式表征上就相应地具有垂直方向的空间意义和水平方向的空间意义。

其一,从"上来/上去"表示垂直方向的空间意义来看,它们均表达相同的趋向动作,都是按照自下而上的空间运动方式进行趋向位移。但是它们的不同之处在于说话人视角和立足点的差异,"上来"的立足点通常是位移的终点,"上去"的立足点为位移的起点。由于说话人观察视角的变化,立足点既可以是起点,也可以是终点,这就引起"上来/上去"构式义项在表达和认知上的差异。例如:

(39) a. 一大群胡萝卜警察冲了上来,七手八脚把西红柿和玉米捆了起来。

b. 我一个箭步冲上去,拖着李小强连滚带爬地躲进了黄土岗边的一条小沟里。

(40) a. 来得重时,她也感觉一阵阵的热潮由心底下冲上来,使她全身表现一种不可抑制的兴奋。

*b. 来得重时,她也感觉一阵阵的热潮由心底下冲上去,使她全身表现一种不可抑制的兴奋。

例(39)a 和例(39)b 中的"上来"和"上去"可以相互替换,只是说话人的参照点不同而已。"上来"的主体既可以是人,也可以是物,即可以表达具体和抽象的构式义,相比较而言,"上去"的移动主体是具体的。这就是例(40)a 和例(40)b 中"上来"和"上去"

在构式上空缺的一个原因。除此之外，思想、感情、情绪等抽象的事物与人们的意识和知觉有关，通常具有心理上的凸显性和感知上的凸显性，"上来"更符合主体的主观感知，"上去"尚未完全词化，这与文旭（2014）强调的词汇空缺的认知凸显和感知凸显的认知理据是一致的。

其二，从"上来/上去"表示水平方向的空间意义来看，位移主体的起点与终点在同一个高度，位移主体可以从水平方向上的各个角度朝目标位移并靠近目标，只是说话人的视角和参照点不同而已。例如：

（41）a. 他说着冷不防扑上去，撕搂着要与丁万红亲嘴。

b. 我明白，只要我一动，它就会立刻扑上来，把我撕成碎块！

（42）a. 水獭连忙住嘴，它怕老虎扑上来咬一口，扯破了皮大褂儿，那可是它的全部家当哩！

b. 尽管她对这个人一无所知，可是她不由得扑上去抱住他呜咽大哭。

从例（41）和例（42）中可见，"上来"和"上去"在水平方向上移动时表示具体的空间关系，表现为从空间的各个方向靠近目标，通常为具体的空间动作行为。在语料表达中尚未发现表示水平空间位移的抽象意义动作。

6.3.1.2 "上来/上去"构式在抽象空间意义上的空缺

"上来/上去"在表达抽象空间意义时，位移主体的起点和终点不再表示某个具体的位移空间，而是强调某种抽象的概念。这种抽象概念的获取过程是从具体的认知域向抽象的认知域扩展的过程。人们在与世界互动的过程中，由于自身身体结构和物理空间因素的制约，在身体上和心理上垂直空间的表达式较为多样。人们的思维在认知事物时具有图式性，往往会把一个层面的事物向多个层面的事物扩展，引起具体概念向抽象概念多维度的扩展。"上来/上去"从具体的趋向空间向抽象的趋向空间扩展或延伸，正是由于人们的认知图式在发挥作用。例如：

（43）a. 今年房价又涨上来了，我看要涨到什么程度。

b. 大家叫他"卫生健将"，他笑吟吟地默认下来，从此往后，检查起来更严格，更挑别，仿佛真的升上去一级。

例（43）a 中的"上来"指价格或数量上的变化，是一种自下而上的空间变化。例（43）b 中的"上去"指抽象的社会地位的变化，是一种从下级向上级晋升的变化。

"上来/上去"将具体的垂直趋向空间意义投射到表示抽象的数量、社会关系的空间意义上，这种在数量上从少到多、在地位上从低到高的趋向变化在人们心理上处于一种动态感知的状态。由于这种感知的作用，水平空间的意义映射到抽象空间的意义几乎没有发生，语言使用中的实例也很少见到，因此"上来/上去"构式在表达水平方向的抽象空间意义时出现了构式空缺。也就是说，具体的空间意义只是把垂直空间的部分意义投射到数量域和社会关系域中，而水平空间的构式意义出现了空缺。

总之，除了"上去"构式在表达抽象主体位移和水平方向的抽象空间位移的构式意义时存在构式空缺现象，"上来"在表达水平方向的抽象空间位移的构式意义时存在构式空缺现象外，"上来/上去"在构式的形式和意义上基本上是对应的和组配的。

6.3.1.3 "上来/上去"在非空间意义上的空缺

这里的非空间意义，是指将具体的空间意义和抽象的空间意义映射并扩展到具有滞留性的空间意义。"上来/上去"的非空间意义主要表现为结果意义和状态意义。

上一部分讨论"上来/上去"的具体空间意义和抽象空间意义时，发现其不仅存在对应现象，也存在构式空缺的现象。然而，"上来/上去"构式在表达非空间意义时则是完全空缺的。下面对这一空缺现象逐一加以阐释。

第一，从"上来"表达的结果意义来看，其构式形式是动词后加"上来"的成分，这个成分表示因前边动词的动作而达到某种结果。例如：

（44）a. 至于法国梧桐是什么时候引种到南京的，我没有考查过，说不上来。

b. 我们姑娘家最怕教师提问，答不上来，像木头人站在那里，那才羞煞人哩！

  c. 这儿话音还没有落下，一个戴着顶"鸭嘴壳"帽儿的小伙子怪声怪气地接上来说："良心大大的坏！"

例（44）中的动词分别为"说"、"答"和"接"，它们具有非位移的语义特征。"上来"已不完全具备空间的意义，只是动词的一种结果，"上来"不仅在构式语义上发生了变化，而且在构式的形式上也发生了变化，从一个可以独立使用的趋向动词演化为一个表示附着成分的构式，通常表示动作的结果。"上来/上去"在表示趋向移动时就已经隐含结果的构式意义，但是在相关的语料中，却没有发现"说上去"和"答上去"的构式表达式，这是因为说话人把关注的焦点集中在事件的结果意义上，"上来"强调的主观感受要比"上去"强，说明说话人关注的是事件的最后状态，而不是事件的起始阶段。由于"上去"主要凸显事件的起始点，它与"上来"在构式意义上存在失配现象，这导致了词汇构式的空缺。

  第二，从"上来"表达的状态意义来看，它的构式形式为"形容词+上来"，这一构式的主要功能在于表征形容词所表示的状态在时间轴上所发生的变化以及这一变化的结果。"上来"用在形容词后表示进入一种新的状态或结果。例如：

（45）a. 这时雷声响了，从远处隆隆地响过来。对面的天色也像泼了墨一样地黑上来，浓云跟着大雷，就像一队黑色的恶鬼大踏步从天边压下来。

   b. 她的脸慢慢地红上来了，犹豫了一会儿才开口说话。

   c. 入秋了，天渐渐凉上来了。

例（45）中的"黑""红""凉"都是变化性的形容词，这种形容词蕴含了时间的动态变化，也就是说，"形容词+上来"构式表达的状态意义隐含着时间的变化。当然，形容词自身不能表达时间的变化，但它与"上来"组构起来的构式可以表示一个事件从起始点向终点变化的过程，以及从一种状态向另一种状态变化的过程。如例（45）a中"黑上来"表达了天色从光亮状态进入黑暗状态的变化过程，例（45）c中"凉上来"指天气随着季节的变化从气温高的状态进入凉爽的状态。以上例子都暗含了在时间轴上存在一个状态变化的过程，这样的变化过程是从起始点向终点的变化。这种从状态意义投射到时间意义的过程正是人们认知思维上的结构隐喻在起作用。然而，例（45）中的"黑上来"、"红上来"和"凉上来"为何不能说成"黑上去"、"红上去"和"凉上去"呢？主要原因是说话人的主观参照点总是以自我为中心，"上去"背离了说话人的参照点，投射到时间域中就会失去感知上的典型性。"上来"在使用和感知上的典型性导致"上去"出现了空缺的现象。这种空缺是空间隐喻在起作用，蓝纯（1999）认为，空间隐喻是一种意向图示隐喻，它将始源域的空间概念投射到抽象的目标域上，并保留其空间关系及内在的逻辑关系。

　　第三，从"上去"表达的结果意义来看，"上去"具有非位移和非自主的构式义，它受动词的支配，表示受事对象由于动词的动作而依附于受事主体，并补充解释该动作的结果。这类构式的形式主要有"内嵌类动词+上去"和"感官类动词+上去"。例如：

（46）a. 节日前，孩子们砍竹子，做水枪，并在水枪上刻上去花纹，期待着节日的来临。

　　　b. 他转过身，瞅着墙上刚刚贴上去的一尘未染的大发明家爱迪生和大科学家爱因斯坦的两幅画像。

（47）a. 冷藏在里面的各类蔬菜和瓜果，都经过加工整理并装箱，看上去都很新鲜，像刚收下来的一样。

　　　b. 灵灵家养了一只金丝猫，那浑身的毛呀，简直跟金色的丝绒一样，摸上去油光滑亮。

　　例（46）中的"刻"和"贴"都是内嵌类动词，这类动词最基本的语义就是接触义和附着义，然后才是内嵌为受事的一个部分。这类动词主要有"写画类"动词、"填充类"动词和"踏踩类"动词等（刘月华，1998：132—133）。例（46）a中的"刻上去"这一动作使花纹成为水枪的一个部分，具有附着的语义。例（46）b中的"贴上去"指两幅画像内嵌为墙的一个部分。

　　例（47）中的"看"和"摸"具有非位移和内向的构式义，这些感官类动词表示主体用身体观察世界之后获取的个人感受，强调主体感知世界的结果，这种感知结果是物质世界投射到主体身体内部的反映。实际上，"感官类动词+上去"构式是不能表达结果意义的，要从"上去"后面的构式成分中才能判断出结果意义。因此，严格来说其构式的形式应该为"感官类动词+上去+结果意义"。构式化的感知包括感受者对感受对象整体感知的全过程，主要强调感受者感知起始点的主观看法，而感知的起始点与"上去"在表达具体趋向空间意义时其感知上的凸显性是相一致的。由于感知上起始点不断凸显的作用，"上来"在"感官类动词+上来+结果意义"构式中出现了空缺。

综上所述，在表达具体的空间意义时，"上去"构式在抽象主体位移表达上存在空缺现象；在表达抽象的空间意义时，"上来/上去"构式在水平空间位移的表达上存在空缺现象；"上来/上去"构式在表达非空间意义时则完全存在空缺现象。

6.3.2　"下来/下去"构式的形式与意义空缺

"下来"的基本构式义为主体从上到下或从高到低向说话人的方向移动，而"下去"的基本构式义为主体从上到下或从高到低朝背离说话人的方向移动。二者位移的方向是一致的，只是主观的参照点不同而已。"下来"的参照点为下方，而"下去"的参照点为上方。由于参照点不同，"下来/下去"在构式形式和意义上出现了空缺。下面从空间意义上的空缺和非空间意义上的空缺进行考察。

6.3.2.1　"下来/下去"构式在空间意义上的空缺

"下来/下去"在表达具体空间意义时既有组配一致的情况，也存在构式空缺的情况。"下来/下去"构式在具体空间意义上出现空缺的主要原因是它们的凸显对象不同，"下来"凸显显性的位移终点，而"下去"凸显隐性的位移终点，二者在构式上是完全空缺的。例如：

（48）a. 歌坛新秀苏小明唱得好：幸福不是毛毛雨，不会自己从天上掉下来！

　　　b. 比如一块石头从山上滚下来，碰着一块石头，就立刻发出火花，倘若它只碰着一块石头的影子，那是不会发出火花的。

（49）a. 食物吃下去，必须排泄出一部分，乃至大部分，才能再吃，使生命获得新的营养。

　　　b. 他不饿，或胃口不开，便不想吃。你若勉强他吃，他也不肯咽下去，你若硬把食物塞入他的肚中，他甚至会呕吐出来。

例（48）a 中，"天上"是"掉"这个动作的起始点，根据人类感知的经验，"下来"这个动作是通过从"天上"这个起始点到"地面"这个终点感知出来的。因此，"掉"这个动作是从上方朝着说话人所在的位置发生的，其凸显的位移终点是地面，是显性的。例（48）b 中所凸显的位移终点与例（48）a 中所凸显的位移终点是相同的。这造成"下去"构式空缺，只能使用"下来"。

"下去"所表示的动作、行为或状态通常是没有终点的，即使有终点，也在人们视线所及的范围之外（刘正光、孙一弦，2013）。"下去"与"吃类"动词搭配使用，如例（49）a 中的"吃"和例（49）b 中的"咽"都表示食物通过口腔进入身体内部，起始点为口腔，终点为身体内部，应该使用"下来"，但是"下来"的终点是显性的、可以看见的，而人体内部是隐性的、不易观察到的，因此只能使用"下去"。"下来"空缺的主要原因是人们在使用语言时视角上的主观化。向说话人靠近的物体在视角上是可以被观察到的，说话人倾向于用"下来"；背离说话人的物体在视角上是模糊的和不确定的，说话人倾向于用"下去"。这种视角上的主观化引起了"下来"构式的空缺。

6.3.2.2　"下来/下去"构式在非空间意义上的空缺

"下来/下去"在历时维度上从具体的趋向空间意义演化出表示结果意义、时间意义[①]和状态意义的非空间意义的构式表达式。

---

① 学界通常把时间意义归为状态意义，比如刘月华（1998：193）的研究。本书把时间意义和状态意义分开来论述是因为"下来"和"下去"从空间域演化为时间域出现了典型的构式化，其表示时间意义的构式有了新的构式形式和新的构式意义。

从"下来/下去"构式在表示结果意义时出现的空缺现象来看，它们主要在"留存义"和"脱离义"上存在差异。"下来"构式表现出来的结果意义主要有脱离义、留存义和获取义，"下去"构式只表达脱离义。就二者都表达脱离义而言，"下来"只表达使物体的一部分从整体脱离的意义，是一个有界的动作，倾向于表达一个事件的完成；"下去"则表示使部分物体从整体中脱离，倾向于此物体的一部分完全从整体中脱离的意义，是一个无界的动作。例如：

（50）a. 她一回来就忙着用热水洗手、洗脸，还用小刷子仔细洗指甲，然后把洁白的罩衣脱下来，拍一拍灰尘，挂在衣架上。

b. 他每次捉到蟑螂，都把它从窗扔下去。

（51）a. 上行是多么不快的事呵，一天一天的看着长起来，一颗一颗的摘下来，一个一个的剥了皮，千遍百遍的翻出柿霜来，却不是自己吃，是去"上行"！

b. 你这眼镜框太大了，摘下去吧。

例（50）a 中的"脱下来"作为视角上的终点，说话人的注意力集中在"她脱罩衣"这一事件上，动作的结果为"把罩衣从身上脱下放到某个位置"，用"脱下来"强调事件的终点，这是说话人注意力的焦点所致，此处的"下来"是说话人从其观察视角注意到罩衣作为部分物件从整个人的身体上脱离，"脱下来"在事件动作的完成上是有界的，所以不能表达为"脱下去"。例（50）b 中"下去"的起始点是"窗"，说话人的视角聚焦于起始点发出的动作，因为事件的终点不确定或说话人的视角不能触及时就会成为被忽略的观察点，如 Croft 和 Cruse（2004：47）所言："说话人视角源于对其自身经验可感知部分的关注，而对身体很少感知到的、关联性不大的事物常常忽略。"例（50）b 中事件的终点难以确定，说话人视角不集中在"蟑螂被扔向何处"，此处强调"扔下去"这个动作的起始点，所以不宜使用"扔下来"的说法。

当然，分离之物如果要存留，要使用"下来"，如果分离之物要遗弃，则要使用"下去"（刘月华，1998：192）。例如：

（52）a. 你又写错了，把这张纸撕下去吧。

b. 这张邮票特别珍贵，你小心点儿揭下来，保存好。

人们对想要存留之物或者遗弃之物的表达形式都具有心理上的主观识解，因此人们在建构情景事件时往往会运用序列扫描和概括扫描的方式（Langacker，1987：248）。序列扫描是把一个过程看成多个事件成分的一个序列；而概括扫描是把一个过程看成一个整体的单位，其中所有的事件成分被看作一个融合的整体（文旭，2014：97）。例（52）a 中的"撕下去"是一个系列过程，意指"把又写错的那部分撕掉，在新的页面上重新写"，它包含了两个事件成分的序列。例（52）b 是把"整张邮票揭下来并保存好"看作一个完整的事件，将存留之物"邮票"揭下来并保存为一个整体。因此，进行事件序列扫描时宜用"下去"，对事件进行概括扫描时宜用"下来"。

从"下来/下去"构式在表示时间意义时出现的空缺现象来看，"下来"表示一个事件在时间上的不断延续，旨在表征此事件的完成或实现，它沿着时间轴的发展必须存在事件上的终点，表示已然事件，具有完成的构式意义。"下去"关注一个事件的持续或重复发生的动作，只是时段上的事件，通常很难判断出事件的起始点和终点，表示未然事件。分别表示时间意义上的已然事件和未然事件是此构式空缺的主要原因。下面以实例分别进行阐释。

（53）a. 教室顷刻间静下来了，大家如同盼望着一个神圣的时刻，它正一步一步地走近……

b. 一晚上喝下来，头昏眼花，全身无力，下次不想再喝多了。

在例（53）a 中，大家"盼望着"这一动作发生在"静下来"之后，说明"静"这一事件已完成，表示已然事件。例（53）b 中"喝酒"这一事件是说话人在感觉身体不适之前持续的活动，以说话人的话语为终点，在时间维度上构成一个已然事件。

（54）a. 夜深了，远处的灯光渐渐暗了下去。

b. 文化虽然是人创造的，但它一旦被创造出来，就会被一代一代地传递下去，不为尧存，不为桀亡。

例（54）a 中的"下去"相对于"下来"的用法，主要指远距离事件的变化，表达一个未然事件。例（54）b 中的"下去"表示"持续的""永久性的"时间意义，是一个未然事件。

从以上实例分析来看，"下来"和"下去"在时间意义上产生了构式化。构式在形式上演化为"形容词+下来/下去"这一表示时间意义的新构式。"下来"和"下去"构式在两个维度上都发生了演化：从空间域演化为时间域，从实词演化为表示时体性的虚词。构式演化具有滞留性，"下来"和"下去"在原有构式的形式和意义上存在差异导致了"下来/下去"构式的空缺，"下去"演化为表示"持续性"的构式意义，而"下来"停留在只表示"完成性"构式意义上。

从"下来/下去"构式在表示状态意义时出现的空缺现象来看，"下来"在实例中使用的频率远远高于"下去"，这是因为人们在描述一个事件状态时往往以说话人自身的位置和主观视角为依据。"下来"与其前面的瞬间动词或不及物动词搭配使用，倾向于表达事件从动态向静态的转变。例如：

（55）a. 他们打呀打，一直打到天亮了，太阳出来了，又起风了的时候，才停下来。

b. 她目光灼灼，闪着一种让林先生惊诧而又难堪的锋锐光芒，但口气却缓和下来。

例（55）a 中"停"与"下来"结合使用，表达了从动态到静态的变化，此处不能使用"下去"，因为"下来"通常表达一个事件的正向变化。例（55）b 中的"下来"通常与表示速度、人的态度、说话人的语气的形容词搭配使用，口气缓和是一种正向的变化，此处不宜使用"下去"。"下去"常常与负向的动词或形容词搭配使用。例如：

（56）a. 我就是想这样一直堕落下去，不需要任何人来拯救。

b. 潜水艇里有许多空房间，当里面装满了海水的时候，潜水艇就沉下去了。

例（56）a 中"堕落"与"下去"组合，表达一种负向变化的持续。例（56）b 中"沉"和"下去"搭配，表示此事件远离说话人，表达一种负向的变化。"下来"和"下去"分别表示正向的变化和负向的变化，这与"下来"和"下去"表示的趋向意义有关。

　　总的来说，"下来"和"下去"在表示结果意义时具有"留存义"和"脱离义"的差异，它们在构式上空缺的原因在于人们对存留之物或者遗弃之物在心理上的主观识解，人们在建构情景事件时往往运用序列扫描和概括扫描的认知方式。"下来"和"下去"在时间意义上分别表示"完成性"的构式义和"持续性"的构式义，它们在构式上的空缺是由于分别表述已然事件和未然事件。"下来"和"下去"在状态意义上分别表示正向的变化和负向的变化，说话人对起始点和终点的主观识解触发"下来"和"下去"构式意义的空缺。

　　综上所述，"上来、上去、下来、下去"构式在形式和意义上都存在空缺现象，而空缺现象可以从空间意义和非空间意义这两个方面进行考察。"上去"构式在表达抽象主体位移时存在空缺现象。"上来/上去"构式在表征水平方向的抽象空间位移时存在空缺现象，而"上来/上去"构式在表征非空间意义时则完全存在空缺现象。"下来/下去"构式在空间意义上和非空间意义上都存在空缺现象，空间意义上的空缺是说话人主观视角凸显引起的，而非空间意义上的空缺是由于构式图式性和人们认知的层级性所造成的构式非空间意义的多维扩展。总体而言，造成复合趋向连动式空缺的主要认知因素是说话人心理上的主观识解、感知上的视角凸显以及认知参照点的典型性。

6.4　复合趋向连动式的构式化机制

　　虽然学界同人或从共时或从历时角度研究了复合趋向连动式的句法和语义问题，但他们对复合趋向连动式在共时和历时层面上的构式演化情况考察却不多。其实，对复合式趋向动词表达式的意义梳理，学界已经取得诸多成果，但学者们认为这些意义的演化基本上都是从趋向意义向结果意义或状态意义演化。迄今为止，笔者尚未见到有人把复合趋向连动式在形式上和意义上的构式化作为一个整体进行考察，而仅从形式

的角度或者意义的角度进行研究并不能全面反映这一构式的产生与演化
情况。因此，在前文研究的基础上，本节从总体上勾勒出典型的复合趋
向连动式的构式化历程，对其构式化的生成机制做出阐释，并试图建构
复合趋向连动式的构式化分析框架。本研究初步断定，复合趋向连动式
的形成与演化是构式形式和意义之间不断互动的结果，它的构式化进程
是在一定的认知机制的推动下完成的，新分析机制和类比化机制共同促
使其发生构式化。

6.4.1　新分析机制

复合趋向连动式构式中两个动词形式和意义上的演化受外部因素的
驱动和触发，从而产生了多种广泛使用的构式，而这些构式产生、发展
和演化是如何进行的？复合趋向连动式产生的时间、演化的种类以及演
化的机制一直都是汉语历时语法学界争论较大的问题，各位学者研究得
出的结论也存在较大的差异。因此，本节采用"新分析"这一构式化
机制来探讨复合趋向连动式在几个关键时期所表现出的构式演化类型，
旨在观察其构式化的运作方式。这一运作方式不同于学界长期以来使用
的"重新分析"，因为重新分析的多数证据都是基于语言结构在宏观维
度上的演化观察出来的（Lightfoot，1999：87-91）。新分析主要关注构
式演化的渐变性，而这一渐变性在构式的形式和意义上通常以微观的演
化方式进行（Traugott & Trousdale，2013：36）。构式演化，无论是形式
上的，还是意义上的，都可以通过微观的方式对其进行全面的观察。这
一演化方式对缺乏形式标记的汉语构式来说具有较好的解释力。

新分析替代重新分析的原因除了它关注微观构式的演化方式之外，
还有它主要关涉构式化发生的主观条件，即强调一个具有语言内化能力
的使用者才可以通过不同的构式表达式来理解并使用说话人产出的构
式。那么复合趋向连动式中"上来/上去"和"下来/下去"构式化发
生新分析的条件是什么呢？本书通过语料分析发现，这些构式在形式上
和意义上的演化是不同步的，具有扩展性。

第一，从构式形式的演化历程来看，复合趋向连动式中的"上来/

上去"和"下来/下去"总体的构式演化路径为：复合趋向动词单独作谓语的核心→V+复合趋向动词的新构式产生（V与复合趋向动词之间的句法地位平等）→V+复合趋向动词的新构式重构（复合趋向动词失去与V句法地位上的平等，成为一种附着成分，同时还向其他构式形式扩展，辐射出不同层级的构式）。虽然这种构式的构式化路径看上去是宏观的，但是只有通过微观层面的构式意义观察才可以全面地诠释其演化过程。此处以构式形式演化的实例进行阐释。例如：

（57）a. 黄帝上骑龙，群臣、后宫从上七十余人，龙乃上去。（《论衡·道虚》）

b. 相约杏花坛上去，画阑红子斗攃蒱。（李群玉《湘妃庙》，《全唐诗》卷五百七十）

c. 那小娘子正待分说，只见几家邻舍一齐跪上去，告道："相公的言语，委是青天！"（《醒世恒言》卷三十三）

例（57）a中的"上去"构式是单独作谓语的核心动词，"上"和"去"之间的句法地位平等，是两个同时发生的动作，这一构式的形式在汉代时期出现并得以广泛使用。例（57）b中的"上去"构式的形式发生了演化，这样的构式演化过程说明在唐代时期"上去"的使用维度较广，使用频率日益增加，构式内部成分出现了新调配，它前面出现了表示趋移义和致移义的动词，而且还出现了处所宾语，其构式形式为"V+处所宾语+上去"。本书认为，处所宾语为"上去"构式演化提供了新分析的可能，因为此构式中的处所宾语与"上去"具有相同的语义方向，都是说话人视角从低处空间向高处空间投射和感知的过程。只有具备感知语义上的相似性，说话人才可以通过这一相似的语义表达式建构新的语言结构。例（57）b中的"杏花坛"和"上去"具有方向上的一致性和语义表达上的相似性，为"V+处所宾语+上去"构式的形成提供了新分析的可能。由于处所宾语出现在V与"上去"之间，二者在构式表达上的语义重心有一点变化，V表达的动作方式受到凸显。而例（57）c中"跪"和"上去"的语义重心出现前倾的趋势，但是二者还具有复合趋向连动式的特征。新分析导致"V+上去"构式之间可以插入新的构式成分，因此，到明清时期，它的构式演化形式增多，构式类型不断扩展。例如：

（58）a. 这妇人满斟了一杯酒，双手递上去，跪在地下，等他锺儿。（《金瓶梅》第十二回）

b. 望着几十层阶级，走了上去，横过来又是几十层阶级，马二先生一气走上，不觉气喘。（《儒林外史》第十四回）

c. 陶子尧是不认得洋文的，由着他念，听上去无甚出入，也无话说。（《官场现形记》第八回）

例（58）a 中"递"和"上去"之间可以插入助词"了"，构式的意义并不改变，与例（58）b 中的"走了上去"在形式上是一样的。"了"进入构式中是因为，在明代初期，助词"将"的广泛使用引起了新分析，为助词"了"的出现提供了语义基础。而例（58）c 中的"听上去"在构式的形式上虽然是"V+上去"，但是它的构式意义不是作为空间表达的趋向意义，而是作为一种话题标记构式，称为"中动构式"。

复合趋向连动式的构式形式演化大致经历了这样的阶段：汉代时期单个的复合趋向动词作谓语，唐代时期出现了"V+处所宾语+复合趋向动词"的构式形式，动补式和动趋式的结构已成熟，而且稳定下来。明清时期演化出了"V+将/了+复合趋向动词"的构式形式，V 的图式性较强，V 在宏观层面上的构式形式没有变化，而在微观层面上的构式形式是多个层级性的图式网络。这种层级性的图式网络只有通过动词词义才可以观察出来。在现代汉语中，出现了如"V+客观趋向动词+O+主观趋向动词"的构式，而且使用较为普遍，如"走上舞台去""卸下零件来""拿上办公室来"等。

由上面的实例和构式形式上的演化历程可知，复合趋向动词在历时维度上的构式化程度已经很高，构式的组构性、能产性和图式性较强，产生了包括中动构式在内的具有层级性的构式形式。这与蔡淑美（2015）对中动构式的考察是一致的。她认为，中动构式是从唐五代时期的连动构式中发展而来的，而笔者在语料中同样发现了这一构式演化现象。在中动构式的演化过程中，伴随演化的是一种固化的话语标记构式，如一些感官类和言说类的动词加上复合趋向动词的形式。它们都经历了构式语义泛化的过程。此处再以例（58）c 中的"听上去"加以阐释。"听上去"既可以表示听觉义，即前面"念"的内容，也可以表示推测义，指主体对所发生事件的一种态度，其主观性程度更强。

总之，复合趋向连动式构式演化的认知机制体现为说话人对构式中的处所宾语和行为动词进行不同程度的识解和新分析，使复合趋向连动式扩展到不同层级的构式类型。处所成分直接进入行为动词与复合趋向动词之间而后建构新的构式，并成为复合趋向连动式中的处所宾语。这种句法位置的变化会使主体原有的视角被新分析，新的视角会建立起来。这一新视角把处所宾语与复合趋向动词的语义一起融合到复合动词上，成为主要的关注焦点。同时，构式中的行为动词对复合趋向动词语义指向起着牵制作用，这也是复合趋向连动式发生构式化的一个诱因。例如，"上去"原本是表示朝上这个动作发出之后才离开的，但是由于"上去"受到前面趋移动词和致移动词的牵制，它就凝固为一个表趋向方位的构式，"上"和"去"关系紧密，固化程度较高，不能分开。也就是说，行为动词在微观层面上的语义制约了"上去"的使用和发展，说话人对行为动词和复合趋向动词之间关系的不同识解和新分析，导致行为动词与"上去"出现了多个层级性的构式演化，如复合趋向连动式向动趋式、动补式、中动式的演化。构式演化的层级性导致了构式在形式上和意义上的进程是不同步的。

第二，从构式意义的演化历程来看，"上来/上去"和"下来/下去"构式的意义演化与形式演化也是不同步的。形式发生了变化，意义会有相应的变化；而意义变化了，形式不一定发生变化。这就是上一节讨论的构式存在空缺现象原因的一个方面。就汉语结构而言，新分析主要是对其构式意义的多样性进行识解，因为汉语构式在形式上是单一的，大多数构式无法从形式上观察到其演化规律，只有转向构式意义的表达式才符合汉语是"意合"型语言的观点。下面以图 6-1 为基础对复合趋向连动式中"下来/下去"构式意义在演化上的不同步性进行阐释。"下来/下去"构式的意义是由"下"经过新分析演化出来的。

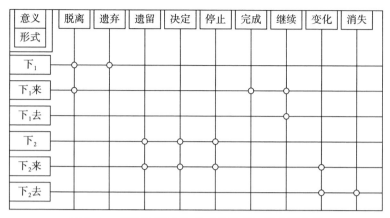

图 6-1 "下来/下去"构式的形式与意义新分析

从图 6-1 中可知,"下"的基本义是从上往下移动的空间义,但它在趋向空间意义上的新分析可分为两个阶段:一个阶段是脱离意义和遗弃意义,另一个阶段是遗留、决定和停止意义。第一阶段的"下"与"来/去"组合后被新分析为其他构式意义,"下来"具有脱离、继续和完成意义,而"下去"具有继续的意义。第二阶段的"下"与"来/去"组合后,"下来"除了具有遗留、决定和停止的意义之外,还演化出状态变化的意义,而"下去"则完全新分析为变化和消失的意义。

总之,新分析的构式化机制导致复合趋向连动式在形式和意义上的演化不是同步的,形式的演化必然导致意义的演化,但是意义的演化不能完全引起形式的演化。这是由人们对同一个事物的认识往往采用不同的认知方式导致的,而在同一个构式中认知方式的多样性会导致意义表达的多样性。

6.4.2 类比化机制

复合趋向连动式是一个层级性较多的图式构式系统,它的构式化并不完全是由新分析机制导致的,有些构式类型是在受到构式语境驱动之后,才拥有了自身构式化的方式和扩展路径。复合趋向连动式的出现本身就是构式化的结果,它发展到一定程度的构式类型,既是构式本身在新分析的作用下继续向复合趋向连动式发展的结果,也是类比化的认知机制促进构式图式系统继续扩展的结果。这样的认知机制使复合趋向连动式中的图式系统更加丰富，有助于深入了解复合趋向连动式的构式演化系统，从而推进复合趋向连动式的构式化研究进程。

从6.1中复合趋向连动式的产生与发展的历程可知，这一构式在唐代时期已经比较成熟。而就是在这一时期，处所宾语不断进入行为动词和复合趋向动词之间，引起构式内部的成分由紧密关系向松散关系发展。到明朝时期，行为动词和复合趋向动词之间的关系更加松散，它们中间可以使用助词"将"。到清朝初期，"了"取代了"将"的用法。本书认为，这一构式演化是类比化机制作用的结果。由于构式语境发生在相容的位置上和构式义的使用频率不断增加，"行为动词+其他成分+复合趋向动词"作为一种固化构式，对其他同一范畴内构式的产生起着类比的作用或者对不同范畴的构式具有吸引的作用。只要某一个构式具有相同范畴的形式或意义，那么它就很有可能在相同的构式语境下进入整个图式构式中来。例如：

（59）a. 那堪更见巢松鹤，飞入青云不下来。（刘得仁《寄友人》，《全唐诗》卷五百四十五）

b. 且脱他锦衣花帽下来，待俺穿戴了，充做入直的，到内里看一遭去。（《二刻拍案惊奇》卷四十）

（60）a. 当日见杨化不醒，四旁无人，便将杨化驴子上缰绳解将下来，打了个扣儿，将杨化的脖项套好了。（《初刻拍案惊奇》卷十四）

b. 老和尚听了这话，那眼泪止不住纷纷的落了下来，说道："居士，你但放心，说凶得吉，你若果有些山高水低，这事都在我老僧身上。"（《儒林外史》第二十回）

然而，虽然以上实例可以通过类比化的作用纳入复合趋向连动式的构式系统中，但它们各自构式的形成与演化并不是同步的。例（59）a中的"行为动词+处所宾语+下来"构式在唐代就已经使用了，但是由于构式的语义具有滞留性，它的语义可能要停留一定的时间才能得以重新使用，所以直到元明时期，类似例（59）b的构式中间带其他宾语的情况才大量出现，但是它的类推机制可以在历时维度的语料中得到佐证。例（60）a和例（60）b中"将"和"了"在构式义上具有相容性，构式语境中类比化的作用引起"了"的出现，而使用频率的增加使"了"逐渐代替"将"。这种替代使用的现象说明复合趋向连动式可以容纳较多图式性的构式意义。随着构式的渐变演化，其容纳图式构式的能力越来越强，构式的能产性和图式性更强。因此，由于人们思维上的类比化机制的作用，复合趋向连动式的构式系统渐变地发生了构式化。

上面通过微观的演化方式考察了类比化的认知机制导致构式化具有层级性的演化模式。我们也可以通过类比化的认知机制考察复合趋向连动式在宏观层面上发生的构式演化情况，如从空间意义到结果意义、时间意义和状态意义的构式化都离不开类比化的认知机制。此处不再用相关构式实例进行阐述。

新分析和类比化是构式化中最重要的演化机制，本节分开论述是为了行文方便，这并不意味着二者在构式化的过程中就是不相互作用的。虽然复合趋向连动式的构式化在形式和意义上表现出不完全同步的特征，但是新分析和类比化的共同作用不仅使复合趋向连动式以链状型的方式发生构式化，而且使复合趋向连动式以辐射型的方式发生构式化。

综上所述，复合趋向连动式的构式化过程是形式与意义互动的过程。本节以最典型的"V下来/下去"和"V上来/上去"为切入点，梳理了它们的构式化过程，进而发现复合趋向连动式构式化是新分析机制和类比化机制相互作用的结果，同时这两种认知机制使复合趋向连动式以链状型和辐射型的方式进行构式化。

6.5　小结

本章主要讨论了汉语复合趋向连动式的构式化过程。以最典型的"V上来/上去"构式和"V下来/下去"构式为个案考察对象，从形式和意义两个方面梳理了它们在历时维度上的产生与演化，并从共时维度上找到了制约这一构式演化的主要因素。研究发现，复合趋向连动式构式化表征的主要手段是距离象似性原则和时间顺序象似性原则。而这一构式化表征在构式的形式和意义上存在构式空缺现象，引起这种空缺现象的主要认知因素是说话人心理上的主观识解、感知上的视角凸显以及认知参照点的典型性。最后在复合趋向连动式的形式和意义空缺的基础上深入探讨了复合趋向连动式发生构式化的主要机制。新分析机制和类比化机制共同作用产生复合趋向连动式，同时这两种认知机制使复合趋向连动式以链状性和辐射型的模式发生构式化。

第7章
汉语趋向空间构式的适应性与习得过程

语言进化与生物进化之间的关系是学界不断探讨的话题。进化生物学领域中的适应性（adaptation）和扩展适应性（exaptation）概念得到了语言学界的广泛关注，并被引入语言学领域，得到了广泛应用。但目前语言学界对这两个概念的运用范围仍存在争议。例如，适应性和扩展适应性可以被看作语言进化的普遍性机制吗？这两个概念是否涵盖了生物进化与语言进化的普遍性？是否涉及生物进化和语言进化之间的差异性？

语言映射了人们感知世界和思考世界的方式。人类构建范畴的主要依据是现实世界中相关事件的特征，尤其是空间概念的构建，其在很大程度上取决于感知上可获得的实际体验，这些体验与语义模型相互作用，促成空间和语言领域之间映射的产生。空间范畴的语言编码虽被许多研究提及，但是空间范畴具有复杂性，且常常与一些非空间因素如社会因素、文化因素等相互作用。这对于人们建立翔实有效、普遍适用的空间语言描述模式非常不利。

人的认知行为触发了构式本身的变化或构式之间原有机制的重新组配、调适，这是构式化产生的主要原因（Traugott & Trousdale，2013）。如果说适应性伴随着一个构式的产生，那么扩展适应性是否适用于该构式的构式化过程？我们又该如何描述构式的扩展适应性的特征及所涉范围？本章基于历时构式语法研究的丰富成果，从进化论视角对构式的适应性、扩展适应性以及空间构式习得进行考察，旨在为这些问题寻找解答的出口。

7.1　趋向空间构式的适应性与扩展适应性

构式成分是组构的，说话人或听话人在特定语境中对其进行识解，并形成符合交际需要的表达式（Goldberg，2006：22）。构式的组构性主要体现在构式成分在垂直层面和水平层面进行相互调适，从而形成相应的层级构式。构式的组构性是构式成分之间的关系在整个构式系统中相互调适，绝非构式成分之间的简单相加。在语言交际中，构式的产生和识解表明构式具有相同的适应性或预适应性。这种适应性可以从两个方面概括：其一，构式是在交际中产生的事件结构，在特定的构式语境下呈现出新的语义特征，而且该特征不能从其他语境下的部分语义关系中完全预测；其二，当两个独立构式的成分整合为另一个新构式时，出于表达的需要，我们应对源构式的语义结构进行适当调整（Langacker，2008）。

进化论的观点认为构式的适应性体现为构式的选择性，是各个构式成分与其使用环境相适应的过程。构式内部成分的选择或适应情况可以通过某些构式成分出现的频率来判断。同样，我们还可以依据构式之间的继承连接和关系连接来观察构式选择的适应性和动态性。构式的选择适应性会受到不同因素的影响（Croft，2000：22）。首先，复制作用会影响构式的选择适应性，因为说话人通常是从整体上对源构式的形式和意义进行复制或继承的。其次，交互作用会影响构式的选择适应性。在构式整体网络中，构式呈现出具有不同程度复制性的因素，它们是构式在不同语境下进行交互作用的结果。再次，选择作用也会影响构式的选择适应性。在构式网络的交互作用下，构式的复制性呈现出不同的演化路径，部分构式的能产性会增强，部分构式却会发生衰退。最后，世系作用会影响构式的选择适应性。在构式家族系统中，相似或多样的构式复制结构是渐变使用的。

实际上，构式选择是一个获得适应性的过程，这一过程至少涉及两方面的适应性。一方面，说话人一般会有意识地遵守已有构式的规约，并通过常规复制的手段实现构式之间的适应性和匹配性。另一方面，说话人通过变异复制的手段使已有构式产生固化（entrenchment）。在已有构式的固化基础之上，说话人会在构式复制过程中对新构式进行一定程度的调整。总之，常规手段下说话人对构式的选择可能是意向性的，也可能是非意向性的。其一，说话人对特定构式的允准性表达是构式的意向性选择，进而重构构式网络；其二，在构式的选择过程中，已经固化在说话人语言系统中的构式可能会触发特定程度的演化，导致已固化构式的衰退或新构式的固化，它们都是非意向性的构式选择的具体体现。同时，变异复制手段下说话人对构式的选择也有意向性和非意向性之分。意向性表现为说话人为了实现构式表达上的适宜性、经济性和消除语义上的模糊性，有意识地对构式进行选择；非意向性表现为说话人对构式的重新分析致使构式关系重构，最终产生构式化。

构式的选择适应性体现在两个重要方面：创新和传播。常规的复制手段是说话人对构式规约性的顺应，而变异复制的手段则体现了说话人对某种规约化构式的违背，这种违背会引起新的构式变体，产生构式化。构式是基于使用的，构式变体的不同选择导致了构式不同的演化路径，进而形成不同的构式传播路径。说话人进行构式选择的动因是多方面的，既包括文化因素，也涉及空间认知因素，尤其是空间认知上的差异性。

随着进化生物学研究的推进，诸多历时语言学家开始思考语言的进化问题，其中达尔文进化论所倡导的突变、变异和自然选择成为语言进化论关注的主要话题（Croft，2000；McMahon，A. & R. McMahon，2013）。历时语言学家指出语言进化与物种进化之间具有许多相似之处。例如，虽然语言和物种的种系与个体中存在的显性关联暂时无从考证，但新构式涌现的路径与新物种起源路径之间的相似性是明显的。比如，它们都是通过适应性选择、相似结构的累积和扩展以及功能适应性的约束产生的，其最终的宏观变异都是由前期的微观变异积累导致的（Van de Velde & Norde，2016）。

构式的扩展适应性被定义为在已有构式形式的基础上产生构式意义跳跃（meaning leap）的过程（Van de Velde & Norde，2016）。那么构式的扩展适应性是如何体现的？毋庸置疑，构式是文化发展的产物，其表达式具有扩展性。虽然构式通常只在不同构式层如音位、形态、句法、语义、语篇等层面发生微小且缓慢的演化，而且构式的相似性往往只体现在连续的演化阶段中，但是，这并不否定构式发生急剧演化的可能。构式演化过程中，不相关的构式意义很容易被触发，这可能会导致与源构式义相悖的话语表达式产生，形成构式的扩展适应性。进化生物学家Lass 在 1990 年便从语言学角度对扩展适应性做出解释。他认为，一种语言的区别性语法特征主要源于说话人对该语言形态的编码。这种区别性语法特征涉及语言编码的遗弃功能，体现为语言形态成分编码过程中的语义遗失。从某种意义上说，我们可以将当前使用的构式形态看作一种遗失的语义成分。而这种构式形态可以从以下三个方面加以洞察：第一，语言的形态会完全衰退直至不再使用；第二，语言的形态作为边缘成分或非功能性/非表达性成分遗留下来；第三，语言的形态作为与边缘成分关联性不大的成分遗留下来（Lass，1990）。总之，这种语言的形态变化是在一个可适应的语言系统中进行的。

根据上面三种路径，不难看出语言结构的选择是一种适应性行为，是说话人与听话人之间语言扩展适应的结果。Lass 从狭义的角度论述了语言形态的扩展适应性，但他并没有提及构式新意义扩展的本质。是否任何一种语言都具有扩展适应性特征，这仍是我们应该思考的问题。作为语言进化领域的一个重要术语，扩展适应性与语言进化中的其他重要概念紧密相连，如去语法化（degrammaticalization）、再语法化（regrammaticalization）、语义复活（renovation）、不足分析（hypoanalysis）、形态化（morphologization）、功能创新（functional renewal）等。基于这些关联概念，我们可以对扩展适应性的潜在特征做出一定程度的判断。比如，我们可以从新意义的不可预测性、创新性以及构式输入时呈现出的非现存状态（junk status）（Van de Velde & Norde，2016）等方面观察构式扩展适应性的特征。

第一，新意义具有不可预测性。构式的扩展适应性凸显构式在已有形式的基础上发生的意义变化。这种变化普遍存在于区域变体中或者相关的语言变体中，主要是语言接触导致了构式变化的产生。不可预测的意义演化路径与那些可预测的演化路径具有很大的差异。构式演化的可预测性强调一种可预测的形态轨迹以及符合人类一般性认知规律的趋势，呈现出一种有规律的、重现的语义演化方向。如果将扩展适应性看作一个循环的跨语言演化模式，那么很难将构式的演化路径和具有不可预测性的扩展适应性路径区别开来。如果将扩展适应性视为构式化渐变群中的一种分裂现象，那么构式意义的跳跃便成为构式化的主要因素，构式演化的不可预测性则成为一种普遍的现象。

除了跨语言重现的演化路径，与构式的规约性演化相比，构式扩展适应性的异质性是很明显的。构式的层级性和基于继承关系的构式演化现象是普遍可预测的。而构式网络引发的构式在微观、中观以及宏观层面的演化是构式再现的过程，它既是可预测的，也是不可预测的。或者说，在跨语言的演化路径中，相似的扩展适应性是可以被预测的，而异质性构式的扩展适应性则很难被预测。然而，扩展适应性常常在多个演化链中发生，并导致不同类型节点的构式即异质性构式的产生，因此，构式的扩展适应性的存在是不可忽视的。

第二，新意义具有创新性。扩展适应性会引发构式意义的变化，这种变化具有不可预测性，也具有创新性。可以从两个方面对构式意义的异质性进行概括：一方面，构式的扩展适应性蕴含了特定构式已构建出的新的构式范畴；另一方面，构式的扩展适应性意味着新成分与原构式成分的交互作用，并通过其他构式成分扩展为新的构式，从而实现构式化（刘瑾、杨旭，2017）。构式的扩展适应路径和已有的构式扩展模式并不完全对应；相反，其路径本身就是一种新的构式扩展模式。构式扩展模式的创新性体现在四个方面。首先，源语言（source material）呈现出非现存状态；其次，新语法范畴的创造伴随着概念上的创新；再次，构式的扩展或演化是一种认知上的创新手段，具有不可预测性，源范畴和目标范畴之间的关联性不大；最后，源范畴和目标范畴中的某个构式成分会在演化过程中发生明显的变化或语义跳跃（Lass，1997：318-324）。

总之，表达式的再创造是构式意义的创新性来源，包括语义上的扩展、语用上的调节以及句法上的再分析。一系列的创新手段允准了新表达式的出现，从而产生构式化。构式化的产生既是适应性的过程，也是扩展适应性的过程。修辞性的表达式往往促使构式相关成分与新语境发生匹配，引起构式发生新的变化，或出现对构式常规表达式的违背。

第三，构式输入时呈现非现存状态。在构式的扩展适应性中，构式意义的转移会导致某些构式成分出现非现存状态。Lass（1997）将这种状态总结为构式的形式脱落（loss）现象、不规则的构式形式的使用现象以及构式的去功能化（defunctionalization）现象。伴随形式或意义的脱落，一些构式在大多数语言社区中被淘汰，不再被使用，也有一些残余的成分在语言社区中得到留存。最后，这些成分在语言社区中涌现出新的、边缘性的意义。构式的扩展适应性可以概括为两种类型：一是完全扩展适应性，即构式成分之间的交互呈现完全适应的状态，并产生不同的新的构式；二是部分扩展适应性，即构式之间存在异常的部分并产生与之适应的结构，且该结构呈现非组构性特征。完全扩展适应性可以通过层级性和继承性在构式网络中对其原有的结构和新的结构进行观察；部分扩展适应性蕴含了构式组构过程中原有结构的消失，原有的构式意义也无法从新的构式意义中得到预测。

具体来说，构式的非现存状态主要体现为部分扩展适应性。作为一个符号系统，构式的每一个成分都是有意义的，都会在构式系统中进行交互适应，因此一个构式的出现必然伴随适应的状态。同时，如果将构式看作特定形式和意义的配对，那么构式的非现存状态是否只是一个不切实际的假设？答案是否定的，语义分化可以为我们提供这方面的论据（Jespersen，1922）。这种语义分化在语言演化中普遍存在，代表着一种新的语言符号。语义分化取决于源构式的部分意义获得了原来不曾出现的语法意义，这种语法意义随后被纳入构式网络系统中。基于使用的构式观表明，构式中任何形式都具有意义，而且构式的意义是在交际中产生的。一个构式如果不能在原有的基础上扩展出新的构式，我们就将这个构式看作处于衰退状态的，则该构式不具有扩展适应性的功能。因此，构式语义的分化实际上也是构式能产性的一种表现形式。虽然在扩展适应中构式衰退现象较为普遍，但它并不完全是扩展适应引起的。构式意义的跳跃或分化也可能引起构式的非现存状态，这种非现存状态也可能是源构式和新构式在扩展适应过程中渐变演化的结果。例如，"V来"起初表达的是由彼至此或由远及近的含义，随着意义分化的发生，构式内部语义进行了扩展适应，其基本的趋向空间义消失，非趋向空间义涌现（杨旭，2016）。

综上所述，从已有构式演化实例中可以看出，适应性和扩展适应性是构式发展演化中的两种核心属性。跨语言或方言的语言演化实例也从不同角度证明了这两种属性存在的合理性。至于扩展适应性能否被看作语言演化的一个反证，还需要做进一步的讨论。已有的研究对于构式的适应性和扩展适应性之间是否具有不可调和的矛盾也尚未做出解答。下面主要探讨这一问题。

7.1.1 趋向空间构式的适应性和扩展适应性之间的关系

目前，学者们对扩展适应性是否可以等同于语法化功能这一问题仍然存在争议，对构式的适应性和扩展适应性的演化方向和演化程度也尚未达成一致认识。Hopper 和 Traugott（2003）指出，扩展适应是原来的形式和意义与新的形式和意义产生滞留的现象。Vincent（1995）认为扩展适应性关涉已从语法的中心成分中分化出来的新的形态、句法，强调要增加不同的语言成分到原来的语言系统中，并对语法化和扩展适应性之间的关系加以观察和区别，不过他并未探讨二者演化路径的差异。De Cuypere（2005）却认为扩展适应性是去功能化的过程，因此涵盖一些语法化的特殊例子。这些争论容易导致把对扩展适应性和适应性的考察分离开来，只关注语言成分演化的单一方面，语言演化的方向和程度往往得不到考虑。然而，要想揭示扩展适应性和适应性在构式演化中的作用，首先要明确二者之间的异同（杨旭，2017）。

7.1.1.1　生物的选择性

适应性和扩展适应性在进化生物学领域是一对常见的概念，不过在语言进化领域，扩展适应性通常被置于边缘地位。在对这两个概念分别进行探讨前，有必要澄清二者之间的不同之处。Norde（2009：115）较早注意到二者的差异：通常情况下，适应性作为语言进化的一个过程，指原来某个结构的分类单位适应新的分类范畴；扩展适应性是语言进化的一种形式，与去语法化紧密联系，可以看作适应性的一种特殊类型，但它并不完全是反向的演化模式。因此，适应性主要是调适语法形式到新的词类或形态的范例（Heine，2003：169）。为了更加充分地探究语言进化的方向，将适应性和扩展适应性两个概念融合在一起显得十分必要，这样可以为语言的进化路径提供潜在的解释。

探究扩展适应性和适应性之间的主要差异可以追溯到它们的起源。在生物学领域，偶然的基因变异导致有机体产生突变，然后经历适应性的选择。那些出现偶然突变的有机体是能够适应周围环境的，所以在竞争中得以留存。换句话说，有机体的基因突变提高了它们的生存能力。达尔文的进化主义观质疑方法论的适应观，并排斥其他类型的方法论。达尔文的进化主义观力图寻求有机体生存的解释，并认为有机体的选择是一种"最佳适应"（the best to fit）行为。事实上，在显性的语言现象下，适应性和自然选择相似，都是在意向主体的交互行为作用下产生的。

Gould 和 Vrba（1982）对扩展适应性演化的表征进行了概括，不同于适应性演化，扩展适应性演化是有机体发生突变时产生增选（co-optation）或再功能化的过程，可以在有机体原有功能产生的作用基础上进行考察。只有当有机体发生了突变，才可以说有机体与周围的环境具有扩展适应性，才有可能实现突变的再功能化。扩展适应性选择行为的机制具有两层含义：第一，伴随偶然性突变行为的出现，会出现一个前适应（pre-adaption）阶段，从而实现与发生了突变的有机体的融合；第二，出于使用的需要，当偶然性的突变行为被循环使用，有机体可能会出现再功能化的行为，但循环使用不是最终目的，循环使用的形式具有优化突变的有机体的选择优势并展现出其扩展适应能力的作用（Gaeta，2016：63-64）。此外，前适应通常只作为有机体某些特征进化的一种副现象，它属于适应性演化和扩展适应性演化的一种中间类型，而不应被看作适应性选择的产物。

作为自然选择的机制，适应性和扩展适应性为有机体突变后的动态生存提供了可能，前适应拓展了适应性理论中目的论突变观的范围，因此，前适应表现出来的作用成为区分二者的主要标准。作为自然选择的机制，适应性和扩展适应性从来不是孤立作用的，相反，它们紧密相连，离开了任何一方，另一方的解释力都会被削弱。因此，在语言进化过程中，适应性和扩展适应性之间的差异和它们之间的联系应该受到同等关注（Larson et al.，2013）。

7.1.1.2　构式的系统性

构式的变化源于使用的需要。进化论视角下的构式演化是一个复杂的适应系统（Croft，2000，2006；Beckner et al.，2009）。在这个系统中，构式的演化表现出交互性、涌现性、适应性和竞争性等特征。这些特征可以从特定交际环境下构式的复制功能的实现过程中观察。说话人和听话人会在语言的使用过程中对某个语基（linguemes）进行复制，导致语言结构实现表达上的可行性和变异性。这些特征描绘了已有构式发生演化的适应过程，但对新规约符号单位产生时的适应过程却缺乏描写。因此，新符号单位的形态、句法及构式意义应成为适应过程中关注的焦点。

在构式网络系统中，分构式相互联系，而且构式具有梯度性特征。具体表现为：较小的原子构式发展为较为复杂的构式，相对具体的构式演化为具有抽象性、概括性的构式，以及异质性构式演变为较为明晰且可分析的构式等（Traugott & Trousdale，2013）。构式不同程度的演化正是由于构式在这些梯度上进行相互适应。构式的梯度性关涉的另一个层面在于构式编码的意义在多大程度上是词汇的，在多大程度上是语法的。除了在复杂性、概括性和可分析性维度呈现的可能的变化外，构式的适应性还体现在词汇-语法连续体的各种变化上。

　　构式网络是所有语言知识的表征系统，这个网络的适应性可以通过不同的形式概念化。生活经验影响着说话人的语言知识习得，语言表征所需要的信息也都可以从语言经验中感知，构式使用频率的增加有助于构式网络特定节点的表征（Bybee，2010）。构式网络中的各个构式相互适应，在不同层面和不同维度形成各个层级的构式，如音位维度、意义维度、形态结构维度等。构式在层级适应系统中通过节点进行表征。一个图式往往允准多个子图式的存在，这些子图式都是构式的类实例，它们通过节点产生构式化（文旭、杨旭，2016）。

7.1.1.3　构式的图式性

　　扩展适应性在历时构式语法领域还是一个比较新的概念，它强调说话人广泛使用构式的实例引起构式维度发生新的变化。扩展适应性的三大核心要素包括构式的主类范围、构式网络的连通性以及构式的例频率（Norde & Trousdale，2016：170）。Norde 和 Trousdale 还对这三大要素在构式网络中所起的作用进行了探讨，即构式的主类范围越小，它与其他节点在构式网络中连接的数量越少；构式成分的使用频率越低，越容易边缘化。如同语法化一样，构式表达式逐渐边缘化，到最后阶段构式成分在新的维度实现再功能化，这标志着构式表达式的固化和一种类型构式在构式网络中的重构。

　　扩展适应性涉及构式演化的过程，它在图式构式的不同层面发挥着重要作用。图式构式和构式的子图式之间的关系实现了扩展适应性过程的连接，在这一过程中，构式的子图式还与不同较高层级的图式构式相对应。构式的衰退和创新可以概括为一个继承连接的分裂和另一个继承连接的建立。但是扩展适应性关注的焦点在于构式的连接，而非构式在图式层面的概念创新。构式连接的分裂和新构式的建立是扩展适应性的两个条件，一旦这两个条件得到满足，构式网络中便会发生扩展适应，构式节点就会建立起新的联系形成一种新的类型。如果构式网络中新的节点没有形成，那么构式的扩展适应也不会发生。作为构式演化的一种机制，扩展适应性影响构式子图式的变化，却对微观构式的变化没有多大影响。

构式的适应性和扩展适应性强度取决于构式网络中的节点以及节点在网络中的连接，较强的适应性和扩展适应性不仅能够引起具有能产性和图式性的构式的产生，而且能够适应不同的构式语境并与新的构式语境相匹配。新构式的出现不是偶然现象，它与社会、文化和环境中的各种认知因素紧密相关。由于人们的认知因素具有动态性，对不同构式的新分析会导致不同维度的新构式产生。正是由于构式的适应性和扩展适应性，新构式才能在已有构式的基础上得到完整、有效的表达。同时，构式的适应性和扩展适应性特征还为我们对构式的继承与进化、循环与发展的观察以及构式能产性与图式性的优化提供了可能。

7.1.2 人类趋向空间构式的适应能力

人类的语言能力随着社会环境的变化而发生改变。人类语言能力变化伊始，我们就应该追问什么是人类语言的适应能力。从语言的历时角度或过去特定的某一个时刻去审视人类语言的进化何时才开始发挥作用，又是如何遵循语言进化规律的，就会涉及可变性的问题，即人类语言空间结构的适应问题。对于生物语言学家来说，语言进化实际上只是人类得以生存下去的一种选择方式而已，似乎不需要明确而具体的解释，因为人类语言能力进化与其他物种进化具有相似之处。毫无疑问，在正常的人类社会中长大的孩子，都会习得其特定社会的语言，并具备感知语言空间结构的能力。虽然这种适应能力与孩子亲生父母的语言关联性不大，但这并不意味着不同家庭背景的孩子在不同语言空间结构的习得上没有显著差异。无论语言空间结构存在什么样的差异，都不足以对语言习得的适应能力构成绝对障碍。语言能力的适应性不因物种而异的观点，已经受到语言学家和生物学家的认同。要在人类身上或其他物种身上找到完全没有变异的非生物学特性几乎是不可能的。

在当时极其有限的生存条件下，古人类没有现代人类这样的语言能力。在人类语言进化过程中，具有一定语言能力的人要比没有获得语言能力遗传的人多。不过，并没有十足的证据表明，人类语言能力的较多细节在各个物种之间普遍存在。这也可以解释人类遗传优势为何在多个物种中合理存在。事实上，关于人类遗传优势和人类语言能力的问题有很多争议，同样的语言特性被不同的学者以不同的方式进行诠释，就很难做出科学的评判。例如，人类的交际通常被认为是塑造语言空间结构的驱动力，语言空间结构实际上是人类对交际目的的再体验。如果人类语言能力中存在可遗传的变异，那么我们就需要进一步证明语言提供了一种适应的选择优势。不过，要做到深入探究，最可行的办法就是明确人类的语言能力的哪些方面是被选择的。我们可以从分子遗传学的角度找到答案，也就是说，编码语言的基因受到选择因素的影响。

从上面的论述可知，我们最终还得依赖于先验论。基于先验论立场，可以断言人类的语言能力会赋予实际生活较强的适应性，而且它在很大程度上是自然选择的结果。从生物进化和宏观的角度来看，这一观点具有一定的合理之处，但我们仍需不断地寻找能影响人类语言能力的重要因素。

目前人类语言能力所彰显的一切特性都可以从系统论的角度加以解释，因为已有的研究似乎把这一特性看成一种由进化形成的系统。这种观点完全可以有科学上的理论依据。当人类学家观察其他物种的交际行为时，他们已发现其他物种的交际系统整体上与生物学的交际系统紧密地联系在一起。毫无疑问，人类空间的语言结构是由交际系统塑造出来的。这种交际系统完全依赖于人体的整体感知，尤其是双嗅觉系统对人类的交际具有重要的作用。这种双嗅觉系统在结构上不同于其他系统，主要涉及嗅觉上皮，可被用于更广泛的嗅觉体验。人类的感知器官可将感觉投射到大脑的各个部分，这种感知器官的反应对于人类的特殊性，主要在于在遗传方面做出快速的调整，以适应人类不断变化的交际需求。从比较的角度来看，如果人类的交际能力不是在进化的压力下产生，而只是在生物学的系统中形成，那么人类将会带有更多的神秘色彩。

目前对语言进化也有持突变论观点的，学界主要从狭义层面和广义层面展开论述。狭义层面的讨论主要集中在语言能力几乎没有什么特定性可言、语言能力对人类在狭义上的独特性，以及狭义上语言仅限于语法递归组合的单一属性等议题上；而广义层面则从其他相关语言的发生入手，广义上的语言能力可解释为类似物种或同系物种在认知域方面存在相似之处，因此语言的进化研究不能从与语言本身相关的进化压力的角度进行。突变论对狭义层面和广义层面的划分在我们看来似乎没有说服力和解释力。

人类和其他物种在感知上有显著的差异。当我们研究广义上的语言能力如何形成的时候，我们可能会声称可以在类似物种或同源物种上找到特定的答案。事实上，人类和其他物种在感知上最明显的差异在于人类语言的特定形式似乎显示出了超强的适应性，而这种适应性是由语言的效用增强引发的。我们虽然在其他物种身上发现了类似的特性，例如声音模仿和学习的能力，但我们仍然需要解释这样一个事实，即语言能力的特性只在我们人类身上出现，其他灵长类动物并不存在具备独特的语言能力的情况。

在残酷的生存竞争中，我们智人最终成为人属中唯一幸存的物种。智人是可以学习语言的物种，而且只有一个语系。我们可以对数千种不同鸟类的叫声系统进行研究，但是在人类发展进程中我们只能对一个人类物种的语系进行研究。我们人类目前有成百上千种正在使用的语言可以用来进行实验，这似乎在逻辑上可以得出人类的语言会呈现出截然不同的演变结果的结论。在这种情况下，我们很希望找到各种特定的跨物种的语言证据来证明语言演变的规律。从这点来看，这些实验研究似乎并没有提出令人信服的结论。事实上，还有另一种进化机制对人类语言能力有重大影响，即鲍德温效应（The Baldwin Effect）①。虽然这是一个备受争议的观点，已有的研究把鲍德温效应视为遗传同化的一个特例，且有各种各样的理由认为这不是我们观察人类语言进化该有的方式，但

---

① 这是一种可能进化过程的理论，由美国心理学家鲍德温（James Mark Baldwin）在他于1896年发表的《一个进化新因素》论文中提出。在生物学中，鲍德温效应认为，个别群体的学习和进化相互作用；个别群体的学习能增加该物种的进化水准。鲍德温效应提出后，引发了赞成和反对的争论；但最近的研究结果表明，鲍德温效应和传统的达尔文进化论并无矛盾之处。

是观察人类语言进化应采取何种方式存在许多其他说法，且鲍德温效应已为许多人所接受。在讨论鲍德温效应时，我们所面临的问题是，学习行为可以在特定环境下为有机体提供优势，使有机体快速有效地获利。

学习行为本身可能会改变选择发生的环境，这样更有利于人类语言的习得和涌现。一旦一种新的语言结构（构式）在人类群体中出现，它就会迅速成为社会组织和生活其他方面的必需品，为人类提供各种竞争优势。这意味着，要成为人类社会的一员并有机会繁衍后代，一个人必须能够习得特定社区的语言。这种语言的特定属性究竟起源于何处无足轻重，重要的是学习者必须对该社区自身的语言进行学习。一旦人类所处的生态环境中产生了可以广泛使用的语言，那么根据周围社区成员的话语展开语言学习的能力将受到高度重视。语言在不同社区中重复出现是一个有效、持续学习的过程，我们把其称为语言能力，这与鲍德温效应不谋而合。我们可以此推断这种适应性的学习完全是与生俱来的，这是人类学习语言最迅速、最可靠的方式。

基因适应性的变化速度要比我们曾经想象的快得多，同样，语言演变的速度也要比我们想象的快很多。任何一门特定的语言在自然选择中都呈现为渐变的连续的过程。我们可以推断，随着时间的推移，人类语言的某些重要特征可能会在交流互动中自发地产生并被普遍使用。能产性作为构式的实质属性，可能反过来受到构式使用和构式变化中外部认知因素的影响，一方面，这些认知因素提供了对观察到的语言变化规律的解释，而不需要诉诸语言能力本身的内部结构属性；另一方面，这类认知因素在某种程度上对人类所使用的语言产生了普遍的塑造效应。因此，鲍德温效应提出的论断，即语言进化可将那些相同的演变规律纳入遗传基因系统中，可以说是有一定合理性的。语言是基于使用的，语言外部效力产生的规律将趋向于在我们的语言生活中重复使用。人类的语言能力具有期望特征，既可以快速发现每种语言当下的使用规律，也能有效提高学习周围社区语言的效率。

上述论点的重要性可概括为，对人类语言使用的规律进行充分的解释与描写，所揭示的语言进化规律与人类语言认知能力的观点在诸多论述上存在相似之处。但语言进化研究的一个重要任务就是找到其相应的变化证据。对于揭示语言外部影响因素的做法，我们仍然需要一些科学的研究方法来论证语言外部的认知因素是否也构成了语言能力的一部分。为了科学地解释人类语言的本质和构式化的运作机制，我们需要在可观察的证据的基础上建立语言认知能力的实质性理论。然而，如果这样的推理是正确的，那么我们所能观察到的能够提供合理性的语言证据就显得非常稀少。这些证据所彰显的属性必须归因于语言能力的本质，因为语言功能确实没什么实质内容。人类语言能力的内容非常有限，大多数语言的特定属性都是基于常识性的考虑。这似乎与社会认知因素的证据不相符。已有研究表明，人类习得和使用语言的能力是我们作为人类认知世界的相当特殊和高度结构化的产物。

本书以构式网络的运作机制为基础，从概念空间构式义的产生和既有概念空间构式义的连接变化分析概念空间网络连接的语义域。可以通过网络连接和网络重构的方式对概念空间的构式义进行阐释。概念空间是由多个维度组成的，有一维空间、二维空间、三维空间等。但基于感知的维度而言，它又包括温度、重量、亮度、间距和高宽深的空间维度。这些维度表征存在可感知的相似性，因为两个点在空间中的位置越近，它们之间的感知就越相似。从格式塔感知的整体性来看，人们的感知包括可分和不可分两个维度。在实际的感知过程中，我们对某维度的感知是不可或缺的，而某些维度的感知又是不完整的。在概念空间感知维度的基础上，兹把趋向空间的适应能力以构式网络连接的形式分别从以下几个维度进行阐述。

第一，趋向空间的情感域。情感域的结构包含两个基本维度：一是从积极的情感方面到消极的情感方面的价值维度，二是从平静的情感状态到兴奋的情感状态的情绪维度。这两个维度可以在空间上表达基本的情绪。

趋向空间的情感域还在于主体间的交互主观性。孩童对概念空间的习得，在于使用不同的面部表情和声音表达与相应情绪建立起关联。换句话说，孩童在学习如何将自身的行为映射到各自的情感空间。分享情感就意味着交际中的参与者能主动地调节话语空间的情感状态。这种情感状态处于相互交织的交际网络中，它们之间既紧密关联又相互协调。

第二，视觉空间域。幼儿在出生的最初几个月，就尝试协调自己的空间感觉输入，尤其是与其运动有关的视觉、听觉和触觉。幼儿在一个狭窄的自我空间中开始认识和感知世界。不过这一阶段幼儿处于以自我为中心的空间，该空间基本上可以勾勒出幼儿视觉感知的全貌。这里我们需要使用视觉空间域来阐释清楚"共享"这一概念，其主要指人们通过对特定事物的关注实现共同注意力。例如，一个儿童向成年人指认某样物体，我们就会把相关的空间视角定位为个人视角，并从不同角度对特定物体进行认识。当儿童看到成年人的注意力被正确指向，并且成年人看到相应的注意力指向儿童所指向的地方时，共享注意力就成功完成。

视觉空间域在儿童的发育过程中会随着年龄的增长而逐渐发展成熟。儿童大约从一岁半起就可以跟随他人的目光，甚至还可以观察其直接视角之外的其他目标。这就要求所表征的视觉空间不仅包括当前目光触及的视角，而且要覆盖整个物理空间所能感知到的视角。儿童具备特定的感知力之后，就可以在视角之外理解相应的参照物。

第三，空间感知的范畴域。人们不仅可以根据物体存在的位置进行空间表征，而且可以对物体自身的质量维度进行范畴域表征。简言之，物理域代表着物体存在的方位，范畴域代表着物体覆盖或扩展的位置。物体的属性可以用二维或多维空间的凸形区域表示。在分析不同词性的认知作用时，属性和概念之间的区别非常有用。形容词的含义通常是一种属性，被描述为诸如颜色、形状或大小之类的凸形区域。相应地，名词的含义通常是来自多个域的属性的复合体。

情感和身体能调配不用语言的空间表征。同时，人们通过使用多种不同的空间词汇可以大大增强空间范畴不同维度的表征。空间词汇通常会成为儿童和成人共同关注的对象，这些词弥补了说话人和听话人间的共同指向或注视共享的不足，从而扩展了空间的共享意义。儿童和成人都具有视觉域和范畴域这两种普遍的范畴。随着认知能力的不断增强，儿童会逐渐掌握空间抽象范畴域的概念。儿童在依赖趋向动词之前就已经将指向手势与该词结合起来。儿童与成人之间的交流自然地将视觉域和范畴域结合在一起。从某种意义上说，基于范畴域的趋向动词在我们内在心理空间中获得了共同关注。趋向空间概念的形成，不仅指向物理域，同时还会指向心理空间的认知域、面部表情的情感域、动作的目标域等，趋向动词在范畴域中的使用可以使参照物呈现多维状态。

第四，共享意图的目标域。共享意图需要有共同的目标被共享。当目标表征为物理域向量时，可以通过两种方式获得该目标：一种是主体随着目标移动并对相应的对象进行感知；另一种是主体强制性地指向所需的对象，以便将对象与主体进行融合，以符合目标的感知范围缩小主体与对象之间的距离。

目标域中的向量比物理域中的向量更抽象。我们可以在各种语义域中定义目标向量。有了特定的目标域，我们就可以考虑共享意图的作用。人类认知与其他物种认知最显著的区别在于，人类能够与他人共同参与具有共同目标和意图的协作活动，也就是我们所说的人类共享意图。人类在进行共享或合作之前，有一个明显的行为就是注意力的高度凸显，参与者至少必须能够共享目标空间。

交互主观性、合作性和交际性共同作用于趋向空间的概念系统，这可以更好地解释趋向空间构式义的演变。我们论证的理路是，利用儿童语言发展来识别人类交流中基本的语义域，然后分析不同形式的合作，以显示他们在进化过程中共享语义域的作用。拥有共同情感的个体可以协调其行为。在人类语言交流中，情感的传达通常使用语调模式而非词汇模式。共享视觉域同样可以促进协调，而且无须进行明确的交流即可实现，可以通过相互关注建立起共同的注意力，但是程序性指向是传达共同目标的更有效方法。而其他动物之间的许多形式的合作，似乎不需要复杂的心理表征。如果在相近的环境中存在共同目标，那么协作者可以在采取行动之前直接关注目标。另外，如果目标在时间或空间上较遥远，那么在采取合作行动之前必须有共同目标的心理表征。

人们普遍认为，古人类是在开放的环境中进化而来的，这种环境有利于长久的语言生活。在这种环境中，共同参照场景中不存在的对象似乎变得越来越重要。语言的功能不仅在于引导注意力，还在于协调注意力。共同注意缺席的可能性开辟了人类新的合作方式，这关系到为实现不存在的共同目标而采取的协调行动。这就给交际系统带来了选择性的压力，因为这使某个社区的成员有可能共享不存在实体的心理表征。

在情感、身体和动作维度上，以模仿的方式进行符号性的交流可以实现很多种协调。语言符号将人类互动从面对面的时间和空间中解放出来，并从身体上进行有效的协调，从而从根本上扩展了人类互动的空间。在人类社会中，许多形式的合作都是基于规约化的。人类在有关规约化的认知要求上主要表现为持久的共同信念或百科常识。共同信念构成了人类文化的基础。没有共同信念可以实施的环境，人们就不会产生相应的交际行为或承诺。

人类建立和执行社会规范的能力是人类合作独特性的决定性因素，这一观点存在一定的片面性。因此，全面认识人类最基本的认知能力是高层次社会规范结构的重要因素。没有形成共同意图和共同信念的能力，就不会有社会规范。我们的建议是，交互主观性和相应语义域的共享是人类合作和提高交流能力的决定性因素。

综上，对儿童如何发展不同语言空间的交互主观性的分析证明，此发展必不可少的情感、视觉、范畴、目标、行动和事件等语义域之间紧密相关。由于这些共享域在人类儿童的发育中已明确建立，但在其他物种中仅占较小的比例，本书认为这些语义域在人类进化中产生了选择优势，可以将这些语义域建立为交际共享的形式，促进它们成为可能的新型合作形式并产生新的选择性优势。

7.2　趋向空间构式的习得

天赋论与涌现论的争论在语言习得领域存在已久。天赋论认为人的大脑中一开始就存在一套语法规则和语言习得机制，语言的习得由遗传基因和特有语言官能的选择性激活决定；语言在人类的进化中产生，在人类进化史上呈现出连续性特征。涌现论则相信语言的习得符合人类一般性认知规律，且与社会生态和人文环境的认知密切相关；语言是人类在后天的体验中习得的，因此在进化史上并非连续的。基于构式化与构式习得的共同理论基础，本节从构式化的核心思想着手，对构式化与构式习得的焦点问题进行讨论，并探究构式化给构式习得带来的启示。

7.2.1 构式化与构式习得的焦点

构式化与构式习得强调构式的习得、使用和变化处于一个动态的认知系统中，二者都是在基于使用的构式语法的基础上形成的。构式习得的涌现特征和习得规律很难在已有的语言进化理论下得到诠释，这也导致了目前对于多重交互因素下构式习得过程的研究不够充分。因此，从构式化角度考察构式习得成为语言进化研究的主要方向之一。构式化与构式习得在理论起源上存在许多契合点，且能解释纷繁复杂的语言进化现象，这促成了历时构式语法在解决构式化和构式习得的过程中对如下核心问题的关注（杨旭、刘瑾，2018）。

首先，构式化旨在描述说话人心智中构式网络节点的产生，整个构式系统的运作以及多种因素之间的交互作用是构式化关注的焦点。毫无疑问，构式的使用和习得情况可以通过对历时语料和相关数据的观察得到预测，或者通过对构式涌现和传播的数据分析得到判断。然而，构式化强调构式不是内部要素之间的简单相加或整合，而是凭借系统中各要素的"网络节点"进行连接的。这引发了对哪些构式要素能够成为网络节点以及这些构式要素是如何通过继承关系产生网络节点的等问题的思考。如果构式系统中所有的构式要素都相关并存在继承关系，那么怎样识别要素间的节点，从而把握构式习得的规律？因此，对构式网络系统中作为网络节点的要素的梳理，以及对这些要素导致构式化和构式习得发生的认知机制的探索是今后构式化与构式习得研究应该重点关注的。

其次，构式化与构式习得都强调对说话人语言知识的解释和描写，都关注语言结构的心智表征，凸显构式使用频率对构式固化和语言知识习得的影响。虽然构式化与构式习得具有这些优势，但历时语料呈现出来的往往只是语言在过去使用的大致情况。因此，我们不得不追问，在早期社区语言中，说话人的共享知识是如何产出的？如果构式化与构式习得是非线性的、涌现的，那么如何对其发生过程做出合理有效的预测？探究构式的语义发生和语义获取呈现出来的特点，概括语言发展与演化的规律是构式化与构式习得共同努力的方向，已成为历时构式语法研究的主要目标。

再次，构式联想对构式化与构式习得具有重要影响。当新构式的形成与习得在构式网络中发生，语言知识的建构被视作一种联想网络，即构式内部以及构式之间以语言知识为连接点。由于构式使用会影响构式习得，在不同的认知机制下，语言群体共享的语言知识不断地进行组构（MacWhinney & O'Grady，2015；Schmid，2016）。这种组构性的语言知识具有联想功能，对构式形式和意义的连接具有触发或简化的作用。这种联想功能不是构式语法理论所强调的，而是源于构式本身在动态模式下不断地对语言知识进行再识解和再允准。

最后，构式化与构式习得有共同的研究目的，即揭示语言发生学的共性，同时，二者还有共同的宗旨，即在基于使用的构式主义方法的基础上探索个体语言发展及人类语言进化的特征和规律。通过个体语言发生构式化的路径，可以对构式习得者的语言发展轨迹及特征做出有效的预测。构式化与构式习得是一种整体性的研究方法，其是基于语言自身发展的需要展开的，但并不意味着对传统的研究方法的摒弃。

7.2.2 构式化与构式习得之间的关系

构式化揭示了层级性、概率性、连续性、涌现性、动态性、非线性等语言进化领域的共性特征。这些特征从不同的维度解释了构式习得的过程，也为基于使用的构式习得观提供了新的理论依据（杨旭、刘瑾，2018）。

7.2.2.1 厘清构式习得系统中各要素与节点之间的关系

由于构式系统的复杂性和动态性难以把握，首先需要对构式系统中的各语义要素和节点构式加以区别，接着明确构式允准和新构式表达的认知动因，然后进一步考察这些语义要素，最后归纳出构式习得的关键所在。

在构式系统中，构式的各个要素以及构式之间是相互促进、相互制约的关系。这些关系主导着整个构式系统的发展和变化，导致了新构式的产生以及新的类型节点的出现。节点被视为构式的一个单位，是构式各语义要素扩展的交汇点。每个节点有其特定的属性范畴，而构式的各语义要素就在节点附近浮动，充当着构式能产性、图式性和组构性的主要动力来源。通常情况下，单个节点可允准多个图式构式，引发构式发生不同程度的变化。构式习得本质上是节点的习得，表现为说话人能够通过节点中语义要素的复制、创新、类推、模仿等方式习得构式。这种习得方式不能在构式系统内部得到完全充分的解释，还需要从体验习得和语境习得两个方面对节点的扩展性和交互性形成过程进行考察（Batstone，2010；Tomasello，2008）。这两个方面是影响构式节点的主要因素。体验习得观表明，构式习得体现身体、心智与世界的扩展体验，是社会因素和语言使用者认知因素共同作用的结果；语境习得观则认为，构式习得依附于说话人所处的社会语境，并受特定构式语境制约。构式习得的产生离不开交互的社会语境，语言结构的存在以及语义的获得正是由于人们在社会交际活动中产生了具有合作意图或联合行动的行为，于是共同触发了语境中的凸显特征并产生新的语义节点。可以说，脱离社会语境的构式习得是不存在的，于是构式中的节点也不复存在（Clark，1996；Tomasello，1999）。

对构式系统语义要素与节点之间关系的探讨带给我们以下几点启示。首先，构式化和构式习得观从基于使用和多维的维度探讨语言的习得，比生成主义关注的语言习得机制更具有解释力。在基于使用的构式习得观视角下，构式习得呈现出一个涌现的、动态的和复杂的过程。构式系统语义要素之间由于构式的使用不断调适，最终导致了新构式的产生。同时，基于使用的语言进化观还表明构式使用频率和构式习得是构式系统语义要素重构的两个重要因素（Bybee，2010：118）。其次，构式习得并非依靠既定力量就可以使其处于一种平衡状态，和其他复杂系统一样，构式习得是难以平衡的，具有非线性的特征。构式习得是一个动态开放的系统，新的语义要素的调适或允准使构式习得能适应新的构式语境，引发新的类型节点出现，产生构式化。最后，就母语和二语之间的关系而言，传统的语言习得理论认为，母语对二语习得具有深刻的影响。Hoffmann 和 Trousdale（2013）指出，即使习得者掌握了多种语言，这些语言也不过是整个语言系统中的子系统，这些子系统之间不是单向影响的关系，而是相互影响、相互作用的关系。

7.2.2.2　关注构式节点选择的多样性和构式习得的适应性

多样性是构式系统的内在属性，构式化势必呈现两种趋向：选择的多样性和习得的适应性。由于人类的认知能力有限，一部分语言结构必然会被淘汰。单个构式在构式系统中可能保持原有构式的继承性特征，也可能在继承原有构式的部分特征的基础上出现异质性特征，并普遍应用于构式系统中。没有继承原有构式的部分特征的新形式则很少被使用，也不容易产生新构式的扩展适应，很可能被淘汰（Norde & Trousdale，2016：170）。经过长时期、多样的语言选择，那些微观的、易于演化的构式经过渐变累积，具有较高的使用频率，从而形成适应特定构式系统的新的构式类型。

首先，构式习得强调对构式节点的选择。但是节点的选择不是随意的，而是人们通过规约的手段重构出新的表达式。如汉语连动式反映了说话人运用序列模式来表征序列事件的方式，符合对象似性原则的遵循。由于缺乏格语素等形态手段，连动式内部各要素之间相互适应，其语序发生规约化并成为一种认知手段（高增霞，2005；杨旭，2016）。语序可以被看作趋向连动式表征的节点被抽象地展现出来，与节点相邻或相近的词进行重构，从而产生新的表达式。大量趋向连动式演化成为规约的构式实例，并通过既定的构式范畴建构出来，满足构式表达的需要。一方面，构式节点的建构是构式系统实现自身选择的需要。另一方面，构式节点的建构也是说话人实现交际意图的需要。

其次，构式习得是人类大脑的适应性选择。Verschueren 和 Brisard（2009：39）认为，语言知识的选择与建构必须通过大脑的适应性才能完成。语言知识要素的建构主要涉及人的生理、认知机理以及语言事件再现的频率等要素。这些要素的相互适应构成人们言语行为的生物基础，主要表现在大脑与构式表征的关系上，属于大脑结构的生物属性。Deacon（1997）认为，从进化论视角来看，语言虽然受到大脑结构制约，却又以不断使用的方式刺激着大脑。Schoenemann（2005）指出，大脑结构和语言进化呈现出一个复杂、适应的过程。语言不是大脑适应自然语言处理的结果，而是文化适应大脑的一种形式。

最后，构式习得凸显语言的具身性认知。构式源于人们的生活体验，且与人们的身体构造有关，而构式习得是人们通过身体与世界互动获取意义的过程。语言知识的获取不仅仅是一套抽象的语言体验规则，还是人们在与世界交互时产生的一种心理表征形式（文旭，2014）。赫尔德（2014：58）在论述语言起源时指出，所有感官都只是一个统一的、心灵触感的实体。在认识事物的过程中，人们的整个身体结构作用于客观世界，通过"感知觉"的方式获取构式意义。Lakoff 和 Johnson（1999）认为，语言结构与人的身体经验紧密相连，语言由多重因素共同促成，如客观世界、身体经验、人类认知等。文旭（2014：29）指出，语言结构是人们身体经验的再现，因此会被概念化或范畴化。构式习得也与人们的身体构造有关，它由人们身体的感知觉驱动，是社会、文化进步的产物。因此，构式习得的适应性也不可避免地包含了身体与世界的相互关系。

7.2.2.3　把握构式习得的整体性与联想性的关系

构式习得是整体性图式构式的习得，符合"整体大于部分之和"的格式塔习得模式。构式习得基于真实的互动使用过程，因此，其联想性不是虚构的，构式内部节点的连通性也由这种互动性触发，对构式的动态习得过程具有部分解释力。

第一，构式习得的整体性与联想性有助于对构式全息观的把握。单个构式在形式或意义层面的孤立使用无法促成构式习得，构式习得必然涉及多种联想的形式或意义。作为形式与意义的配对，构式必然与意义相关，甚至是多层级的意义，而且构式与构式语境的联想性相关，甚至可能会被表征和储存在抽象的图式层面。构式习得包含了文化知识、世界观和价值观的习得。构式的各个部分之间在语义上存在多个节点，节点上的语义进而扩展出语用、文化和社会价值观等多种构式义，因此，弄清楚构式习得的整体性与联想性的关系十分关键。

第二，构式习得的联想性受到一系列要素的制约，如构式频率、构式语境、构式提示度以及凸显度等。构式习得大体上遵循一般范畴的习得规律，但图式性和能产性会促进构式产生不同维度的扩展。Ellis（2006）指出，构式习得是通过联想的方式或通过扩展构式的频率、近因（recency）以及语境等因素实现的，习得者主要通过类推和重构的方式产生新构式。这种习得方式不是离散的，相反，它体现了构式系统的连续性和整体性。

第三，构式习得是多维度、非线性的过程，并非单向的、线性的习得过程。构式语法将词汇和语法看作一个连续体，同样，构式习得是词汇和语法的整体性习得，具有多层级和范畴化特征，这些特征在构式网络中进行建构并在人类的交流中显现出来（Bybee，2006）。Barlow和Kemmer（2000）表示，人类交流的过程实际上是习得构式的过程，语言的加工和构式的习得受交流意向性的影响。构式习得观超越了天赋论的语言习得机制、连续性假说以及自上而下的以规则为基础的生成论假设（Goldberg，2006，2013；Tomasello，2003）。构式习得的多维度特征和非线性特征主要源于构式习得受到构式的使用、演化、感知因素的影响。Ellis（2008）指出，语言的使用激发语言演化，语言演化又会影响语言的感知，语言的感知进而影响语言习得，语言习得又会影响语言使用。除了这些构式节点因素的循环，人类作为群体的生物属性和社会属性、构式系统与个体构式习得、个体构式与社会的交互以及人类语言发展和演化之间的相互关系等是构式习得的多维性和非线性关注的主要内容，同时也是构式习得研究所涉及的核心要素。

7.3 趋向空间构式的多维空间视觉化及其网络表征

空间是人们可感知的对象。人们既可以亲身感知空间的具体维度，也可以创造不同维度的空间表达式。空间表达式的创造需要人们发挥空间想象力。人类如果没有空间想象力，就很难对空间结构进行有效表征。语言是传达思想的手段，但不是所有的语言结构都能快速地呈现大量的触觉信息，因此，空间视觉化是很多空间语言表达式的主要手段。

7.3.1 单一空间视觉化和多维空间视觉化

人的大脑有一个极其强大的图像处理系统，可以立即分析形状、颜色、明暗等内容，并知晓这些图象背后的成因。人类用图片构想，但是不能轻易地把脑海中的图片变成别人能看到的东西。视觉化是一种计算方法。它将符号转换成几何图形，使人们能够观察其模拟和计算。可视化是利用计算机图形学和图像处理技术将数据转换成图形或图像在屏幕上显示出来，并进行交互处理的理论、方法和技术。空间是由位置之间的关系构建而成的。单个空间位置的总体属性不是我们理解社会的关键。空间位置不是可以被严格定义的东西，它本身被观察者赋予诸多的意义，是人们对空间的抽象概括。在二维空间中人们可以看到生活环境是一个整体，也能看到周围的每个人是如何工作和生活的，以及周围的其他物体是如何分布的。人们总是根据自身的目的来塑造自我世界。从这个角度解释，我们生活在单一的空间之中。

空间维度是一种既可以测量又可以移动的东西。尽管人们生活在一个三维世界里，但人的视觉在很大程度上把空间变成了二维世界，然后人们的大脑再把二维世界建构成为特定的三维世界。人们主要用二维的概念来思考，这在可视化方面很有优势。当人们考虑个人单一生活之外的现象时，时间可以被看作外部的第三个维度。人们用传统的三维图形所展示的实体空间实际上是一系列二维的表面，离三维还有很长一段距离，通常包含的信息几乎都是一维的。

交互式视觉化就像交互式图形一样，允许观察者即时并流畅地改变他们观看的方向和位置。相互作用的视觉允许对空间结构的任何方面进行随意检查。视觉化令人兴奋之处在于，它提供给我们一种便利的观察点，可以将人们想要观察的物体转变成一种最适合、最容易理解的形式。单一空间视觉化和多维空间视觉化的划分不是绝对的，可以把二者看成一个相连的网络系统，因为视觉的感知并非单一维度的，而是多个维度的整体感知。

7.3.2　趋向空间的知觉网络表征

人们用图式表征空间的能力受到符号认知能力的影响，这些符号可以将空间视觉化。空间方位以欧几里得的方式对空间进行表征，总体上遵循邻近性的原则。在笛卡儿哲学中，空间表征的模式主要由点、线和一系列符号组成。然而，网络空间中的图式表征呈现出不同感知的概貌。在这样的情况下，空间图式为科学合理地支配空间语义表征提出了新问题，即如何表征空间的意义关系、甄别物体空间动态的关系以及感知视觉的连接性关系等问题。这些问题意味着，空间表征只是一种特定的模态，比如可以使用视觉或触觉来表征空间，也可以运用超模态或模态的方式来表征空间。

这些问题只涉及知觉形态的空间表征。然而，非知觉形态或表征系统也涉及空间表征。将知觉、概念和语言视为模态的一个动机是，人们的感知过程存在一个统一的概念，可以用来描述多个维度上空间位置的表征，这就是人们观察事物的参照框架（frame of reference）。参照框架与空间位置的概念是不可分割的。事实上，参照框架经常被用来描述空间结构以及表征各种空间方位。

空间关系的表达涉及不同语言之间的参照框架。特定语言中的参照框架与非语言空间表征中所涉及的参照框架之间的关系涉及 Levinson 和 Wilkins（2006）讨论的两个问题。①不同的表征系统是否自然地、必然地使用特定的参照框架？②如果使用，一个参照框架的语义表征是否可以转换成另一个参照框架的语义表征？Levinson 和 Wilkins 的讨论可概括为参照框架渗透到其他模态的问题。既然说话人能谈论其看到的、感知到的事物，那么其他的模态完全可以采用或适应其他的参照框架。已有研究从空间系统的类型学出发，将语言空间参照框架划分为内在参照框架、绝对参照框架和相对参照框架，为语言空间系统的多样性认知奠定基础（Levinson，1996，2003，2008；Levinson & Wilkins，2006）。

7.3.2.1 内在参照框架

任何参照框架都涉及参照物，如指涉物和关系物的选择，并决定了它们之间空间关系的表征方式。参照框架越简单，也许在自然语言中就越普遍，这就是内在参照框架。它允许在指称对象和关系项之间表征二元关系。原点由关系项确定，坐标系由关系式的内在属性决定。这些特性以特定的文化方式对关系项之间的不对称性和关系项的功能进行表征。人们通过物体本身可以绘制出内在参照框架。这并不是说知觉从来不使用内在参照框架。物体的几何特性如不对称性能够被用来定义一个内在参照框架。这一属性必须被感知和编码，而且独立于一个内在参照框架。因此，知觉中的内在参照框架是相容的，因为有一个基本的知觉层可自由透视。

7.3.2.2 绝对参照框架

Levinson（1996）认为绝对参照框架允许表征指称对象和关系物之间的二元关系。原点是由关系固定的，但坐标是由环境中的固定方位决定的，如基本方向。每种参照框架的使用涉及不同的认知能力。第一，使用内在参照框架需要具备识别和分析相关关系的能力，包括方向、功能和动力学特性。第二，使用绝对参照框架需要能够随着时间的推移跟踪相关固定物体的轨迹。第三，使用相对参照框架特别需要追踪左右方向的能力，这与在知觉环境中识别映体的能力是相辅相成的。并非所有的语言都偏爱同一种参照框架。按照 Levinson 的说法，有些语言只使用一种参照框架，它可以是绝对参照框架，也可以是内在参照框架。维特根斯坦关于绝对参照框架的概念与 Levinson 的概念不同，因为它与环境毫无关系，如物体的基本方向。知觉者有独立的感知相关方向的能力，因此绝对参照框架不能成为知觉信息编码的方式。

7.3.2.3　相对参照框架

无论是内在参照框架还是绝对参照框架都不能成为空间感知的基本形式。许多认知科学家和哲学家确实认为，感知信息编码的最基本形式使用的是相对参照框架。但需要更多的证据来证明。人类知觉的使用在相对参照框架体系中起到根深蒂固的作用。知觉必须包含一个相对参照框架。跨知觉环境的认知可能涉及严格意义上不是知觉的表象。"知觉必须包含一个相对参照框架"的论断涉及知觉和行动之间的联系。以自我为中心的术语是用来表述空间体验内容以及即时行为计划的。然而，我们并不清楚知觉是否必须使用相对参照框架来区分知觉环境中的方向。尽管人们自然地以自我为中心来指定知觉的内容，但知觉本身并不需要相对参照框架。从空间范畴化的角度看，在最基本的层级上，感知要么是视角自由的，要么是相对的；在更高层级的认知处理中，其他类型的参照框架被强加在感知范畴上。总体而言，感知和空间的语言表征存在的网络关系可以概括如下。

首先，空间的语言表征可以有选择性。空间的非语言表征通常携带网状的信息。在知觉中，空间信息通常以网状的形式在其他知觉信息中呈现。感知信息是密集的。概念和语言表征中能提取更多的抽象信息，并允许对场景进行选择性表征。

其次，空间的语言表征通常是不精准的。空间的非语言表征是类比的。在感知方面，空间维度的任何信息似乎都可以进入表征的对象中。例如，在一定的心理空间范围内，两个物体之间的任何距离都可以被精确地表征出来。相比之下，我们对视觉场景使用普通语言描述往往不那么精确。当然，我们可以使用精确的数值，但不是所有的语言和文化都有复杂的语言数值系统。

再次，所呈现场景的任何区域都可以通过感知直接实现，而其中一些区域只能通过语言间接表达。知觉领域中有无数不同的区域和方向，但它们都是可以直接识别的。所有的语言都只能使用有限的词语来表征空间中的位置和方向，许多地点和方向只能用复杂的短语来表征。

最后，坐标系统的原点通常不能与定位的图形分离开来。在语言中，这种分离是可能的。例如，如果知觉从特定的视角来表征事物，那么这个视点在任何给定的时间都是固定的、不能改变的。我们无法从别人的角度去感知世界。可能有人反对说，不同想象视角的存在对于在三维空间中感知三维物体至关重要，但这与我们的观点完全一致，因为三维知觉所需要的那种想象行为，恰恰是对知觉经验的一种模拟。每种经验都有其固定的视点。知觉和空间的语言表征之间的差异是巨大的，但可以说，它们并不影响非语言和语言参照框架之间转换的可能性。实际上我们支持这样的理论主张，即感知是一个整体的网络系统，因此，知觉和语言可以使用同一种参照框架。

7.4　小结

本章主要从构式的适应性和构式习得两个方面深化了趋向空间的认知问题。首先，认为趋向空间构式不仅具有适应性，而且具有扩展适应性，主要论述了趋向空间构式的适应性和扩展适应性之间的关系。其次，认为趋向空间构式的习得存在构式节点的问题，阐释了构式化与构式习得存在共同的理论基础和认知焦点，然后主要论述了构式化与构式习得之间的内在关系。最后，探讨趋向空间构式的多维空间视觉化及其网络表征，认为用图式表征空间的能力受到符号认知的影响，这些符号可以将空间视觉化，感知和语言的空间表征存在构式网络的关系。

第8章 ▸▸▸
结 论

本章为结论部分,主要包括三个方面的内容。首先,概括本书的主要发现,并简要阐释本研究的贡献。其次,概述本研究对语言起源与进化的启示。最后,指出本研究存在的局限,并对后续的相关研究进行展望。

8.1 主要发现与贡献

空间的位移或变化是人们感知世界的重要基础,也是人类心智活动在现实世界中表征的基础。汉语趋向连动式是这一认知基础的重要表现形式。作为人类认知世界的一种空间范畴构式,其形成与演化是汉民族思维方式和心理认知活动相互作用的结果。不过,当下学界对于人类是怎样构建空间图式结构的、空间图式结构是如何与现实世界相互作用的、人们对空间认知方式的变化是怎样触发汉语趋向连动式构式化的等问题,尚未进行全面探讨,有待于后续研究全面深入展开。因此,本书尝试在历时构式语法框架下构式化研究的基础上,把汉语趋向连动式的形式和意义的演化视为一个整体的构式化过程,从理论建构与构式实例分析出发,对其构式的形式和意义的演化予以同等的关注。本研究主要围绕汉语趋向连动式的构式义是如何形成的、它又是如何进行构式化表征的、这些表征手段引起汉语趋向连动式产生哪些构式演化类型以及隐藏在它背后的构式化机制等问题展开讨论。本书把汉语趋向连动式分为主观趋向连动式、客观趋向连动式和复合趋向连动式三种构式形式。对这三种构式产生构式化的理据归纳如下。

第一，主观趋向连动式的"V来/去"是一种具有主观趋向义的空间表达式，它与说话人主观视角或主观感知紧密相连。"V来/去"构式受句法环境影响，在句法和语义上渐变融合，产生多种类型的构式演化。"V来/去"构式从表达主观趋向意义向非主观趋向意义渐变演化，已演化为一种固化在说话人语言系统中的特定构式。无论"V来/去"构式的形式和意义如何演化，它们在构式上的趋向意义都是由说话人赋予的，都是说话人的身体结构、空间特性和知觉环境相互作用的结果。"V来"构式表征说话人视角上的"靠近"义，而"V去"构式表征说话人视角上的"离去"义。

"V来/去"的构式化表征既受说话人的参照点的影响，也受时序原则的制约。同时，主观视点的选择制约着叙事语篇中"V来/去"的构式表征。虽然"V来/去"的认知目标和参照点是人们认识趋向空间的主要手段，但是当我们指示的认知目标发生位移或完成某一个行为动作时，这种目标和行为会受到人们心理趋向的制约，导致"V来/去"构式产生不同程度的语义演化。"V来/去"构式的事件表征呈现"多维一体"的构式网络体系，并按照时序原则和空间指示关系进行语义组构。同时，事件表达中的交互主观性可以消解说话人与听话人空间指示模糊或混用的现象，从而实现人们对空间位移事件表征的心理预期目标。主观趋向连动式的事件表征关涉事件空间位置的移动、主体与客体之间的关系以及事件所处状态的变化。

认知参照点、时序原则以及交互主观性的构式化认知手段制约着主观趋向连动式在历时维度上发生构式演化与构式化，使其最终演化为具有承接功能、目的标记功能和事态助词功能的构式类型。承接功能的构式演化为目的标记功能的构式演化和事态助词功能的构式演化提供了句法语境、语义条件等准备。目的标记功能的构式演化处于承接功能的构式演化和事态助词功能的构式演化的过渡语境阶段，起着使成语境的作用。事态助词功能的构式演化是主观趋向连动式的后构式演化阶段。

　　汉语主观趋向连动式发生构式化，主要是构式中的自主-依存性，说话人思维上的类比化以及说话人视角的主观化三个方面的机制共同作用的结果。从自主-依存关系来看，"V 来/去"构式具有双重构式成分和整体性的语义关系。说话人与听话人对自主成分和依存成分的关注度不存在主次之分，他们的关注点都聚焦于具体化空位的关系上。构式化产生的过程受到图式范畴的影响。这样的图式范畴可以用来分析依存成分是如何通过演化类型的依存成分的自主-依存关系来建构语言表达式的。演化类型的依存成分可能已触及前构式化的过程，自主成分对依存成分的整合或牵制正是依存成分发生构式化的原因。构式化产生的过程会受到意向性因素制约。构式化的运作过程是一种意向性的活动，既是语言活动的开端，也是语言事件表征的归宿。构式化的产生还会受到相邻或相似关系的制约。从自主成分演化出依存成分要通过自主成分与依存成分之间的相邻或相似关系实现，这是因为人们对事物的感知主要依据邻近原则或相似原则进行。

　　说话人思维的类比化是触发汉语主观趋向连动式向其他构式类型演化的主要机制。说话人经常使用语义类推的方式来建构新的构式表达式。人们通过语义类推的方式建立起辐射网络的模式并使构式的意义发生扩展与泛化，最终形成一个整体性的意义网络。"V 来/去"产生构式化的原因主要是构式要素的分离，它们由主观趋向连动式发展为词汇型的动趋式，然后又继续构式化为具有承接功能的构式、具有目的标记功能的构式以及具有事态助词功能的构式。正是类比化机制的作用引起了主观趋向连动式向动趋式的构式化，最后演化出具有层级性的卫星框架语结构。

　　说话人的视角、情感和态度引起主观趋向连动式发生构式演化。"V 来/去"构式具有消解说话人视角偏差的作用。"V 来"和"V 去"构式在词汇构式上出现空缺是说话人主观化视角触发的。"V 来"具有较强的构式语境复制功能，可以代替"V 去"出现在相关的构式语境中。这种情况通常是说话人主观上期望听话人到达他所在的位置，此时说话人就会以自我的位置为参照点，表达个人的主观期望或想法。

第二，客观趋向连动式"V 上/下"构式源于人们对客观空间的感知和人类身体与客观世界的交互。这种认知方式投射到语言结构中就会建构出对应的构式形式和意义，成为按照物理空间固化在说话人心理上的空间构式。

"V 上/下"空间标记构式是说话人在感知物质空间时用于描述事件的起点、过程、结果以及持续性状态的认知图式模式，是一种连续体的图式构式。同时，"V 上/下"构式是一种空间隐喻的表达式，是从空间隐喻向非空间隐喻映射的过程。"V 上/下"构式关涉"空间标记"的形式与意义，是说话人对空间成分关系的识解。"V 上/下"空间标记构式的意义是说话人从趋向空间意义向非空间意义扩展的结果。这些非空间意义从趋向意义出发，进而演化为完成意义、获取意义以及包含意义。这些意义处于一个整体的构式网络中。从构式形式演化的角度来看，"V 上/下"构式演化的路径是链状型的模式；从构式意义演化的角度来看，它们均具有链状型模式和辐射型模式。

"V 上/下"构式发生构式化的机制是人们认知上的范畴化和隐喻化。构式化是对构式形式–意义进行新的范畴化。这种新范畴化的实现需要既定构式使成语境因素。人们通常运用构式凸显和构式整合的手段实现范畴化。在新范畴化完成之后，原有构式的形式–意义由于自主化的因素产生新的构式形式和新的构式意义，进而实现构式化。构式化的使成语境引起"V 上/下"构式发生扩展和泛化，触发说话人在原型构式和非原型构式之间做出有意向性的调适。这也是人们使用非范畴化的手段认识趋向空间的一种方式。隐喻表达得以成立的基础是事物之间的相似性，而人们对事物感知的相似性又为隐喻的表达创造相似的感知经验并提供丰富多样的构式表达式。这样的相似性主要包括物理空间相似性和心理空间相似性。这些构式意义都是"V 上/下"的趋向意义向其他认知域投射的结果，都体现了物理空间相似性和心理空间相似性的隐喻化。

第三，复合趋向连动式"V 上来/上去"和"V 下来/下去"构式是人们根据物体方位和说话人所在位置表征的一种复合空间构式，都源于对趋向空间意义的体验与感知。"V上来/上去"和"V下来/下去"构式既有客观趋向空间的位移，也有主观趋向空间的变化。它们在历时维度上从表示具体的趋向空间意义向表达抽象的主观趋向空间意义演化。构式的内部发生了不同程度的演化，图式性和能产性增强，渐渐形成了新的构式形式和新的构式意义，即产生了构式化。

复合趋向连动式的构式化表征手段主要有距离象似性原则和时间顺序象似性原则。距离象似性原则映射到复合趋向连动式中可以从定位宾语和无定位宾语两种构式使用的情况来看其距离象似性的认知方式。复合趋向连动式的构式化手段体现了时间顺序象似性原则。这可以从"先后型"构式和"同步型"构式的表征情况进行分析。"先后型"的构式对构式语境具有较强的依赖性，可以通过吸收特定的空间语境语义获取趋向空间意义。构式语境对句法和语义中的动词具有较强的依赖性，"先后型"构式依存于语境，而百科知识对语境具有较强的激活作用。

复合趋向连动式是新分析机制和类比化机制共同作用的结果。引起复合趋向连动式发生构式演化的认知机制是，说话人对构式中的处所宾语和行为动词做出不同程度的新分析，引起复合趋向连动式发生不同层级的构式演化。处所成分直接进入行为动词与复合趋向动词之间，建构出新的构式功能。主体原有的视角被新分析，导致新的视角产生。这一新视角把处所宾语与复合趋向动词的语义融合到复合动词上，使其成为构式的焦点。同时，构式中的行为动词对复合趋向动词的语义指向起着牵制作用，这也是复合趋向连动式发生构式化的原因。同时这两种认知机制使复合趋向连动式以链状型模式和辐射型模式发生构式化。复合趋向连动式的构式的图式性和能产性不断增强，其构式演化是渐变的和交互的，其形式和意义在宏观上和微观上均可以找到认知的理据。

本研究的贡献主要体现在以下四个方面。第一，基于历时构式语法中的构式化理论阐释了汉语趋向连动式在形式和意义上的构式化历程，从而试图提出汉语趋向连动式是一种图式构式，它的构式化路径既有链状型的模式，也有辐射型的模式。第二，进一步丰富了构式化理论的研究维度和研究模式，并指出英语构式化理论研究应实现多层面的研究模式。汉语是意合性的语言，构式的形式和意义的演化呈现出不同步性。对于缺乏形态标记的汉语句法研究而言，其构式化研究不仅可以从微观层面考察构式形式和意义演化的路径，而且可以从宏观层面把握整个构式的演化模式，从而实现宏观层面和微观层面相结合的构式化研究模式。第三，本研究提出的汉语趋向连动式的构式化节点，可以为其他汉语句法结构研究提供新的研究思路。第四，本研究从趋向空间构式化的角度探讨了语言的起源和进化问题，不仅深化了构式化研究的理论框架，而且为语言的起源和进化提供了新的解释方案。

8.2　对语言起源的启示

本研究启发我们进一步思考构式的形成、发展与演化问题。正如语言的起源和人类的起源一样，构式的起源问题仍然是一个值得深入思考且具有科学价值的问题。那么构式的起源与构式化究竟存在怎样的共性和个性呢？也许构式的起源会涉及其起源时间、区域语境及发展过程。就构式化而言，我们只需要知道它是在何种构式语境下产生的。这恰好说明构式化是构式最初产生的过程。既然构式化是构式的形成与演化，那么我们追问的构式是如何形成与演化的问题本身就是对构式化产生问题的探讨。从这个角度来思考，构式化产生的问题有助于我们把握构式的共性与个性的发展，最终促进对整个构式系统的研究。总之，构式化的起源问题从狭义的角度来看就是在探讨构式的起源问题。据此，可以产生如下启示。

启示一，构式化的产生需具备沟通的共享意图。从沟通共享意图来看，人类拥有领悟共同概念基础的能力，而这种能力主要体现在人们具有共同的注意力、共有的经验和相同的文化知识（Tomasello，2003）。如果要准确地理解他人的意图，就必须拥有相同的关注视点或共有的经验。这就是 Bruner（1983）所言的共同关注模式（joint attentional format）以及 Clark（1996）所言的共同概念根源（common conceptual ground）。这些共有的经验模式说明，构式的形式和意义是在特定的社群里通过文化学习的方式进行传承的，这也正是 Vygotsky（1978）所言的人类的演化史与文化史发展的过程是持续进行的。沟通共享意图的主要观点超越了 Chomsky（1957，1981，1995）的"天赋论"、"句法自治"和"最简方案"中的著名论断。人类沟通中最基本的要素是人们通过一般的合作与社会交互所产生的生理感知与调适，而构式，无论是形式还是意义都是在特定文化中被不断建构的，且是由特定的语言社区代代传衍下来的。因此，缺乏必需的沟通，就不会有新构式的涌现。沟通是构式化的主要驱动因素。新构式的产生是一种涌现现象，主要通过构式系统各要素之间的相互作用实现其从有序到无序再到有序的演化过程（成军、莫启杨，2009）。构式化的产生可为我们探讨语言的起源找到新的解释方案。首先，语言的生物属性与交流行为可以从动物交流的相似性、语言符号的任意性、人类语言交流的独创性等方面找到答案。其次，人类共享意图实际上就是在追问语言的局部最优性，也就是探讨语言进化中偶然与必然的规律。最后，追寻构式的形成本质上就是探讨语言的对话行为，自发的言语对话行为、合作的言语语用行为和合作的语言利他性行为正是语言起源的根本所在。

启示二，构式化的产生与人的生理构造相关联。这里的生理构造主要包含语言器官和大脑。赫尔德（2014：58）在谈论语言如何起源与交流时强调，一切认知活动都依靠人的感知觉来触发心理表征。人们在认识世界、改造世界时整个身体与客观世界相互作用。也就是说，人们是通过"感知觉"方式认知世界、表征世界事物的。前文论述了感知觉对构式化的产生具有驱动作用。空间构式的形成与人们的身体感知密不可分，空间意象图式的形成正是人们身体构造触发的结果。因此，构式的起源问题主要是人们身体构造的问题，构式意义的获取是由人们身体感知觉驱动的，我们称之为"构式意义感知觉"假说。这种假说主要关注语言属性的认知维度，从组合符号的生物系统和组合符号的可习得性方面提供新的研究方向。

8.3 对语言进化的启示

"构式是如何习得的"问题备受认知学派关注，并取得了诸多的研究成果①。认知学派认为，构式是基于使用的，是在特定的语言环境下建构的。语言使用是构式产生和变化的基础，也是构式发生演化的动因。构式是一切知识的表征，无论它变得如何抽象，人们都可以在特定的环境下对构式的意义进行解读和习得。构式习得遵循一般域的认知规则，人们可以通过解读构式的意图、模仿学习和类推等手段进行习得。然而，这种一般域的认知规则只回答了构式习得的一个方面，回避了构式究竟习得"什么"这一核心问题。构式之所以被习得并构式化是因为构式内部存在多个节点，这些节点具有图式性，是一个图式网络。人们只要习得其中一个节点，这一节点就会在整个图式构式中被加以使用并逐渐扩展，这也是其发生构式演化的一个主要因素。如果构式中的节点融合度较高，就可以允准多个图式构式出现。

首先，构式节点问题涉及人类的语言能力及习得能力的差异，我们无法回避语言能力的遗传性和适应性的问题。其次，共享概念域对语言进化具有重要作用，主要体现在人类的交互主观性以及人类的沟通与合作能力方面。最后，构式化的节点还关涉人类语言进化过程中的FOXP2基因与深度同源性的问题，例如感觉运动的过程、概念意图的过程、计算系统的过程以及FOXP2语言和鸟鸣声可为语言进化的同源性问题提供合理的解释方案。

---

① 这些研究成果主要包括：Tomasello（1999，2003，2008）；Bybee（2010）；匡芳涛（2010）；袁野（2010）；黄洁（2008）；杨小璐（2012）；杨旭（2013）；史有为（2015）；纪悦、杨小璐（2015）；等等。

8.4　不足之处与展望

汉语趋向连动式的演化历程较长，每个动词的范畴在历时维度上存在较大差异，每个动词在不同的构式中的演化路径也有差异。而且构式化理论是以英语为研究对象而逐渐形成的一种历时构式语法研究的新思路，其研究还处于起步阶段。因此，本书只是尝试运用构式化理论来探讨汉语趋向连动式的形式和意义演化的问题。这样的尝试固然是值得的，但也存在一些不足之处。

其一，本研究尝试提出了汉语趋向连动式的构式化具有链状型模式和辐射型模式的观点，而这两种构式化模式是否适用于其他类型的构式演化，有待于继续展开相关研究以对其进行佐证。

其二，本研究主要采取个案研究的方法探究了较为典型的汉语趋向动词的构式化路径。虽然个案研究具有典型性，但不足以全面考察所有趋向动词的构式化特点。因此，在未来趋向连动式的构式化研究过程中，建立大规模的囊括所有趋向动词的语料库是很有必要的。这样可以全面地、穷尽地考察汉语趋向动词构式化的过程和规律。

其三，本研究只是局限于趋向连动式在句法和语义方面的构式研究，尚未运用构式的语义地图对其进行考察。语义地图模型对其他语族构式的同源关系以及谱系关系的考察将成为构式化在类型学方面研究的主要课题，也将成为语言起源和语言进化研究的新方向。

参考文献

一　中文文献

［1］爱切生，1997，《语言的变化：进步还是退化？》，徐家祯译，北京：语文出版社。

［2］蔡淑美，2015，《汉语中动句的语法化历程和演变机制》，《语言教学与研究》第 4 期，第 49—59 页。

［3］曹广顺，1995，《近代汉语助词》，北京：语文出版社。

［4］陈昌来，1994，《动后趋向动词性质研究述评》，《汉语学习》第 2 期，第 41—43 页。

［5］陈年福，2001，《甲骨文动词词汇研究》，成都：巴蜀书社。

［6］陈前瑞，2005，《"来着"的发展与主观化》，《中国语文》第 4 期，第 308—319 页。

［7］陈贤，2007，《现代汉语动词"来、去"的语义研究》，复旦大学博士学位论文。

［8］陈禹，2018，《"V 好"的构式竞争与篇章动力》，《汉语学习》第 6 期，第 46—55 页。

［9］陈禹，2021，《事态性否定的分化——以"并不 X""又不 X"的构式竞争为例》，《外国语（上海外国语大学学报)》第 2 期，第 2—10 页。

［10］陈禹、陈晨，2022，《个体预期的反意外与无意外：基于构式竞争的视角》，《当代修辞学》第 5 期，第 60—70 页。

［11］成军，2010，《论元结构构式与动词的整合》，《外语学刊》第 1

期，第 36—40 页。

［12］成军、莫启杨，2009，《语言学研究的复杂性探索：语言结构生成、演化的动力学机制》，《西南大学学报》（社会科学版）第 4 期，第 158—163 页。

［13］崔达送，2005，《中古汉语位移动词研究》，合肥：安徽大学出版社。

［14］戴浩一，1988，《时间顺序和汉语的语序》，黄河译，《国外语言学》第 1 期，第 10—20 页。

［15］戴浩一，1990，《以认知为基础的汉语功能语法刍议（上）》，叶蜚声译，《国外语言学》第 4 期，第 21—27 页。

［16］戴耀晶，1997，《现代汉语时体系统研究》，杭州：浙江教育出版社。

［17］董秀芳，2002，《词汇化：汉语双音词的衍生和发展》，成都：四川民族出版社。

［18］董秀芳，2004，《汉语的词库与词法》，北京：北京大学出版社。

［19］董秀芳，2009，《汉语的句法演变与词汇化》，《中国语文》第 5 期，第 399—409 页。

［20］董秀芳，2011，《词汇化：汉语双音节词的衍生和发展》（修订本），北京：商务印书馆。

［21］杜世洪，2009，《关于语言源于"音乐习得机制"的哲学思考》，《外语学刊》第 1 期，第 16—21 页。

［22］杜世洪，2015，《从"感觉-资料"看穆尔的意义分析——关于穆尔语言哲学思想的思考》，《外语研究》第 1 期，第 12—18 页。

［23］段芸，2014，《言语行为语力的认知语言学研究》，北京：科学出版社。

［24］范立珂，2014a，《时空概念对"上/下"句法语义对应关系的内在制约》，《解放军外国语学院学报》第 2 期，第 86—94 页。

［25］范立珂，2014b，《句法分布与概念变化的对应与互动——谈"来/去"的三种"位移概念"》，《语言教学与研究》第 1 期，第

59—66 页。

[26] 方经民，2002，《现代汉语空间方位参照系统认知研究》，上海师范大学博士学位论文。

[27] 方寅、李萌，2023，《网络热词的语义建构与解构—以"内卷"为例》，《语言文字应用》第 2 期，第 112—120 页。

[28] 冯胜利，1996，《论汉语的韵律词结构及其对句法构造的制约》，《语言研究》第 1 期，第 108—127 页。

[29] 冯胜利，2007，《韵律语法理论与汉语研究》，《语言科学》第 2 期，第 48—59 页。

[30] 冯胜利，2009，《汉语的韵律、词法与句法》（修订本），北京：北京大学出版社。

[31] 冯胜利，2011，《韵律句法学研究的历程与进展》，《世界汉语教学》第 1 期，第 13—31 页。

[32] 冯胜利，2013，《汉语韵律句法学》（增订本），北京：商务印书馆。

[33] 冯智文、杨旭，2013，《21 世纪国内认知语用学研究述评》，《学术探索》第 11 期，第 69—73 页。

[34] 高增霞，2005，《连动结构的隐喻层面》，《世界汉语教学》第 1 期，第 22—31+114 页。

[35] 高增霞，2006，《现代汉语连动式的语法化视角》，北京：中国档案出版社。

[36] 高增霞，2013，《连动式在汉语中的地位及作用》，《江西师范大学学报》（哲学社会科学版）第 6 期，第 57—62 页。

[37] 高增霞，2014，《论汉语连动结构的词汇化》，《河南师范大学学报》（哲学社会科学版）第 4 期，第 133—135 页。

[38] 郭锐，1993，《汉语动词的过程结构》，《中国语文》第 6 期，第 410—419 页。

[39] 郭熙煌，2012，《语言空间概念与结构认知研究》，武汉：湖北教育出版社。

[40] 郭霞，2013，《现代汉语动趋构式的句法语义研究：认知构式语

法视野》，成都：四川大学出版社。

[41] 郭晓麟，2013，《简单共现趋向结构与远距离认知位移事件》，《汉语学习》第 4 期，第 73—79 页。

[42] 汉语大词典编纂处，2014，《60000 词现代汉语词典》（全新版），成都：四川辞书出版社。

[43] 何乐士、敖镜浩、王克仲、麦梅翘、王海棻，1985，《古代汉语虚词通释》，北京：北京出版社。

[44] 赫尔德，2014，《论语言的起源》，姚小平译，北京：商务印书馆。

[45] 洪淼，2004，《现代汉语连动结构研究》，南京师范大学博士学位论文。

[46] 胡伟，2011，《上古至近代汉语"上"、"下"的语法化》，《北方论丛》第 6 期，第 58—63 页。

[47] 胡晓慧，2012，《汉语趋向动词语法化问题研究》，桂林：广西师范大学出版社。

[48] 胡裕树、范晓，1995，《动词研究》，开封：河南大学出版社。

[49] 胡壮麟，2002，《语境研究的多元化》，《外语教学与研究》第 3 期，第 161—166 页。

[50] 黄洁，2008，《语言习得研究的构式语法视角》，《四川外语学院学报》第 4 期，第 84—89 页。

[51] 黄晓琴，2005，《论构成补语可能式的主客观条件》，《云南师范大学学报》（对外汉语教学与研究版）第 6 期，第 44—48 页。

[52] 黄月华，2011，《汉语趋向动词的多义研究》，湖南师范大学博士学位论文。

[53] 纪悦、杨小璐，2015，《儿童早期语言中的"来"和"去"》，《中国语文》第 1 期，第 28—37 页。

[54] 蒋绍愚，2007，《打击义动词的词义分析》，《中国语文》第 5 期，第 387—401 页。

[55] 杰肯道夫，2010，《语言的基础：大脑、意义、语法和演变》，北京：外语教学与研究出版社。

［56］ 阚哲华，2010，《汉语位移事件词汇化的语言类型探究》，《当代语言学》第 2 期，第 126—135 页。

［57］ 匡芳涛，2010，《儿童语言习得相关理论述评》，《学前教育研究》第 5 期，第 44—49 页。

［58］ 匡芳涛、文旭，2003，《图形-背景的现实化》，《外国语（上海外国语大学学报）》第 4 期，第 24—31 页。

［59］ 蓝纯，2005，《认知语言学与隐喻研究》，北京：外语教学与研究出版社。

［60］ 蓝纯，1999，《从认知角度看汉语的空间隐喻》，《外语教学与研究》第 4 期，第 7—15 页。

［61］ 李健雪、王焱，2015，《〈构式化与构式演变〉评介》，《现代外语》第 2 期，第 287—290 页。

［62］ 李临定，1986，《现代汉语句型》，北京：商务印书馆。

［63］ 李临定，1990，《现代汉语动词》，北京：中国社会科学出版社。

［64］ 李明，2004，《趋向动词"来/去"的用法及其语法化》，载林焘主编《语言学论丛》（第二十九辑），北京：商务印书馆，第 291—313 页。

［65］ 李维滨，2015，《"上+X/下+X"极性镜像构式研究》，苏州大学博士学位论文。

［66］ 李雪、白解红，2009，《英汉移动动词的对比研究——移动事件的词汇化模式》，《外语与外语教学》第 4 期，第 6—10 页。

［67］ 李亚非，2014，《形式句法、象似性理论与汉语研究》，《中国语文》第 6 期，第 521—530 页。

［68］ 梁银峰，2004，《汉语事态助词"来"的产生时代及其来源》，《中国语文》第 4 期，第 333—342 页。

［69］ 梁银峰，2006，《汉语动补结构的产生与演变》，上海：学林出版社。

［70］ 梁银峰，2007，《汉语趋向动词的语法化》，上海：学林出版社。

［71］ 廖美珍，2010，《目的原则和语境动态性研究》，《解放军外国语

学院学报》第 4 期，第 1—5 页。

［72］刘辰诞，2008，《结构边界统一体的建立：语言表达式建构的认知基础》，《外语教学与研究》第 3 期，第 204—210 页。

［73］刘辰诞，2015，《边界移动与语法化》，《外国语（上海外国语大学学报）》第 4 期，第 37—47 页。

［74］刘楚群，2012，《汉语动趋结构入句研究》，武汉：华中师范大学出版社。

［75］刘丹青，2015，《汉语及亲邻语言连动式的句法地位和显赫度》，《民族语文》第 3 期，第 3—22 页。

［76］刘海燕，2008，《现代汉语连动句的逻辑语义分析》，成都：四川人民出版社。

［77］刘坚、江蓝生、自维国、曹广顺，1992，《近代汉语虚词研究》，北京：语文出版社。

［78］刘瑾，2009，《汉语主观视角的表达研究》，首都师范大学博士学位论文。

［79］刘瑾、杨旭，2017，《论构式化的基本特征》，《外语研究》第 3 期，第 30—34 页。

［80］刘若杨，2010，《临摹逻辑层面时序原则的"V 着（N）＋V P"格式》，《中北大学学报》（社会科学版）第 2 期，第 75—77 页。

［81］刘信芳，1996，《包山楚简近似之字辨析》，《考古与文物》第 2 期，第 78—86+69 页。

［82］刘月华，1998，《趋向补语通释》，北京：北京语言文化大学出版社。

［83］刘月华、潘文娱、故铧，2001，《实用现代汉语语法》，北京：商务印书馆。

［84］刘正光，2011，《主观化对句法限制的消解》，《外语教学与研究》第 5 期，第 335—349 页。

［85］刘正光、孙一弦，2013，《"下来"、"下去"作补语时的句法语义限制及其认知解释——一项基于语料库的研究》，《外语学刊》

第 1 期，第 60—64 页。

[86] 柳士镇，1992，《魏晋南北朝历史语法》，南京：南京大学出版社。

[87] 卢卫中，2011，《语言象似性研究综述》，《外语教学与研究》第 6 期，第 840—849 页。

[88] 陆俭明，2009，《构式与意象图式》，《北京大学学报》（哲学社会科学版）第 3 期，第 103—107 页。

[89] 吕叔湘，1979，《汉语语法分析问题》，北京：商务印书馆。

[90] 吕叔湘，1980，《现代汉语八百词》，北京：商务印书馆。

[91] 吕叔湘，1982，《中国文法要略》，北京：商务印书馆。

[92] 吕叔湘，1984a，《汉语语法论文集》，北京：商务印书馆。

[93] 吕叔湘，1984b，《语文杂记》，上海：上海教育出版社。

[94] 吕叔湘，1987，《汉语句法的灵活性》，载吕叔湘《语文近著》，上海：上海教育出版社，第 77—93 页。

[95] 吕叔湘，2007，《现代汉语八百词》（增订本），北京：中国社会科学出版社。

[96] 马贝加，2014，《汉语动词语法化》，北京：中华书局。

[97] 马奇、麦克伊沃，2011，《怎样做文献综述：六步走向成功》，陈静、肖思汉译，上海：上海教育出版社。

[98] 马庆株，1997，《"V 来／去"与现代汉语动词的主观范畴》，《语文研究》第 3 期，第 16—22 页。

[99] 马云霞，2008，《汉语路径动词的演变与位移事件的表达》，北京：中央民族大学出版社。

[100] 梅洛-庞蒂，2001，《知觉现象学》，姜志辉译，北京：商务印书馆。

[101] 梅洛-庞蒂，2003，《符号》，姜志辉译，北京：商务印书馆。

[102] 梅洛-庞蒂，2007，《眼与心》，杨大春译，北京：商务印书馆。

[103] 梅洛-庞蒂，2010，《行为的结构》，杨大春、张尧均译，北京：商务印书馆。

[104] 牛保义，2008，《自主/依存联结：英语轭式搭配的认知研究》，

《四川外语学院学报》第 2 期，第 1—6 页。

[105] 牛保义，2011，《新自主/依存联结分析模型的建构与应用》，《现代外语》第 3 期，第 230—236 页。

[106] 齐沪扬，1996，《空间位移中主观参照"来/去"的语用含义》，《世界汉语教学》第 4 期，第 54—63 页。

[107] 齐沪扬，1998，《现代汉语空间问题研究》，上海：学林出版社。

[108] 齐沪扬，2000，《现代汉语短语》，上海：华东师范大学出版社。

[109] 齐沪扬，2014，《现代汉语现实空间的认知研究》，北京：商务印书馆。

[110] 秦洪武、王克非，2010，《论元实现的词汇化解释：英汉语中的位移动词》，《当代语言学》第 2 期，第 115—125 页。

[111] 邱广君，1997，《谈"V 下+宾语"中宾语的类、动词的类和"下"的意义》，《语文研究》第 4 期，第 15—25 页。

[112] 任龙波，2014，《论空间图式系统》，《西安外国语大学学报》第 2 期，第 31—35 页。

[113] 任学良，1987，《〈古代汉语·常用词〉订正》，杭州：浙江大学出版社。

[114] 杉村博文，1983，《试论趋向补语"下"、"下来"、"下去"的引申用法》，《语言教学与研究》第 4 期，第 102—116 页。

[115] 杉村博文，2015，《论终端凸显式系列动作整合》，《中国语文》第 1 期，第 18—27 页。

[116] 邵建，2012，《处所宾语的语义分类和认知属性》，《汉语学习》第 5 期，第 104 —112 页。

[117] 沈家煊，1993，《句法的象似性问题》，《外语教学与研究》第 1 期，第 2—8 页。

[118] 沈家煊，1994，《"语法化"研究综观》，《外语教学与研究》第 4 期，第 17—24 页。

[119] 沈家煊，1995，《"有界"与"无界"》，《中国语文》第 5 期，第 367—380 页。

[120] 沈家煊，1999，《不对称和标记论》，南昌：江西教育出版社。

[121] 沈家煊，2001，《语言的"主观性"和"主观化"》，《外语教学与研究》第 4 期，第 268—275 页。

[122] 沈家煊，2003，《现代汉语"动补结构"的类型学考察》，《世界汉语教学》第 3 期，第 17—23 页。

[123] 沈家煊，2004，《语用原则、语用推理和语义演变》，《外语教学与研究》第 4 期，第 243—251 页。

[124] 沈家煊，2015，《汉语词类的主观性》，《外语教学与研究》第 5 期，第 643—658 页。

[125] 施春宏，2021，《构式三观：构式语法的基本理念》，《东北师大学报》（哲学社会科学版）第 4 期，第 1—15 页。

[126] 石毓智，李讷，2001，《汉语语法化的历程》，北京：北京大学出版社。

[127] 史文磊，2014，《汉语运动事件词化类型的历时考察》，北京：商务印书馆。

[128] 史锡尧，1993，《动词后"上"、"下"的语义和语用》，《汉语学习》第 4 期，第 5—8 页。

[129] 史有为，2015，《从语言发生谈二语养成（上）》，《国际汉语教学研究》第 3 期，第 25—38 页。

[130] 宋玉柱，1978，《也谈"连动式"和"兼语式"——和张静同志商榷》，《郑州大学学报》（哲学社会科学版）第 2 期，第 32—40 页。

[131] 孙锡信，1992，《汉语历史语法要略》，上海：复旦大学出版社。

[132] 太田辰夫，1987，《中国语历史文法》，蒋绍愚、徐昌华译，北京：北京大学出版社。

[133] 谭福民，2014，《百科知识语义观视域中的实词义研究》，《外语学刊》第 3 期，第 65—69 页。

[134] 托马塞洛，2012，《人类沟通的起源》，蔡雅菁译，北京：商务印书馆。

[135] 王灿龙，2002，《句法组合中单双音节选择的认知解释》，载中国语文杂志社编《语法研究和探索》（十一），北京：商务印书馆，第 151—168 页。

[136] 王初明，2015，《构式和构式语境与第二语言学习》，《现代外语》第 3 期，第 357—365 页。

[137] 王馥芳，2015，《认知语言学核心术语面临理论挑战》，《中国社会科学报》3 月 9 日，第 A07 版。

[138] 王国栓，2005，《趋向问题研究》，北京：华夏出版社。

[139] 王力，1980，《龙虫并雕斋文集》（第二卷），北京：中华书局。

[140] 王力，1982，《古代汉语》（修订本），中华书局。

[141] 王力，1984，《王力文集》第一卷《中国语法理论》，济南：山东教育出版社。

[142] 王力，1989，《汉语语法史》，北京：商务印书馆。

[143] 王力，2004，《汉语史稿》，北京：中华书局。

[144] 王玮，2015，《空间位移域的语义地图研究》，载李小凡、张敏、郭锐等编《汉语多功能语法形式的语义地图研究》，北京：商务印书馆，第 302—332 页。

[145] 王寅，2006，《认知语法概论》，上海：上海外语教育出版社。

[146] 王寅，2011，《构式语法研究》，上海：上海外语教育出版社。

[147] 魏丽君，1996，《也谈动趋式的产生》，《古汉语研究》第 4 期，第 43—44 页。

[148] 魏兆惠，2004，《〈左传〉的趋向连动式及其与动趋式的关系》，《西安电子科技大学学报》（社会科学版）第 4 期，第 138—142 页。

[149] 魏兆惠，2005，《论两汉时期趋向连动式向动趋式的发展》，《语言研究》第 1 期，第 109—112 页。

[150] 魏兆惠，2008，《上古汉语连动式研究》，上海：上海三联书店。

[151] 文旭，1998，《〈语法化〉简介》，《当代语言学》第 3 期，第 47—48 页。

［152］文旭，2000，《论语言符号的距离拟象性》，《外语学刊》第 2
期，第 71—74 页。

［153］文旭，2001a，《语法化暨有关问题的讨论》，《外国语言文学研
究》第 2 期，第 39—44 页。

［154］文旭，2001b，《词序的拟象性探索》，《外语学刊》第 3 期，第
90—96 页。

［155］文旭，2001c，《认知语言学中的顺序拟象原则》，《福建外语》
第 2 期，第 7—11 页。

［156］文旭，2002，《认知语言学的研究目标、原则和方法》，《外语教
学与研究》第 2 期，第 90—97 页。

［157］文旭，2007a，《运动动词"来／去"的语用意义及其指示条件》，
《外语教学与研究》第 2 期，第 91—96 页。

［158］文旭，2007b，《语义、认知与识解》，《外语学刊》第 6 期，第
35—39 页。

［159］文旭，2008，《汉语双主语构式的认知语法观》，《外语教学》第
4 期，第 6—11 页。

［160］文旭，2009，《空间的语篇表征暨象似性》，《英语研究》第 4
期，第 1—5 页。

［161］文旭，2011，《认知语言学事业》，《外语与外语教学》第 2 期，
第 1—5 页。

［162］文旭，2014，《语言的认知基础》，北京：科学出版社。

［163］文旭，2019，《基于"社会认知"的社会认知语言学》，《现代外
语》第 3 期，第 293—305 页。

［164］文旭、江晓红，2001，《范畴化：语言中的认知》，《外语教学》
第 4 期，第 15—18 页。

［165］文旭、匡芳涛，2004，《语言空间系统的认知阐释》，《四川外语
学院学报》第 3 期，第 81—86 页。

［166］文旭、屈宇昕，2022，《构式语法研究四十年》，《外语与外语教
学》第 6 期，第 19—27、144—145 页。

[167] 文旭、伍倩，2007，《话语主观性在时体范畴中的体现》，《外语学刊》第 2 期，第 59—63 页。

[168] 文旭、熊荣敏，2010，《参照点与空间指示》，《外语学刊》第 1 期，第 24—30 页。

[169] 文旭、杨坤，2015，《构式语法研究的历时取向——历时构式语法论纲》，《中国外语》第 1 期，第 26—34 页。

[170] 文旭、杨旭，2016，《构式化：历时构式语法研究的新路径》，《现代外语》第 6 期，第 731—741、872 页。

[171] 吴福祥，1996，《敦煌变文语法研究》，长沙：岳麓书社。

[172] 吴福祥，2003，《再论处置式的来源》，《语言研究》第 3 期，第 1—14 页。

[173] 吴福祥，2004，《近年来语法化研究的进展》，《外语教学与研究》第 1 期，第 18—24 页。

[174] 吴福祥，2005，《汉语历史语法研究的目标》，《古汉语研究》第 2 期，第 2—14 页。

[175] 吴福祥，2012，《语序选择与语序创新——汉语语序演变的观察和断想》，《中国语文》第 4 期，第 347—355 页。

[176] 吴念阳，2014，《现代汉语心理空间的认知研究》，北京：商务印书馆。

[177] 吴琼，2006，《言语交际中的视角化研究》，《外语与外语教学》第 11 期，第 59—61、65 页。

[178] 吴为善，2003，《双音化、语法化和韵律词的再分析》，《汉语学习》第 2 期，第 8—14 页。

[179] 吴为善，2011，《汉语韵律框架及其词语整合效应》，上海：学林出版社。

[180] 武俊辉、文旭，2015，《基于语料库的 be going to 语法化研究》，《外语学刊》第 3 期，第 40—45 页。

[181] 肖燕，2012，《时间的概念化及其语言表征》，西南大学博士学位论文。

［182］肖燕、邓仕伦，2012，《空间语法中的空间关系表征》，《外国语文》第 3 期，第 71—76 页。

［183］肖燕、文旭，2012，《时间概念化的转喻实现方式》，《外国语（上海外国语大学学报）》第 3 期，第 68—74 页。

［184］谢信一，1994，《汉语中的时间和意象》，叶蜚声译，载戴浩一、薛凤生主编《功能主义与汉语语法》，北京：北京语言学院出版社，第 218—264 页。

［185］邢福义，1991，《现代汉语》，北京：高等教育出版社。

［186］邢晓宇，2015，《认知入景视角下现代汉语名词的修饰语研究：功能与语序漂移》，西南大学博士学位论文。

［187］徐丹，2004，《汉语句法引论》，北京：北京语言大学出版社。

［188］徐丹，2013，《谈汉语空间词的不对称性——从类型学看汉语》，载徐丹主编《中国境内语言的空间表达》，北京：世界图书出版公司，第 182—207 页。

［189］徐盛桓，2007，《自主和依存——语言表达形式生成机理的一种分析框架》，《外语学刊》第 2 期，第 34—40 页。

［190］徐盛桓，2013，《意向性的认识论意义——从语言运用的视角看》，《外语教学与研究》第 2 期，第 174—184 页。

［191］许力生，2006，《语言学研究的语境理论构建》，《浙江大学学报》（人文社会科学版）第 4 期，第 158—165 页。

［192］杨德峰，2005，《"时间顺序原则"与"动词+复合趋向动词"带宾语形成的句式》，《世界汉语教学》第 3 期，第 56—65 页。

［193］杨凯荣，2006，《论趋向补语和宾语的位置》，《汉语学报》第 2 期，第 55—61 页。

［194］杨克定，1992，《从〈世说新语〉、〈搜神记〉等书看魏晋时期动词"来"、"去"语义表达和语法功能的特点》，载程湘清主编《魏晋南北朝汉语研究》，济南：山东教育出版社，第 240—275 页。

［195］杨小璐，2012，《儿童早期句法发展：基于规则还是基于使用?》，

《外语教学与研究》第 4 期，第 606—615 页。

[196] 杨旭，2013，《儿童语言习得两大理论研究范式述评》，《现代语文》（语言研究版）第 1 期，第 36—38 页。

[197] 杨旭，2016，《汉语趋向连动式的构式化研究》，西南大学博士学位论文。

[198] 杨旭，2017，《进化论视角下的构式适应性与扩展适应性研究》，《外国语文》第 5 期，第 63—68 页。

[199] 杨旭，2019，《构式化思想的演进及相关问题探讨》，《外国语文》第 1 期，第 16—21 页。

[200] 杨旭、刘瑾，2018，《构式化的核心思想及其对构式习得的启示》，《外语教学理论与实践》第 4 期，第 26—31 页。

[201] 杨宇枫，2013，《近代汉语复合趋向动词句法语义研究》，北京大学博士学位论文。

[202] 叶南，2005，《趋向补语方向的多维性与宾语位置的关系》，《西南民族大学学报》（人文社会科学版）第 6 期，第 316—319 页。

[203] 袁野，2010，《构式语法的语言习得观》，《解放军外国语学院学报》第 1 期，第 35—40 页。

[204] 袁毓林，2004，《汉语语法研究的认知视野》，北京：商务印书馆。

[205] 袁毓林，1994，《关于认知语言学的理论思考》，《中国社会科学》第 1 期，第 183—198 页。

[206] 曾传禄，2014，《现代汉语位移空间的认知研究》，北京：商务印书馆。

[207] 翟燕，2007，《明清时期动态助词"将"的发展演变及衰亡原因》，《山东师范大学学报》（人文社会科学版）第 5 期，第 152—156 页。

[208] 张伯江，2000，《汉语连动式的及物性解释》，载中国语文杂志社编《语法研究与探索》（九），北京：商务印书馆，第 129—141 页。

[209] 张凤，2003，《语用层面的距离象似性考察》，《外语研究》第 4

期，第 21—24 页。

[210] 张国宪，2005，《形名组合的韵律组配图式及其韵律的语言地位》，《当代语言学》第 1 期，第 35—52 页。

[211] 张敏，1998，《认知语言学与汉语名词短语》，北京：中国社会科学出版社。

[212] 张其昀，1995，《运动义动词"上"、"下"用法考辨》，《语言研究》第 1 期，第 37—43 页。

[213] 张言军，2015，《第三人称叙事视角下"来"、"去"选择的约束条件》，《汉语学习》第 2 期，第 49—56 页。

[214] 张有军，2009，《语法化与范畴化：语法化过程中的认知机制》，《东北大学学报》（社会科学版）第 2 期，第 178—183 页。

[215] 张媛，2015，《反义形容词共现构式的认知语法分析》，《外语学刊》第 1 期，第 44—49 页。

[216] 赵艳芳，2001，《认知语言学概论》，上海：上海外语教育出版社。

[217] 赵元任，1952，《北京口语语法》，李荣译，北京：开明书店。

[218] 赵元任，1979，《汉语口语语法》，吕叔湘译，北京：商务印书馆。

[219] 周韧，2011，《现代汉语韵律与语法的互动关系研究》，北京：商务印书馆。

[220] 朱德熙，1982，《语法讲义》，北京：商务印书馆。

[221] 朱德熙，1985，《语法答问》，北京：商务印书馆。

[222] 朱怀，2015，《"但"的语法功能演变及产生机制》，《中国语文》第 2 期，第 141—149 页。

[223] 朱庆之，1992，《佛典与中古汉语词汇研究》，台北：文津出版社。

[224] 朱晓军，2008，《空间范畴的认知语义研究》，华东师范大学博士学位论文。

[225] 朱彦，2011，《从语义类推的新类型看其认知本质、动因及其他问题》，《世界汉语教学》第 4 期，第 507—521 页。

[226] 左双菊，2007，《位移动词"来/去"带宾能力的历时、共时考察》，华中师范大学博士学位论文。

二　外文文献

［1］ Aikhenvald, A. Y. & R. M. W. Dixon. 2006. *Serial Verb Constructions: A Cross-liguistic Typology*. Oxford: Oxford University Press.

［2］ Alba-Salas, J. 2007. "On the life and death of a collocation: A corpus-based diachronic study of darmiedo/hacer miedo-type structures in Spanish. "*Diachronica* 2: 207-252.

［3］ Andersen, H. 2001. "Actualization and the (uni)directionality. " In H. Andersen (ed.). *Actualization: Linguistic Change in Progress*. Amsterdam & Philadelphia: John Benjamins, pp. 225-248.

［4］ Barðdal, J. & S. Chelliah. 2009. *The Role of Semantic, Pragmatic and Discourse Factors in the Development of Case*. Amsterdam/Philadelphia: John Benjamins.

［5］ Barðdal, J, E. Smirnova, L. Sommerer & S. Gildea. 2015. *Diachronic Construction Grammar*. Amsterdam/ Philadelphia: John Benjamins.

［6］ Barðdal, J, K. E. Kristoffersen & A. Sveen. 2011. "West Scandinavian Ditransitives as a family of constructions: With a special attention to the Norwegian V-REFL-NP construction. "*Linguistics* 49(1): 53-104.

［7］ Barðdal, J. 2008. *Productivity: Evidence from Case and Argument Structure in Icelandic*. Amsterdam: John Benjamins.

［8］ Barðdal, J. 2012. "Construction-based historical comparative reconstruction. " In G. Trousdale & T. Hoffmann (eds.). *The Oxford Handbook of Construction Grammar*. Oxford: Oxford University Press, pp. 318-332.

［9］ Barðdal, J. 2014. "Syntax and syntax reconstruction. " In C. Bowern & B. Evans (eds.). *The Routledge Handbook of Historical Linguistics*. London: Routledge, pp. 343-373.

［10］ Barlow, M. & S. Kemmer. 2000. *Usage Based Models of Language*. Stanford, CA: CSLI Publ.

［11］ Batstone, R. 2010. "Issues and options in socio-cognition. "In R. Batstone (ed.). *Sociocognitive Perspectives on Language Use and Language Learning*: Oxford: Oxford University Press.

[12] Beckner, C., R. Blythe, J. Bybee, M. H. Christiansen, W. Croft, N. C. Ellis, J. Holland, J. Ke, D. Larsen-Freeman & T. Schoenemann. 2009. "Language is a complex adaptive system."*Language Learning* 59: 1–26.

[13] Bergen, B. 2007. "Spatial and linguistic aspects of visual imagery in sentence comprehension."*Cognitive Science* 31: 733–764.

[14] Bergs, A. & G. Diewald. 2008. *Constructions and Language Change*. Berlin/New York: Mouton de Gruyter.

[15] Bergs, A. & G. Diewald. 2009. *Contexts and Constructions*. Amsterdam: JohnBenjamins.

[16] Bisang, W. 2009. "Serial verb constructions."*Language and Linguistics Compass* 3 (3): 792–814.

[17] Bisang, W. 2010. "Grammaticalization in Chinese: A construction-based account." In E. C. Traugott & G. Trousdale (eds.). *Gradience, Gradualness and Grammaticalization*. Amsterdam/Philadelphia: John Benjamins, pp. 245–277.

[18] Blevins, J. 2004. *Evolutionary Phonology: The Emergence of Sound Patterns*. Cambridge: Cambridge University Press.

[19] Boas, H. C. 2008. "Resolving form-meaning discrepancies in construction grammar." In J. Leino (ed.). *Constructional Reorganization*. Amsterdam & Philadelphia: John Benjamins, pp. 13–36.

[20] Booij, G. 2007. *The Grammar of Words: An Introduction to Morphology*. Oxford: Oxford University Press.

[21] Booij, G. 2010. *Construction Morphology*. Oxford: Oxford University Press.

[22] Boye, K. & P. Harder. 2012. "A usage-based theory of grammatical status and Grammaticalization."*Language* 88: 1–44.

[23] Brinton, L. & E. C. Traugott. 2005. *Lexicalization and Language Change*. Cambridge: Cambridge University Press.

［24］ Börjars, K. & N. Vincent. 2012. "Grammaticalization and directionality." In B. Heine & H. Narrog (eds.). *The Oxford Handbook of Grammaticalization.* Oxford: Oxford University Press, pp. 1–10.

［25］ Bruner, J. 1983. *Child's Talk.* New York: W. W. Norton Company.

［26］ Buchanan, M. 2002. *Nexus. Small Worlds and the Groundbreaking Science of Networks.* New York: W. W. Norton Company.

［27］ Bybee, J. 2007a. "Diachronic linguistics." In D. Geeraerts & H. Cuyckens (eds.). *The Oxford Handbook of Cognitive Linguistics.* Oxford: Oxford University Press, pp. 945–987.

［28］ Bybee, J. 2007b. *Frequency of Use and the Organization of Language.* Oxford: Oxford University Press.

［29］ Bybee, J. 2003a. "Cognitive processes in grammaticalization." In M. Tomasello (Ed.). The New Psychology of Language: Cognitive and Functional Approaches to Language Structure. Mahwah: Lawrence Erlbaum, pp. 145–167.

［30］ Bybee, J. 2003b. "Mechanisms of change in grammaticalization: The role of frequency." In J. Brian & J. Richard (eds.). *The Handbook of Historical Linguistics.* Oxford: Blackwell, pp. 602–623.

［31］ Bybee, J. 2015. *Language Change.* Cambridge: Cambridge University Press.

［32］ Bybee, J. L. & P. Hopper. 2001. *Frequency and the Emergence of Linguistic Structure.* Amsterdam: John Benjamins.

［33］ Bybee, J. L. 2010. *Language, Usage and Cognition.* Cambridge: Cambridge University Press.

［34］ Bybee, J. L. , R. D. Perkins & W. Pagliuca. 1994. The Evolution of Grammar: Tense, Aspect and Modality in the Languages of the World. Chicago: University of Chicago Press.

［35］ Bybee, J. L. 2006. "From usage to grammar: the mind's response to repetition."*Language* 82: 711–733.

［36］ Bybee, J. L. 2001. *Phonology and Language Use.* Cambridge: Cambridge

University Press.

[37] Bybee, J. L. 1985. *Morphology: A Study of Relation Between Meaning and Form*. Amsterdam: John Benjamins.

[38] Casad, E. H. 1996. *Cognitive Linguistics in the Redwoods: The Expansion of a New Paradigm in Linguistics*. Berlin: Mouton de Gruyter.

[39] Chang, F, G. S. Dell & K. Bock. 2006. "Becoming syntactic. "*Psychological Review* 113: 234–272.

[40] Chen, L. & J. Guo. 2009. "Motion events in Chinese novels: Evidence for an equipollently-framed language. "*Journal of Pragmatics* 41 (9): 1749–1766.

[41] Chen, L. 2005. *The Acquisition of Verb Compounding in Mandarin Chinese*. Ph. D. Dissertation. University of Louisiana.

[42] Chen, L. 2007. *The Acquisition and Use of Motion Event Expressions in Mandarin Chinese*. München: Lincom GmbH.

[43] Chomsky, N. 1957. *Syntactic Structures*. The Hague: Mouton.

[44] Chomsky, N. 1986. *Knowledge of Language: Its Nature, Origin and Use*. New York: Praeger Scientific.

[45] Chomsky, N. 1981. *Lectures on Government and Binding*. Dordrecht: Foris.

[46] Chomsky, N. 1995. *The Minimalist Program*. Cambridge: The MIT Press.

[47] Christiansen, M. &M. MacDonald. 2009. "A usage-based approach to recursion in sentence processing. "*Language Learning* 59: 126–161.

[48] Cienki, A. 2017. "Utterance Construction Grammar (UCxG) and the variable multimodality of constructions. "*Linguistics Vanguard* 3(s1): 1–10.

[49] Clark, H. 1996. *Using of Language*. Cambridge: Cambridge University Press.

[50] Croft, W. & D. A. Cruse. 2004. *Cognitive Linguistics*. Cambridge: Cambridge UniversityPress.

[51] Croft, W. , J. Barðdal, W. Hollmann, V. Sotirova & C. Taoka. 2010. "Revising Talmy's typology classification of complex events. " In H. Boas

(ed.). *Contrastive Construction Grammar*. Amsterdam: John Benjamins, pp. 201-236.

[52] Croft, W. 2000. *Explaining Language Change: An Evolutionary Approach*. Harlow: Pearson Education.

[53] Croft, W. 2006. "The relevance of an evolutionary model to historical linguistics. "In Thomsen(ed.). *Competing Models of Linguistic Change: Evolution and Beyond*. Amsterdam: John Benjamins, pp. 91-132.

[54] Croft, W. 2007a. "Construction grammar. " In D. Geeraerts & H. Cuyckens (eds.). *The Oxford Handbook of Cognitive Linguistics*. Oxford: Oxford University Press, pp. 463-508.

[55] Croft, W. 2007b. "Beyond Aristotle and gradience. "*Studies in Language* 31: 409-430.

[56] Croft, W. 2001. *Radical Construction Grammar: Syntactic Theory in Typological Perspective*. Oxford: Oxford University Press.

[57] Croft, W. 2013. "Radical construction grammar. " In T. Hoffmann & G. Trousdale (eds.). *The Oxford Handbook of Construction Grammar*. Oxford: Oxford University Press, pp. 211-232.

[58] Dąbrowska, E. 2020. "Language as a phenomenon of the third kind. " *Cognitive Linguistics* 31(2): 213-229.

[59] Deacon, T. W. 1997. *The Symbolic Species: The Co-evolution of Language and the Brain*. New York: W. W. Norton Company.

[60] De Cuypere, L. 2005. "Exploringexaptation in language change. "*Folia Linguistica Historica* (26): 13-26.

[61] Deppermann, A. 2006. "Von der Kognition zur verbalen Interaktion: Bedeutungskonstitution im Kontext aus Sicht der Kognitionswissenschaften undder Gesprächsforschung. " In A. Deppermann & T. Spranz-Fogasy (eds.). *Wie Bedeutung im Gespräch entsteht*. Tübingen: Stauffenburg, pp. 11-33.

[62] De Saussure, F. 1959. *Course in General Linguistics*. New York: McGraw-

Hill.

［63］ De Saussure, F. 1916/1994. *Course in General Linguistics.* La Salle, IL: Open Court.

［64］ De Smet, H. , F. D'hoedt, L. Fonteyn & K. V. Goethem. 2018. "The changing functions of competing forms: Attraction and differentiation. " *Cognitive Linguistics* 2: 197−234.

［65］ De Smet, H. 2009. "Analysing reanalysis. "*Lingua* 119: 1728−1755.

［66］ De Smet, H. 2016. "How gradual change progresses: The interaction between convention and innovation. " *Language Variation and Change* 1: 83−102.

［67］ Diessel, H. &M. Hilpert. 2016. "Frequency effects in grammar. " In M. Aronoff (ed.). *Oxford Research Encyclopedia of Linguistic*s. New York: Oxford University Press, pp. 1−23.

［68］ Diessel, H. 2015. "Usage-based construction grammar. " In E. Dąbrowska & D. Divjak(eds.). *Handbook of Cognitive Linguistics.* Berlin: Mouton de Gruyter, pp. 295−321.

［69］ Diessel, H. 2019. *The Grammar Network: How Linguistic Structure is Shaped by Language Use.* Cambridge: Cambridge University Press.

［70］ Diessel, H. 2023. *The Construction: Taxonomies and Networks.* Cambridge: Cambridge University Press.

［71］ Diewald, G. & E. Smirnova. 2012. "Paradigmatic integration: The fourth stage in an expanded grammaticalization scenario. " In K. Davidse, T. Breban, L. Brems & T. Mortalmans (eds.). *Grammaticalization and Language Change: New Reflections.* Amsterdam: John Benjamins, pp. 111−134.

［72］ Ellestrom, L. , O. Fischer & C. Ljungberg. 2013. *Iconic Investigations.* Amsterdam: John Benjamins.

［73］ Ellestrom, L. 2010. "Iconicity as meaning miming meaning and meaning miming form. " In C. Conradie et al(eds.). *Signergy: Iconicity in Language and Literature.* Amsterdam: John Benjamins, pp. 73−100.

[74] Ellis, N. C. 2006. "Selective attention and transfer phenomena in SLA: Contingency, cue competition, salience, interference, overshadowing, blocking, and perceptual learning. "*Applied Linguistics* 2: 1-31.

[75] Ellis, N. C. 2008. "The dynamics of second language emergence: Cycles of language use, language change, and language acquisition. "*The Modern Language Journal* 92: 232-249.

[76] Ellis, N. C. 2002. "Frequency effects in language processing: A review with implications for theories of implicit and explicit language acquisition. "*Studies in Second Language Acquisition* 24: 143-188.

[77] Elman, J. L. , E. A. Bates, M. H. Johnson, A. K. Smith, D. Parisi & K. Plunkett. 1996. *Rethinking Innateness: A Connectionist Perspective on Development*. Cambridge, MA: Bradford Books/MIT Press.

[78] Elman, J. L. 2005. "Connectionist views of cognitive development: Where next?"*Trends in Cognitive Science* 9: 111-117.

[79] Elman, J. L. 2009. "On the meaning of words and dinosaur bones: Lexical knowledge without a lexicon. "*Cognitive Science* 33: 1-36.

[80] Elman, J. L. 1990. "Finding structure in time. " *Cognitive Science* 14: 179-211.

[81] Eva, Z. 2019. *Competition in Language Change: The Rise of the English Dative Alternation*. Berlin: Mouton de Gruyter.

[82] Evans, V. & M. Green. 2006. *Cognitive Linguistics: An Introduction*. Edinburgh: Edinburgh University Press.

[83] Fauconnier, G. & M. Turner. 1998. "Conceptual integration networks. " *Cognitive Science* 22: 133-187.

[84] Fauconnier, G. 1997. *Mappings in Thought and Language*. Cambridge: Cambridge University Press.

[85] Fauconnier, G. 1999. *Cognitive Linguistics: Foundations, Scope, and Methodology*. Berlin: Mouton de Gruyter.

[86] Fauconnier, G. 1994. *Mental Spaces: Aspects of Meaning Construction in*

Natural Language. Cambridge: Cambridge University Press.

［87］ Fillmore, C. , K. Paul &C. O'Connor. 1988. "Regularity and idiomaticity in grammatical constructions: The case of let alone. "*Language* 64: 501 - 538.

［88］ Finegan, E. 1995. "Subjectivity and subjectivisation: An introduction. " In D. Stein & S. Wright (eds.). *Subjectivity and Subjectivisation: Linguistic Perspective*. Cambridge: Cambridge University Press, pp. 1-24.

［89］ Fischer, O. 2007. *Morphosyntactic Change: Functional and Formal Perspectives*. Oxford: Oxford University Press.

［90］ Flach, S. 2020. "Constructionalization and the sorites paradox: The emergence of the into-causative. " In L. Sommerer & E. Smirnova (eds.). *Nodes and Networks in Diachronic Construction Grammar*. Amsterdam: John Benjamins, pp. 45-67.

［91］ Foley, W. 2010. "Events and serial verb constructions. " In M. Amberber, B. Baker & M. Harvey (eds.). *Complex Predicates: Cross-linguistic Perspectives on Event Structure*. Cambridge: Cambridge University Press, pp. 79-109.

［92］ Fried, M. 2008. "Constructions and constructs: Mapping a shift between predication and attribution. " In A. Bergs & G. Diewald (eds.). *Constructions and Language Change*. Berlin/New York: Mouton de Gruyter, pp. 47-80.

［93］ Fried, M. 2009. "Construction grammar as a tool for diachronic analysis. " *Constructions and Frames* 1 (2): 261-290.

［94］ Fried, M. 2010. "Grammaticalization and lexicalization effects in participial morphology: A construction grammar approach to language change. " In A. Van linden, J. Verstraete & K. Davidse(eds.). *Formal Evidence in Grammaticalization Research* (Typological Studies in Language). Amsterdam/Philadelphia: John Benjamins, pp. 191-224.

［95］ Fried, M. 2012. "Principles of constructional change. " In G. Trousdale &

T. Hoffmann (eds.). *The Oxford Handbook of Construction Grammar*. Oxford: Oxford University Press, pp. 304-317.

[96] Gaeta, L. 2016. "Co-optingexaptation in a theory of language change." In M. Norde & F. Van de Velde (eds.). *Exaptation and Language Change*. Amsterdam: John Benjamins, pp. 57-92.

[97] Geeraerts, D. & H. Cuyckens. 2007. *The Oxford Handbook of Cognitive Linguistics*. New York: Oxford University Press.

[98] Gentens, C. & J. Rudanko. 2019. "The great complement shift and the role of understood subjects: The case of fearful." *Folia Linguistica* 1: 51-86.

[99] Gisborne, N. 2011. "Constructions, word grammar and grammaticalization." *Cognitive Linguistics* 22 (1): 155-182.

[100] Givón, T. 1979. *On Understanding Grammar*. New York: Academic Press.

[101] Givón, T. 1990. *Syntax: A Functional-Typological Introduction*, Vol. 2. Amsterdam: John Benjamins.

[102] Givón, T. 1995. *Functionalism and Grammar*. Amsterdam: John Benjamins.

[103] Goldberg, A. E. 2019. *Explain Me This: Creativity, Competition, and the Partial Productivity of Constructions*. Oxford: Princeton University Press.

[104] Goldberg, A. E. 2006. *Constructions at Work: The Nature of Generalization in Language*. Oxford: Oxford University Press.

[105] Goldberg, A. E. 2003. "Constructions: A new theoretical approach to language." *Trends in Cognitive Sciences* 7: 219-224.

[106] Goldberg, A. E. 2002. "Surface generalizations: An alternative to alternations." *Cognitive Linguistics* 13: 327-356.

[107] Goldberg, A. E. 2013. "Constructionist approaches." In T. Hoffmann & G. Trousdale (eds.). *The Handbook of Construction Grammar*. Oxford: Oxford University Press, pp. 15-31.

[108] Goldberg, A. E. 1995. Constructions: *A Construction Grammar Approach*

to Argument Structure. Chicago: University of Chicago Press.

[109] Goossens, L. 2003. "Metaphtonymy: The interaction of metaphor and metonymy in expressions for linguistic action. " In R. Dirven & R. Pörings (eds.). *Metaphor and Metonymy in Comparison and Contrast*. Berlin/ NewYork: Mouton de Gruyter, pp. 349–378.

[110] Gould, S. & E. Vrba. 1982. "Exaptation: A missing term in the science of form. "*Paleobiology* 8(1): 4–15.

[111] Haiman, J. 1980. "The iconicity of grammar: Isomorphism and motivation. "*Language* 56 (3): 515–540.

[112] Haiman, J. 1985. *Natural Syntax*. Cambridge: Cambridge University Press.

[113] Halliday, M. A. K. 1994. *An Introduction to Functional Grammar*. London: Arnold.

[114] Harris, A. C. & L. Campbell. 1995. *Historical Syntax in Cross-linguistics Perspective*. Cambridge: Cambridge University Press.

[115] Haspelmath, M. 1998. "Does grammaticalization need reanalysis?" *Studies in Language* 22: 49–85.

[116] Heine, B. , U. Claudi & F. Hünnemeyer. 1991. *Grammaticalization: A Conceptual Framework*. Chicago: University of Chicago Press.

[117] Heine, B. 2003. "On degrammaticalizaton. " In B. Blake & K. Burridge (eds.), *Historical Linguistics*. Amsterdam: John Benjamins, pp. 136–179.

[118] Herskovits, A. 1997. "Language, spatial cognition, and vision. " In O. Stock (ed.) . *Spatial and Temporal Reasoning*. Dordrecht, Netherlands: Kluwer Academic Publishers, pp. 155–202.

[119] Hilpert, M. & D. Saavedra. 2016. "The unidirectionality of semantic changes in grammaticalization: An experimental approach to the asymmetric priming hypothesis. "*English Language and Linguistics* 22(3): 357–380.

[120] Hilpert, M. 2008. *Germanic Future Constructions: A Usage-based Ap-*

proach to Language Change. Amsterdam & Philadelphia: John Benjamins.

[121] Hilpert, M. 2015. "From hand-carved to computer-based: Noun-participle compounding and the upward strengthening hypothesis. "*Cognitive Linguistics* 26(1): 113−147.

[122] Hilpert, M. 2018. "Three open questions in diachronic construction grammar. " In E. Coussé, J. Olofsson & P. Andersson (eds.), *Grammaticalization Meets Construction Grammar*. Amsterdam: John Benjamins, pp. 21−39.

[123] Hilpert, M. 2013. *Constructional Change in English: Developments in Allomorphy, Word-Formation and Syntax*. Cambridge: Cambridge University Press.

[124] Hilpert, M. 2014. *Construction Grammar and Its Application to English*. Edinburgh: Edinburgh University Press.

[125] Hilpert, M. 2021. *Ten Lectures on Diachronic Construction Grammar*. Leiden: Brill.

[126] Himmelmann, N. 2004. "Lexicalization and grammaticization: Opposite or orthogonal?. "In W. Bisang, N. Himmelmann & B. Wiemer (eds.). *What Makes Grammaticalization? A Look from Its Fringes and Its Components*. Berlin: Mouton de Gruyter, pp. 21−42.

[127] Hoffmann, T. & G. Trousdale. 2022. "On multiple paths and change in the language network. "*Zeitschrift für Anglistik und Amerikanistik* 70 (3): 359−382.

[128] Hoffmann, T. & G. Trousdale. 2013. *The Oxford Handbook of Construction Grammar*. Oxford: Oxford University Press.

[129] Hollmann, W. B. & A. Siewierska. 2007. "A construction grammar account of possessive construction in Lanchasire dialect: Some disadvantages and challenges. "*English Language and Linguistics* 11: 407−424.

[130] Hopper, P. J. & E. C. Traugott. 1993. *Grammaticaliztion*. Cambridge:

Cambridge University Press.

[131] Hopper, P. J. 1987. "Emergent grammar. " *Berkeley Linguistics Society* 13: 139-157.

[132] Hopper, P. & E. C. Traugott. 2003. *Grammaticalization.* Cambridge: Cambridge University Press.

[133] Hudson, R. A. 2007. *Language Networks: The New Word Grammar.* Oxford: Oxford University Press.

[134] Hudson, R. A. 2010. *An Introduction to Word Grammar.* Cambridge: Cambridge University Press.

[135] Hudson, R. A. 1984. *Word Grammar.* Oxford: Blackwell.

[136] Hudson, R. A. 1990. *English Word Grammar.* Oxford: Blackwell.

[137] Hundt, M. 2014. "The demise of the being to V construction. " *Transactions of the Philological Society* 2: 167-187.

[138] Jackendoff, R. 2002. *Foundations of Language.* Oxford: Oxford University Press.

[139] Jespersen, O. 1922. *Language: Its Nature, Development and Origin.* London: George Allen & Unwin.

[140] Jäger, G. & A. Rosenbach. 2008. "Priming and unidirectional language change. " *Theoretical Linguistics* 34(2): 85-113.

[141] Joseph, B. D. 2004. "Rescuing traditional historical linguistics from grammaticalization theory. " In O. Fischer, M. Norde & H. Peridon (eds.). *Up and Down the Cline—The Nature of Grammaticalization.* Amsterdam: John Benjamins, pp. 45-71.

[142] Kemmer, S. 2003. "Schemas and lexical blends. " In H. Cuyckens, T. Berg, R. Dirven & K. Panther (eds.). *Motivation in Language: Studies in Honor of Gunter Radden.* Amsterdam: John Benjamins, pp. 69-97.

[143] Kiparsky, P. 2012. "Grammaticalization as optimization. " In D. Jonas, J. Whitman & A. Garrett (eds.). *Grammatical Change: Origins, Nature, Outcomes.* Oxford: Oxford University Press, pp. 15-51.

[144] Kirjavainen, M. , A. Theakston & E. Lieven. 2017. "Can infinitival to omissions and provisions be primed? An experimental investigation into the role of constructional competition in infinitival to omission errors. " *Cognitive Science* 5: 1−32.

[145] Kirjavainen, M. , A. Theakston, E. Lieven & M. Tomasello. 2009. "I want hold postman pat: An investigation into the acquisition of infinitival marker ' to'. " *First Language* 3: 313−339.

[146] Labov, W. 2007. "Transmission and diffusion. "*Language* 83: 344−387.

[147] Labov, W. 1972. *Sociolinguistic Patterns*. Philadelphia: University of Pennsylvania Press.

[148] Labov, W. 1994. *Principles of Linguistic Change*. Vol. 1: *Internal Factors*. Oxford: Blackwell.

[149] Lakoff, G. & M. Johnson. 1980. "Metaphorical structure of the human conceptual system. "*Cognitive Science* 4: 195−208.

[150] Lakoff, G. & M. Johnson. 1999. *Philosophy in the Flesh: The Embodied Mind and Its Challenge to Western Thought*. New York: Basic Books.

[151] Lakoff, G. 2005. "Cognitive Linguistics: What it means and where it is going. "*Journal of Foreign Languages* 2: 2−22.

[152] Lakoff, G. 1980. *Metaphors We Live By*. Chicago: University of Chicago Press.

[153] Lakoff, G. 1987. *Women, Fire and Dangerous Things: What Categories Reveal About the Mind*. Chicago: The University of Chicago Press.

[154] Lakoff, G. 1993. "Cognitive phonology. " In J. Goldsmith (ed.). *The Last Phonological Rule: Reflections on Constraints and Derivations*. Chicago: University of Chicago Press, pp. 117−145.

[155] Langacker, R. W. 2000. "A dynamic usage-based model. " In M. Barlow & S. Kemmer (eds.). *Usage-based Models of Language*. Standford, CA: CSLI, pp. 1−63.

[156] Langacker, R. W. 2005. "Construction grammars: Cognitive, radical,

and less so. " In Francisco José Ruiz de Mendoza Ibaez & María Sandra Pea Cervel(eds.). *Cognitive Linguistics: Internal Dynamics and Interdisciplinary Interaction*. Berlin: Mouton de Gruyter, pp. 101-159.

[157] Langacker, R. W. 2008. *Cognitive Grammar: A Basic Introduction*. New York: Oxford University Press.

[158] Langacker, R. W. 2009. *Investigations in Cognitive Grammar*. New York: Mouton de Gruyter.

[159] Langacker, R. W. 2016. "Working toward a synthesis. " *Cognitive Linguistics* 27(4): 465-477.

[160] Langacker, R. W. 2013. *Essentials of Cognitive Grammar: A Basic Introduction*. New York: Oxford University Press.

[161] Langacker, R. W. 1977. "Syntax reanalysis. " In C. N. Li (ed.). *Mechanisms of Syntactic Change*. Austin: University of Texas Press, pp. 57-139.

[162] Langacker, R. W. 1986. "An introduction to cognitive grammar. " *Cognitive Science* 10: 1-40.

[163] Langacker, R. W. 1987. *Foundations of Cognitive Grammar: Theoretical Prerequisites*. Stanford: University of Stanford Press.

[164] Langacker, R. W. 1982. "Space grammar, analysability, and the English passive. " *Language* 58: 22-80.

[165] Langacker, R. W. 1991. *Foundation of Cognitive Grammar* Vol. 2: *Descriptive Application*. Stanford: University of Stanford Press.

[166] Langacker, R. W. 1993. "Reference-point construction. " *Cognitive Linguistics* 4 (1): 1-38.

[167] Larson et al. 2013. "Exapting exaptation. " *Trends in Ecology and Evolution* 28 (9): 497-498.

[168] Lass, R. 1990. "How to do things with junk: Exaptation in language evolution. " *Journal of Linguistics* 26: 79-102.

[169] Lass, R. 1997. *Historical Linguistics and Language Change*. Cambridge: Cambridge University Press.

[170] Lehmann, C. 2004. "Theory and method in grammaticalization." *Zeitschrift für Germanistische Linguistik* 32: 152−187.

[171] Lehmann, C. 1995. *Thoughts on Grammaticalization.* Munich: Lincom Europa.

[172] Lehmann, C. 1992. "Word order change by grammaticalization." In G. Marinel & S. Dieter (eds.). *Internal and External Factors in Syntactic Change.* Berlin: Mouton de Gruyter, pp. 395−416.

[173] Lenci, A. 2008. "Distributional semantics in linguistic and cognitive research."*Rivista di Linguistica* 20(1): 1−31.

[174] Levinson, S. C. & D. Wilkins. 2006. *Grammars of Space: Explorations in Cognitive Diversity.* Cambridge: Cambridge University Press.

[175] Levinson, S. C. 2008. *Space in Language and Cognition.* Beijing: World Publishing Corporation.

[176] Levinson, S. C. 2003. *Space in Language and Cognition: Explorations in Cognitive Diversity.* Cambridge: Cambridge University Press.

[177] Levinson, S. C. 1996. "Relativity in spatial conception and description." In J. J. Gumperz and S. C. Levinson (eds.), *Rethinking Linguistic Relativity.* Cambridge: Cambridge University Press, pp. 177−202.

[178] Li, C. N. & S. A. Thompson. 1973. *Serial Verb Construction in Mandarin Chinese.* Chicago: Chicago Linguistics Society.

[179] Li, C. N. & S. A. Thompson. 1981. *Mandarin Chinese: A Functional Reference Grammar.* Chicago: University of Chicago Press.

[180] Li, F. 1993. *A Diachronic Study of V-V Compound in Chinese.* Ph. D. Dissertation. State University of New York.

[181] Li, F. 1997. "Cross-linguistic lexicalization patterns: Diachronic evidence from verb-complement compounds in Chinese."*Sprachtypologie und Universalien-forschung*(STUF) 50 (3): 229−252.

[182] Lightfoot, D. 1979. *Principles of Diachronic Syntax.* Cambridge: Cambridge University Press.

[183] Lightfoot, D. 1999. *The Development of Language: Acquisition, Change, Evolution*. Oxford: Blackwell.

[184] Liu, C. H. 2012. "The constructional changes of Chinese *Lai* from ancient times to mediaeval times. " *Language and Linguistics* 13 (2): 247–287.

[185] Lord, C. 1993. *Historical Change in Serial Verb Constructions*. Amsterdam: John Benjamins.

[186] Lotte, S. & H. Klaus. 2020. "Constructional competition and network reconfiguration: Investigating sum(e) in old, middle and early modern English. " *English Language and Linguistics* 25: 1–33.

[187] Lyngfelt, B. 2018. "Introduction. Constructions and constructicography. " In B. Lyngfelt, L. Borin, K. H. Ohara & T. T. Torrent (eds.). *Constructicography. Constructicon Development Across Languages*. Amsterdam: John Benjamins, pp. 1–18.

[188] MacWhinney, B. & W. O'Grady. 2015. *The Handbook of Language Emergence*. Oxford: Wiley Blackwell.

[189] MacWhinney, B. 2014. "Conclusions: Competition across time. " In Brian MacWhinney, Andrej Malchukov & Edith Moravcsik (eds.). *Competing Motivations in Grammar and Usage*. New York: Oxford University Press, pp. 364–386.

[190] Matsumoto, Y. 2003. "Typologies of lexicalization patterns event integration: Clarifications and reformulations. " In Shuji Chiba et al. (eds). *Empirical and Theoretical Investigations into Language: A Festschrift for Masaru Kajita*. Tokyo: Kaitakisha, pp. 403–418.

[191] McMahon, A. & R. McMahon. 2013. *Evolutionary Linguistics*. Cambridge: Cambridge University Press.

[192] Meillet, A. 1958. "L'évolution des formes grammaticales. " In A. Meillet (ed.). *Linguistique Historique et Linguistique Générale*. Paris: Champion, pp. 130–148.

[193] Meisel, J. M. , M. Elsig & E. Rinke. 2013. *Language Acquisition and*

Change: A Morphosyntactic Perspective. Edinburgh: Edinburgh University Press.

[194] Merleau-Ponty, M. 2002. *Phenomenology of Perception.* London: Roulrdge.

[195] Miller, G. A. & W. G. Charles. 1991. "Contextual correlates of semantic similarity."*Language and Cognitive Processes* 6(1): 1-28.

[196] Mondorf, B. 2010. "Variation and change in English resultative constructions."*Language Variation and Change* 22(3): 397-421.

[197] Muansuwan, N. 2000. Directional Serial Verb Constructions in Thai. Paper presented at the Seventh International HPSG Conference, UK Berkerley, July: 16-19.

[198] Newmeyer, F. 2003. "Grammar is grammar and usage is usage."*Language* 79: 682-707.

[199] Noël, D. 2007. "Diachronic construction grammar and grammaticalization theory."*Functions of Language* 14 (2): 177-202.

[200] Noël, D. 2009. "Revisiting ' be supposed to' from a diachronic construction perspective."*English Studies* 90 (5): 599-623.

[201] Norde, M. & G. Trousdale. 2016. "Exaptation from the perspective of construction morphology." In M. Norde & F. Van de Velde (eds.). *Exaptation and Langage Change.* Amsterdam: John Benjamins, pp. 163-196.

[202] Norde, M. 2009. *Degrammaticalization.* New York: Oxford University Press.

[203] Paul, H. 1880/1920. *Prinzipien der Sprachgeschichte* (Fifth edition). Tübingen: Niemeyer.

[204] Paul, W. 2008. "The serial verb construction in Chinese: A tenacious myth and a Gordian knot."*The Linguistic Review* 25(3): 367-411.

[205] Pawley, A. 2011. "Event representation in serial verb constructions." In J. Bohnemeyer & E. Pederson (eds.). *Event Representation in Language and Cognition.* New York: Cambridge University Press, pp. 13-

42.

［206］ Perek, F. & M. Hilpert. 2017. "A distributional semantic approach to the periodization of change in the productivity of constructions. "*International Journal of Corpus Linguistics* 22(4): 490-520.

［207］ Petré, P. 2014. *Constructions and Environments: Copular, Passive and Related Constructions in Old and Middle English.* Oxford: Oxford University Press.

［208］ Peyraube, A. 2006. "Motion events in Chinese: A diachronic study of directional complements. " In M. Hickmann & S. Robert (eds.). *Space in Languages: Linguistic Systems and Cognitive Categories.* Amsterdam: John Benjamins, pp. 121-138.

［209］ Peyraube, A. 1988. *Syntactic Change in Chinese: On Grammaticalization.* Taipei: Academic Sinica.

［210］ Piaget, J. 1956. *The Child's Conceptions of Space.* London: Routledge.

［211］ Pinker, S. & R. Jackendoff. 2005. "The faculty of language: What's special about it? "*Cognition* 95: 201-236.

［212］ Pinker, S. 1999. *Words and Rules: The Ingredients of Language.* New York: Basic Books.

［213］ Reinöhl, Uta & N. P. Himmelmann. 2017. "Renewal: A figure of speech or a process sui generis?. " *Language* 2: 381-413.

［214］ Richardson, D. C. , M. J. Spivey, L. W. Barsalou & K. McRae. 2003. "Spatial representations activated during real-time comprehension of verbs. " *Cognitive Science* 27: 767-780.

［215］ Roberts, I. 2007. *Diachronic Syntax.* Oxford: Oxford University Press.

［216］ Ross, M. 2002. "The grammaticalization of directional verbs in Oceanic languages. "Paper presented at the Fifth Conference on Oceanic Linguistics (COOL5), Canberra.

［217］ Rostila, J. 2006. "Storage as a way to grammaticalization. "Constructions 2006/1. http://elanguage. net/journals/constructions/article/view/

3070 (Accessed: July22[nd] 2016).

[218] Rostila, J. 2004. "Lexicalization as a way to grammaticalization. "In F. Karlsson (ed.). *Proceedings of the Twentieth Scandinavian Conference of Linguistics*. http://www. ling. helsinki. fi/kielitiede/20scl/Rostila. pdf (Accessed: June 22nd 2016).

[219] Rudnicka, K. 2019. *The Statistics of Obsolescence: Purpose Subordinators in Late Modern English*. Europe: The European Campus.

[220] Rudnicka, K. 2021. "In order that-a data-driven study of symptoms and causes of obsolescence. " *Linguistics Vanguard* 1: 1−12.

[221] Rumelhart, D. &J. McClelland (eds.). 1986. *Parallel Distributed Processing: Exploration in the Microstructures of Cognition*. Cambridge, MA: MIT Press.

[222] Schmid, H. -J. 2015. "A blueprint of the entrenchment-and-conventionalization model. "*Yearbook of the German Cognitive Linguistics Association* 3 (1): 3−25.

[223] Schmid, H. -J. 2020. *The Dynamics of the Linguistic System: Usage, Conventionalization, and Entrenchment*. Oxford: Oxford University Press.

[224] Schmid, H. -J. 2016. "Why cognitive linguistic must embrace the social and pragmatic dimensions of language and how it could do so more seriously. "*Cognitive Linguistics* 27: 1−15.

[225] Schönefeld, D. 2011. "Introduction: On evidence and the convergence of evidence in linguistic research. " In D. Schönefeld (ed.). *Converging Evidence: Methodological and Theoretical Issues for Linguistic Research*. Amsterdam: John Benjamins.

[226] Schoenemann, E. 2005. "Conceptual complexity and the brain understanding language origins. "In W. Wang & J. Minnet (eds.). *Language Acquisition, Change and Emergence*: *Essays in Evolutionary Linguistic*. Hong Kong: City University of Hong Kong Press, pp. 47−83.

[227] Slobin, D. & N. Hoiting. 1994. "Reference to movement in spoken and

signed languages: Typological considerations. ″*Berkeley Linguistics Society* 20: 487–505.

[228] Slobin, D. 2006. "What makes manner of motion salient: Explorations in linguistic typology, discourse, and cognition. " In M. Hickmann & S. Robert (eds). *Space in Languages: Linguistic Systems and Cognitive Categories*. Philadelphia: John Benjamins, pp. 59–81.

[229] Slobin, D. 2004. "The many ways to search for a frog: Linguistic typology and the expression of motion events. " In S. Stromqvist & L. Verhoeven (eds). *Relating Events in Narrative: Typological and Contextual Perspectives*. Mahwah: Lawrence Erlbaum Associates, pp. 219–257.

[230] Smirnova, E. & L. Sommerer. 2020. "Introduction: The nature of the node and the network: Open questions in Diachronic Construction Grammar. " In L. Sommerer & E. Smimova (eds.). *Nodes and Networks in Diachronic Construction Grammar*. Amsterdam: John Benjamins, pp. 1–42.

[231] Smirnova, E. 2015. "Constructionalization and constructional change: The role of context in the development of constructions. "In J. Barðdal, E. Smirnova, L. Sommerer & S. Gildea (eds.). *Diachronic Construction Grammar*. Amsterdam: John Benjamins, pp. 81–106.

[232] Sommerer, L & E. Smirnova. 2020. *Nodes and Networks in Diachronic Construction Grammar*. Amsterdam: John Benjamins.

[233] Steels, L. 2000. "Language as a complex adaptive system. " In Schoenauer et al. (eds.). *Parallel Problem Solving from Nature PPSN VI*. Berlin: Springer, pp. 17–26.

[234] Steels, L. 2017. "Basics of fluid construction grammar. "*Constructions and Frames* 9(2): 178–225.

[235] Steels, L. 2013. "Fluid construction grammar. " In T. Hoffmann & G. Trousdale(eds.). *The Oxford Handbook of Construction Grammar*. Oxford: Oxford University Press, pp. 153–167.

［236］ Stefanowitsch, A. & S. T. Gries. 2003. "Collostructions: Investigating the interaction of words and constructions. "*International Journal of Corpus Linguistics* 8(2): 209–243.

［237］ Sun, C. F. 1996. *Word-order Change and Grammaticalization in the History of Chinese*. Stanford: Stanford University Press.

［238］ Tai, J. 2003. "Cognitive relativism: Resultative construction in Chinese. "*Language and Linguistics* 4 (2): 301–316.

［239］ Talmy, 1991. "Path to realization: A typology of event conflation. "In *Proceedings of the Seventeenth Annual Meeting of the Berkeley Linguistic Society: General Session and Parasession on the Grammar of Event Structure*. University of California, Berkeley. pp. 480–519.

［240］ Talmy, L. 2000a. *Toward a Cognitive Semantics*. Vol. 1: *Concept Structuring System*. Cambridge, Mass: MIT Press.

［241］ Talmy, L. 2000b. *Toward a Cognitive Semantics*. Vol. 2: *Typology and Process in Concept Structuring*. Cambridge, Mass: MIT Press.

［242］ Talmy, L. 2005. "The fundamental systems of spatial schemas in language. " In B. Hapme (ed.). *From Perception to Meaning: Image Schema in Cognitive Linguistics*. Berlin: Mouton de Gruyter, pp. 199–234.

［243］ Talmy, L. 2009. "Main verb properties and equipollent framing. " In J. Sh. Guo et al. (eds.). *Crosslinguistic Approaches to the Psychology of Language*. New York: Lawrence Erlbaum Associates, pp. 389–402.

［244］ Talmy, L. 1985. "Lexicalization patterns: Semantic structure in lexical forms. " In T. Shopen(ed.). *Language Typology and Syntactic Description*. Cambridge: Cambridge University Press, pp. 36–149.

［245］ Talmy, L. 1988. "Force dynamics in language and cognition. "*Cognitive Science* 12: 49–100.

［246］ Talmy, L. 1983. "How language structures space. " In L. P. Herbert & P. A. Linda (eds.). *Spatial Orientation: Theory, Research, and Application*. New York: Plenum Press, pp. 225–282.

［247］ Tashakkori, A. & C. Teddlie. 2003. *Handbook of Mixed Methods in Social and Behavioral Research*. Thousand Oaks CA: Sage.

［248］ Tomasello, M. 2008. *The Origins of Human Communication*. Cambridge/MA: MIT Press.

［249］ Tomasello, M. 2003. *Constructing a Language: A Usage-based Theory of Language Acquisition*. Boston: Harvard University Press.

［250］ Tomasello, M. 1999. *The Cultural Origins of Human Cognition*. Boston: Harvard University Press.

［251］ Traugott, E, C. & G. Trousdale. 2013. *Constructionalization and Constructional Changes*. Oxford: Oxford University Press.

［252］ Traugott, E. C. & G. Trousdale. 2010. *Gradience, Gradualness and Grammaticalization*. Amsterdam/Philadelphia: John Benjamins.

［253］ Traugott, E. C. & R. B. Dasher. 2002. *Regularity in Semantic Change*. Cambridge: Cambridge University Press.

［254］ Traugott, E. C. 2007. "The concepts of constructionalmismatch and type-shifting from the perspective of grammaticalization."*Cognitive Linguistics* 18 (4): 523-557.

［255］ Traugott, E. C. 2010. "Grammaticalization. " In L. Silvia & V. Bubenik (eds.). *Continuum Companion to Historical Linguistics*. London: Continuum Press, pp. 269-283.

［256］ Traugott, E. C. 2008a. "The grammaticalization of NP of NP constructions. " In A. Bergs & G. Diewald (eds.). *Constructions and Language Change*. Berlin/New York: Mouton de Gruyter, pp. 23-46.

［257］ Traugott, E. C. 2008b. "' All that he endeavoured to prove was…' : On the emergence of grammatical constructions in dialogic contexts. " In R. Kempson & R. Cooper (eds.). *Language in Flux: Dialogue Coordination, Language Variation, Change and Evolution*. London: Kings College, pp. 143-177.

［258］ Traugott, E. C. 2008c. "Grammaticalization, constructions and the incremental development of language: Suggestions from the development of degree modifiers in English. " In R. Eckardt, G. Jäger & T. Veenstra (eds.). *Variation, Selection, Development: Probing the Evolutionary Model of Language Change.* Berlin/New York: Mouton de Gruyter, pp. 219-250.

[259] Traugott, E. C. 2003. "Constructions in grammaticalization. " In B. Joseph & R. Janda (eds.). *The Handbook of Historical Linguistics.* Oxford: Blackwell, pp. 624-647.

[260] Traugott, E. C. 2012. "Constructionalization contrasted with constructional change. " Paper presented at the Workshop of Constructional Change in the Languages of Europe, NIAS, Wassenaar, Netherlands, January: 11-15.

[261] Traugott, E. C. 2014. "Toward a constructional framework for research on language. "*Cognitive Linguistic Studies* 1: 3-21.

[262] Traugott, E. C. 1995. "Subjectification in grammaticalization. " In D. Stein & S. Wright (eds.). *Subjectivity and Subjectivisation: Linguistic Perspective.* Cambridge: Cambridge University Press, pp. 31-54.

[263] Trousdale, G. 2008a. "A constructional account of lexicalization processes in the history of English: Evidence from possessive constructions. " *Word Structure* 1: 156-177.

[264] Trousdale, G. 2008b. "Grammaticalization, constructions and the grammaticalization of constructions. " Paper presented at the Fourth New Reflections on Grammaticalization (NRG-4) Conference, University of Leuven, July: 16-19.

[265] Trousdale, G. 2010. "Issues in constructional approaches to grammaticalization in English. " In K. Stathi, E. Gehweiler & E. Köing (eds.). *Grammaticalization: Current Views and Issues.* Amsterdam: Benjamins, pp. 51-72.

[266] Trousdale, G. 2012. "Theory and data in diachronicconstruction gram-

mar: The case of the what with construction. "*Studies in Language* 36: 576–602.

[267] Trudgill, P. 2020. *Millennia of Language Change: Sociolinguistics Studies in Deep Historical Linguistics*. New York: Cambridge University Press.

[268] Trudgill, P. 2011. *Sociolinguistic Typology: Social Determinants of Linguistic Complexity*. Oxford: Oxford University Press.

[269] Trudgill, P. 1974. *The Social Differentiation of English in Norwich*. Cambridge: Cambridge University Press.

[270] Ungerer, F. & H. J. Schmid. 2001. *An Introduction to Cognitive Linguistics*. London: Longman.

[271] Van de Velde, F. & M. Norde. 2016. "Exaptation: Taking stock of a controversial notion in linguistics. " In M. Norde & F. Van de Velde (eds.). *Exaptation and Langage Change*. Amsterdam: John Benjamins, pp. 1–35.

[272] Van de Velde, F. 2014. "Degeneracy: The maintenance of constructional networks. "In Ronny Boogaart, Timothy Colleman & Gijsbert Rutten (eds.). *Extending the Scope of Construction Grammar*. Berlin: De Gruyter, pp. 141–179.

[273] Van Eecke, P. & K. Beuls. 2018. "Exploring the creative potential of computational construction grammar. " *Zeitschrift Für Anglistik Und Amerikanistik* 66(3): 341–355.

[274] Van Goethem, K. , V. Gudrun & H. De Smet. 2018. "The emergence of a new adverbial downtoner: Constructional change and constructionalization of Dutch [ver van X] and [verre van X] ' far from X' . " In M. Norde, K. Van Goethem, V. Gudrun & V. Coussé, (eds.). *Category Change from a Constructional Perspective*. Amsterdam: John Benjamins, pp. 179–206.

[275] Verschueren, J. & F. Brisard. 2009. "Adaptability. " In J. Verschueren & J. Ostman (eds.). *Key Notions for Pragmatics*. Amsterdam: John Benjamins, pp. 28–45.

[276] Vincent, N. 1995. "Exaptation and grammaticalization." In H. Andersen(ed.). *Historical Linguistics*. Amsterdam: John Benjamins, pp. 1–14.

[277] Vygotsky, L. 1978. *Mind in Society: Development of Higher Psychological Processes*. Cambridge, Mass: Harvard University Press.

[278] Winters, M. 2020. *Historical Linguistics: A Cognitive Grammar Introduction*. Amsterdam: John Benjamins.

[279] Winters, M., H. Tissari & K. Allan. 2010. *Historical Cognitive Linguistics*. New York: Mouton de Gruyter.

[280] Wittgenstein, L. 1969. *Philosophical Investigations*. Oxford: Basil Blackwell.

图书在版编目（CIP）数据

汉语趋向连动式构式化研究：基于历时构式语法框
架的考察／杨旭著．--北京：社会科学文献出版社，
2024.12. --（贵州师范大学社会科学文库）.--ISBN
978-7-5228-4387-2

Ⅰ.H1

中国国家版本馆 CIP 数据核字第 2024UY6866 号

·贵州师范大学社会科学文库·

汉语趋向连动式构式化研究
——基于历时构式语法框架的考察

著　　者／杨　旭

出 版 人／冀祥德
责任编辑／刘　荣
文稿编辑／程丽霞
责任印制／王京美

出　　版／社会科学文献出版社（010）59367011
　　　　　地址：北京市北三环中路甲 29 号院华龙大厦　邮编：100029
　　　　　网址：www.ssap.com.cn
发　　行／社会科学文献出版社（010）59367028
印　　装／三河市东方印刷有限公司

规　　格／开 本：787mm×1092mm　1/16
　　　　　印 张：21.75　字 数：323 千字
版　　次／2024 年 12 月第 1 版　2024 年 12 月第 1 次印刷
书　　号／ISBN 978-7-5228-4387-2
定　　价／148.00 元

读者服务电话：4008918866